U0920332

上海大学社会学文库　主编 / 张文宏

社会网络、职业流动与劳动力市场

张文宏◎著

中国社会科学出版社

图书在版编目(CIP)数据

社会网络、职业流动与劳动力市场／张文宏著．—北京：中国社会科学出版社，2017.9

ISBN 978-7-5161-8771-5

Ⅰ.①社…　Ⅱ.①张…　Ⅲ.①社会网络—研究—中国②就业问题—研究—中国　Ⅳ.①C912.3②D669.2

中国版本图书馆 CIP 数据核字(2016)第 196889 号

出 版 人　赵剑英
责任编辑　冯春凤
责任校对　张爱华
责任印制　张雪娇

出　　版　中国社会科学出版社
社　　址　北京鼓楼西大街甲 158 号
邮　　编　100720
网　　址　http://www.csspw.cn
发 行 部　010-84083685
门 市 部　010-84029450
经　　销　新华书店及其他书店

印　　刷　北京君升印刷有限公司
装　　订　廊坊市广阳区广增装订厂
版　　次　2017 年 9 月第 1 版
印　　次　2017 年 9 月第 1 次印刷

开　　本　710×1000　1/16
印　　张　20
插　　页　2
字　　数　326 千字
定　　价　88.00 元

凡购买中国社会科学出版社图书，如有质量问题请与本社营销中心联系调换
电话：010-84083683

目　录

第一章　当代社会网络研究述评 …………………………………………（1）
　一　社会网研究在欧美的形成和发展 ……………………………（1）
　二　社会网的研究方法 ……………………………………………（9）
　三　几个有代表性的实证研究案例 ………………………………（12）
　四　简短的评论 ……………………………………………………（15）
第二章　社会资本：理论争辩与经验研究 …………………………（17）
　一　社会资本概念的不同界定 ……………………………………（17）
　二　社会资本的分析层次 …………………………………………（28）
　三　社会资本的概念化和测量指标 ………………………………（31）
　四　社会资本理论的局限性 ………………………………………（34）
　五　结语 ……………………………………………………………（36）
第三章　下岗与再就业过程中的社会网络机制 ……………………（38）
　一　研究问题 ………………………………………………………（38）
　二　文献评述 ………………………………………………………（39）
　三　研究设计与资料的收集方式 …………………………………（62）
　四　下岗与再就业的基本状况 ……………………………………（64）
　五　结论与讨论 ……………………………………………………（94）
第四章　城市劳动力的社会网络与职业流动 ………………………（100）
　一　社会网络在职业流动中的作用 ………………………………（101）
　二　研究设计 ………………………………………………………（105）
　三　社会网络在职业流动中作用的动态分析 ……………………（106）
　四　流动者和关系人结构地位的动态分析 ………………………（111）

五 结论和探讨 …………………………………………………… (117)
第五章 社会网络资源在职业配置中的作用 …………………… (119)
一 运用社会关系网络的职业流动者 ……………………………… (121)
二 求职效率与目标收入分析 ……………………………………… (124)
三 职业流动去向的分析 …………………………………………… (128)
四 劳动力与职业的吻合程度的分析 ……………………………… (133)
五 结论与讨论 ……………………………………………………… (135)
第六章 城市居民社会网络的阶层构成 ………………………… (139)
一 研究主题与文献回顾 …………………………………………… (139)
二 研究架构、研究假设和研究设计 ……………………………… (143)
三 研究结果与发现 ………………………………………………… (147)
四 结论与讨论 ……………………………………………………… (152)
第七章 城市居民社会网络资本的阶层差异 …………………… (155)
一 研究问题与文献评述 …………………………………………… (155)
二 研究假设和研究设计 …………………………………………… (157)
三 研究结果与发现 ………………………………………………… (161)
四 结论与讨论 ……………………………………………………… (165)
第八章 阶层地位对城市居民社会网络性质的影响 …………… (172)
一 文献检讨与研究问题 …………………………………………… (172)
二 研究设计、资料来源与分析方法 ……………………………… (174)
三 研究结果与发现 ………………………………………………… (176)
四 结论与讨论 ……………………………………………………… (182)
第九章 城乡居民社会支持网的比较研究 ……………………… (186)
一 导论 ……………………………………………………………… (186)
二 研究方法 ………………………………………………………… (188)
三 研究发现 ………………………………………………………… (191)
四 讨论 ……………………………………………………………… (199)
第十章 农村居民的社会网 ……………………………………… (204)
一 社会网研究回顾及其在当代社会学中的地位 ………………… (204)
二 研究方法 ………………………………………………………… (206)
三 调查结果的初步分析 …………………………………………… (209)

四　结论与讨论 …………………………………………………… (215)
附录 1　天津下岗职工访谈资料 ………………………………… (221)
附录 2　天津市下岗职工的贫困现状和脱贫举措分析 ………… (281)
参考文献 ………………………………………………………… (296)

第一章　当代社会网络研究述评[①]

本章对西方社会网研究的形成和发展、基本原则、主要理论、研究方法和经典的实证研究发现做了系统的介绍，简要评述了社会网研究的主要贡献和局限及对中国社会学发展的意义。

一　社会网研究在欧美的形成和发展

（一）形成和发展

社会网研究是西方社会学一个重要的分支领域，是一种关于社会结构的观点，是一套分析方法和技术。一般认为，社会网研究产生于英国人类学。至少从齐美尔1908年发表《社会学：关于社会交往形式的探讨》以来，把社会想象为相互交织的社会关系的观点对于社会学家来说并不陌生。20世纪二三十年代，英国人类学家在社区研究中发现，划定社区的界限往往只是一种主观的猜测，并不能真正反映现实。因为，现实生活中的社区与其他社区发生种种联系，社区的界限并不像主观判定的那样清楚。在这种背景下，社会网分析就应运而生了。英国人类学家拉德克利夫-布朗首次使用了“社会网”的概念，但却是巴恩斯通过对一个挪威渔村阶级体系的分析首次把社会网的隐喻转化为系统的研究。英国学者伊丽莎白·鲍特（Elizabeth Bott）的著作《家庭与社会网络》至今仍被美国社会学界视为英国社会网研究的范例。

另一方面，美国社会心理学家莫雷诺于20世纪30年代创立了分析社

① 本章修改自笔者发表在《社会学研究》1999年第2期上的《试析当代社会网研究的若干进展》。

会关系资料的社会计量学方法。60 年代是美国社会网研究的快速发展时期，到 70 年代末，它开始成为一个拥有自己的学术刊物、专业社区和一大批自称为网络分析学者的一个新的分支领域（Ruan，1993）。

从 20 世纪 60 年代至今，美国的社会网研究一直沿着两个不同的方向平行发展，因而被划分为两个研究群体。第一个群体遵循着社会计量学的传统，他们研究整体网络即一个社会体系中角色关系的综合结构。通过使用矩阵方法，他们分析了“社会系统内部联系和分解的模式，系统成员中‘结构上均衡’的角色关系，网络结构随时间的变迁和系统成员直接或间接联系的方式”（Wellman and Berkowitz，1988：26）。这个群体的研究领域是小群体内部的关系，他们在分析人际互动和交换模式时，产生了一系列网络分析概念，如紧密性、中距性和中心性等（Freeman，1979，1980）。这一领域的代表性人物是林顿·弗里曼（Linton Freeman）。

第二个群体的学者集中于研究个体间的自我中心网络，他们从个体的角度来界定社会网。该群体沿着英国人类学家的传统发展。他们关心的问题是个体行为如何受到其人际网络的影响，个体如何通过人际网络结合为社会团体。他们对个体间关系模式的关注使这个群体归于结构主义社会学的范畴。这个领域的著名代表性人物是马克·格兰诺维特（Mark Granovetter）、哈里森·怀特（Harrison White）、林南（Nan Lin）和罗纳德·博特（Ronald Burt）等。

（二）基本观点

米切尔将社会网界定为“一群特定的个人之间的一组独特的联系”（Mitchell，1969：2）。然而，社会网的概念今天已经超越了个人间关系的范围。现在，一个网络的行动者可以是社团行动者如商业公司甚至民族或国家。关系既包括把行动者联结起来的联系（不限于个人间的关系），也包括商业公司之间的交易关系如领袖人物的共享，金钱、组织信息和群体成员的流动。今天的网络分析者把社会结构界定为网络的系统（Wellman and Berkowitz，1988）。

网络分析者认为，整个社会是由一个相互交错或平行的网络所构成的大系统。社会网的结构及其对社会行为的影响模式是社会网的研究对象。社会网研究深层的社会结构即隐藏在社会系统的复杂表象之下的固定网络模式。他们强调了研究网络结构性质的重要性，集中研究某一网络中的联系模式如何提供机会与限制，其分析以联结一个社会系统中各个交叉点的社会关系网络为基础。网络分析者将社会系统视为一种依赖性的联系网络，社会成员按照联系点有差别地占有稀缺资源和结构性地分配这些资源。网络分析的一个独特特征是强调按照行为的结构性限制而不是行动者的内在驱力来解释行为（Ruan，1993）。

巴里·韦尔曼（Barry Wellman）指出，如下命题支配着网络分析者的研究工作：(1)内容和强度不同的关系经常是不对称地相互作用的。社会资源通过关系和网络而流动。(2)关系直接或间接地将网络成员联结起来；因此，必须在较大的网络结构框架内对关系进行分析。关系之所以存在是由于互动双方愿意彼此交往。一种关系的特定性质由其所处的网络界定。较小的、密切联系的团体的关系同较大的、一般联系的网络中的关系是相当不同的。(3)社会关系结构创造了非随机的网络；因此产生了网络群、界限和交互关系。这个命题又包括两点：第一，网络中的关系经常是过渡性的。如果 A 与 B 和 B 与 C 之间有一种关系，那么 A 和 C 之间发生联系的可能性就会增加。如果建立这种联系是有代价的，那么这些联系中的每一个交点都会调动某种流动资源，因此网络成员认识到维持直接联系的有效性和必要性。第二，个体可以维持的关系的数量和强度具有特定的限度。如果人们不放弃全部或现存的关系，多数人不可能增加新的关系。(4)交互联系将群体和个体联系起来。网络的交点不一定是个体的人，也可以是有联系的群体、社区、民族—国家或其他离散的单位。这些交点之间的联系是由于某些人是几个群体的成员或某些人与网络的其他部分具有异质性联系而产生的。同时，有形的联系存在于个体之间，其结构重要性正像群体之间的联系一样。(5)不对称联系和复杂网络分布在不同的稀缺资源中。资源并非均匀或随机地在具有不对称关系和受限制的网络群体的社会系统中流动。群体密度、群体界限的严密性和群体内外联系的模式规定了资源流动的方式。由于社会系统中各个成员的位置各异，他们获得资源的方式也极为不同。实际上，不平等地获取稀缺资源增加了联系的不对称性。(6)网络产生了以获取稀缺资源为目的的集体行为和竞争行为。有组织地竞争稀缺资源是一个社会系统所固有的属性特征。在一个具有不对称关系的非随机的等级网络中，成员必须运用协作或补充联系去获取资源。一个网络中的群体将这些联系组成集团和联盟（Wellman，1983，1988）。

（三）几种有代表性的社会网理论①

网络结构观

网络分析者在研究社会结构时持有与传统的地位结构观截然不同的网络结构观（如哈里森·怀特、马克·格兰诺维特和林南等）。网络结构观就是把人与人、组织与组织之间的纽带关系看成一种客观存在的社会结构，分析这些纽带关系对人或组织的影响。网络结构观认为，任何主体（人或组织）与其他主体的关系都会对主体的行为产生影响。同地位结构观相比，网络结构观具有如下鲜明的特征：(1)网络结构观从个体与其他个体的关系（诸如亲属、朋友或熟人等）来认识个体在社会中的位置；而地位结构观则按照个体的属性特征来规定个体的社会位置。(2)网络结构观将个体按其社会关系分成不同的网络；而地位结构观则按照个体的属性特征对其进行分类。(3)网络结构观分析人们的社会关系面、社会行为的“嵌入性”；而地位结构观注重的是人们的身份和归属感。(4)网络结构观关心人们对社会资源的涉取能力；而地位结构观强调人们是否占有和占有多少某种社会资源。(5)网络结构观指出了人们在其社会网络中是否处于中心位置，其网络资源多寡、优劣的重要意义；而地位结构观则将一切都归结为人们的社会地位如阶级阶层地位、教育地位和职业地位等。

市场网络观

哈里森·怀特在其1981年的著名论文《市场从何而来?》中指出，市场是从社会网络发展而来的。第一，生产经营者们从一开始就处在同一社会网络之中，他们互相接触，相互观察对方在做什么，特别是对方在同类和相关产品上是如何定价的。所以，生产经营者的社会网为他们提供了必要的经营信息。第二，处于同一网络中的生产经营者们相互传递信息并相互暗示，从而建立了一种信任关系。在这种信任关系的制约下，大家共同遵守同一规则，一起维持共识，从而使商业往来得以延续。第三，市场

---

① 由于受篇幅限制，这里仅评述了笔者认为有代表性的几种社会网理论及其实证研究案例。

秩序事实上产生于同处一个网络圈子中的生产经营者，他们并不是按照纯粹的市场规律来行事。换言之，市场秩序是生产经营者网络内部相互交往产生的暗示、信任和规则的反映（White，1981）。

弱关系力量假设和“嵌入性”的概念

马克·格兰诺维特1973年在《美国社会学学刊》上发表的《弱关系的力量》一文，被认为是社会网研究的一篇重要文献。弱关系力量假设的提出和经验发现对欧美学界的社会网分析产生了重大影响。格兰诺维特所说的关系是指人与人、组织与组织之间由于交流和接触而实际存在的一种纽带联系，这种关系与传统社会学分析中所使用的表示人们属性和类别特征的抽象关系（如变量关系、阶级阶层关系）不同。他首次提出了关系力量的概念，并将关系分为强和弱，认为强、弱关系在人与人、组织与组织、个体和社会系统之间发挥着根本不同的作用。简言之，强关系维系着群体、组织内部的关系，而弱关系则使人们在群体、组织之间建立了纽带联系。他从四个维度来测量关系的强弱：一是互动的频率，互动的次数多为强关系，反之则为弱关系；二是感情力量，感情较强、较深为强关系，反之则为弱关系；三是亲密程度，关系密切为强关系，反之则为弱关系；四是互惠交换，互惠交换多而广为强关系，反之则为弱关系。在此基础上，他提出了“弱关系充当信息桥”的判断。在他看来，强关系是在性别、年龄、教育程度、职业身份、收入水平等社会经济特征相似的个体之间发展起来的，而弱关系则是在社会经济特征不同的个体之间发展起来的。因此，通过强关系所获得的信息往往是雷同的。因为群体内部相似性较高的个体所了解的事物、事件经常是相同的，所以通过强关系获得的信息往往重复性很高。而弱关系则是在群体之间发生的，是联系不同个体的纽带。这些来自不同群体的不相似的个体所了解的信息往往也是不同的。通过弱关系所收集的信息异质性更高、重复性更小。由于弱关系的分布范围较广，它比强关系更能充当跨越其社会界限去获得信息和其他资源的桥梁，它可以将其他群体的重要信息带给不属于这些群体的某个个体。在与其他人的联系中，弱关系可以创造例外的社会流动机会如工作变动。格兰诺维特断言，虽然所有的弱关系不一定都能充当信息桥，但能够充当信息桥的必定是弱关系。弱关系充当信息桥的判断，是格兰诺维特提出“弱关系力量”的核心依据（Granovetter，1973，1974，1995）。

格兰诺维特于1985年在《美国社会学学刊》上发表了又一篇重要论文——《经济行动和社会结构：嵌入性问题》。他在该文中进一步发挥了卡尔·波兰尼在《伟大的转折》一书中提出的“嵌入性”概念。他认为经济行为嵌入于社会结构，而核心的社会结构就是人们生活中的社会网络，嵌入的网络机制是信任。他指出，在经济领域，最基本的行为就是交换，而交换行为得以发生的基础是双方必须建立一定程度的相互信任。在以物易物的原始交换中，双方必须首先相互了解，相信对方有交换的诚意，信任对方对交换条件的认可，然后才能进行实质性的交换。即使在以货币为媒介的现代社会交换中，双方也需要有一定程度的信任感。如果信任感降到最低的程度，在每一次交易中，双方都必须在获得了必要的监督保证之后才能进行，那么，交易成本就会大大提高。格兰诺维特认为，信任来源于社会网络，信任嵌入于社会网络之中，而人们的经济行为也嵌入于社会网络的信任结构之中（Granovetter，1985）。

嵌入性的概念暗指，经济交换往往发生于相识者之间，而不是发生于完全陌生的人们中间。同弱关系假设相比，嵌入性概念强调的是信任而不是信息。由于信任的获得和巩固需要交易双方长期的接触、交流和共事。实际上，嵌入性概念隐含着强关系的重要性。基于此，一些学者认为格氏的弱关系力量假设和“嵌入性”概念存在着矛盾。

社会资源理论

美籍华裔社会学家林南在发展和修正格兰诺维特的“弱关系力量假设”时提出了社会资源理论。他认为，那些嵌入于个人社会网络中的社会资源——权力、财富和声望，并不为个人所直接占有，而是通过个人的直接或间接社会关系来获取。在一个分层的社会结构中，当行动者采取工具性行动时，如果弱关系的对象处于比行动者更高的地位，他所拥有的弱关系将比强关系给他带来更多的社会资源。个体社会网络的异质性、网络成员的社会地位、个体与网络成员的关系力量决定着个体所拥有的社会资源的数量和质量。

在林南的社会资源理论中，弱关系的作用超出了格兰诺维特所说的信息沟通的作用。由于弱关系联结着不同阶层拥有不同资源的人们，所以资源的交换、借用和涉取，往往通过弱关系纽带来完成。而强关系联结着阶层相同、资源相似的人们，因此类似资源的交换既不十分必要、也不具有工具性的意义。为此，林南提出了社会资源理论的三大假设：（1）地位强度假设——人们的社会地位越高，涉取社会资源的机会越多；（2）弱关系强度假设——一个人的社会网络的异质性越大，通过弱关系涉取社会资源的概率越高；（3）社会资源效应假设——人们的社会资源越丰富，工具性行动的结果越理想（Lin，1981，1982，1990）。

社会资源理论是社会网研究的一大突破，因为它否认了资源只有通过占有才能运用的地位结构观。林南认为，资源不但可以被个人占有，而且也嵌入于社会网络之中，通过关系网络可以涉取。弱关系之所以比强关系更重要，是因为前者在涉取社会资源时比后者更有效。

社会资本理论

法国社会学家皮尔斯·布尔迪厄首先使用了社会资本的概念。美国社会学家詹姆斯·科尔曼（James Coleman）认为，社会资本指个人所拥有的表现为社会结构资源的资本财产。它们由构成社会结构的要素组成，主要存在于社会团体和社会关系网之中，只有通过成员资格和网络联系才能获得回报。他的最大贡献表现在两个方面。第一是对社会资本的概念做了系统研究，指出了社会资本包括社会团体、社会网络和网络涉取三个方面。个人参加的社会团体越多，其社会资本越雄厚；个人的社会网规模越大、异质性越强，其社会资本越丰富；个人从社会网络涉取的资源越多，其社会资本越多。第二是将社会资本和人力资本的概念联系起来，认为社会资本是积累人力资本的条件（Coleman，1988）。

社会资源理论和社会资本理论都指出了个人可以利用周围的社会关系实现工具性目标。从这两个概念的最初含义来看，社会资源仅仅与社会网络相联系，而社会资本的范围更宽泛。林南在后来的研究中对这两个概念的关系做了重新探讨，认为这两者都与社会网络相关。在林南看来，科尔曼所说的“社会团体成员资格”，也就是成员的另一种社会网络，而社会资本则是从社会网络中动员了的社会资源。社会资本理论并未涉及关系力量问题。林南将社会资本与社会资源联系起来，使社会资本与关系力量有了间接关联，即弱关系能导致较丰富的社会资源。

结构洞理论

罗纳德·博特1992年在《结构洞》一书中首次明确指出，关系强弱与社会资源、社会资本的多寡没有必然的联系。博特认为，无论主体是个人还是组织，其社会网络均表现为两种形式。第一种是网络中的任何主体与其他每一主体都发生联系，不存在关系间断现象，从整个网络来看就是“无洞”结构。这种形式只有在小群体中才会存在。第二种是社会网络中的某个或某些个体与有些个体发生直接联系，但与其他个体不发生直接联系。无直接联系或关系间断的现象，从网络整体来看好像网络结构中出现了洞穴，博特把由于这些关系间断所形成的洞穴称作“结构洞”。例如在ABC网络中，如果AB之间有关系，BC之间有关系，而AC之间没关系，则AC是一个结构洞。AC结构洞的存在表明，AC如果要发生联系，必须通过B。格兰诺维特认为，B与A、C的联系必然是弱关系。对博特来说，B与A、C的关系可能强，也可能弱，这并不重要。重要的是，假如A、B、C处于资源竞争的状态，AC结构洞的存在为B提供了保持信息和控制信息的两大优势（Burt，1992）。

博特依据结构洞理论对市场经济中的竞争行为提出了新的社会学解释。他认为，竞争优势不仅是资源优势，而且更重要的是关系优势。即占有结构洞多的竞争者，其关系优势就大，获得较大利益回报的机会就高。任何个人或组织，要想在竞争中获得、保持和发展优势，就必须与相互无关联的个人和团体建立广泛的联系，以获取信息和控制优势。

强关系力量假设

边燕杰等人的强关系力量假设对格兰诺维特的弱关系力量假设和林南的社会资源理论提出了挑战。边燕杰指出，在中国计划经济的工作分配体制下，个人网络主要用于获得分配决策人的信任和影响而不是用来收集就业信息。因为求职者即使获得了信息，但没有关系强的决策人施加影响，也有可能得不到理想的工作。在工作分配的关键环节，人情关系的强弱差异十分明显。但对于多数人来说，他们并不能和主管分配的决策人建立直接的强关系，必须通过中间人建立关系，而中间人与求职者和最终帮助者双方必然都是强关系。反之，如果中间人与双方的关系弱，中间人和最终帮助者未必提供最大限度的帮助。因此，强关系而非弱关系可以充当没有联系的个人之间的网络桥梁。他的主要贡献是在分析中国的工作分配制度时，区分了在求职过程中通过网络流动的是信息还是影响和求职者使用直接还是间接关系来获得信任与影响（Bian，1997a，1997b）。

二 社会网的研究方法

网络分析者认为，研究社会结构的一种最直接的方法是分析将社会成员联结在一起的关系模式。巴里·韦尔曼在《结构分析：从方法和隐喻到理论和实质》一文中概述了网络分析的5个范式特征。他认为，无论是整体网络研究者，还是个体中心网络研究者，都受到这5个分析范式的影响：（1）用对行动的结构限制而不是单位内部的内在驱力来解释行为。网络分析者排除了心理学的动机问题，集中分析人类行为的结构性决定因素。换言之，结构性的社会关系是比系统成员的个人属性更有力的社会学解释素材。（2）网络分析的焦点是单位之间的关系，而不是试图将单位还原为其内在属性和本质特征的范畴。范畴产生于社会关系系统中的位置。（3）个人社会网的结构特征决定了其二人关系（dyadic relationships）的作用。这不仅表现在个人的社会结构决定了二人关系发挥作用的环境，也呈现为当一种关系建立以后，它就为网络成员提供了直接或间接接近其他人或其他资源的机会。（4）世界是由网络而非群体构成的。在网络分析者看来，群体就是有严格界限和紧密联系的网络。（5）网络方法补充和替代了个体主义方法。所谓个体主义方法，主要是把个体视为独立的单位，按照个体的内在属性和规范特征来解释个体的行动。在调查研究方面，有3种相互联系的收集资料的方法推动了网络方法的发展：从联系而非范畴的角度界定总体和样本；从相互联系而非范畴的视角描述和分析资料；在直接研究社会结构时，网络分析者特别是整体网络分析者较多地运用行列式的数学方法，而较少地运用个体主义的统计技术（Wellman，1983，1988）。

虽然网络研究者遵循着上述5个分析范式，但具有不同研究倾向的学者在具体方法的运用上又有所侧重。

1. 整体网络的研究方法

整体网络的研究者主要沿用在社会计量学基础上发展起来的一套整理和分析资料的技术。在资料整理方面，使用（1）社会矩阵法：社会矩阵是一个N ×N的正方形（0，1）矩阵，N代表群体的人数，横行代表选择者，纵列代表被选择者，在选择者到被选择者的对应位置上标记选择结果，将所有的选择结果标记完毕就得到该群体的整体社会矩阵。（2）社会图标法：以图形直观地展现群体成员的人际选择结果。群体中的每个成员在社会图中都占有一个相应的位置。成员之间的选择方式以箭头来表示，箭头的方向表示被选择者，如果是相互选择，就用双向箭头表示。典型的箭靶社会图由几个同心圆组成，被选择频数最多的居于中心圈，被选择最少的居于最外圈。箭靶社会图的优势是能够清楚地描绘个体在群体中的相对位置，有利于分析小群体内的社会选择情况。

资料分析技术以矩阵解析、社会图分析和指数分析为主。所谓矩阵解析，是借助矩阵运算的方法对社会矩阵进行各种分析。将 N×N 的矩阵表作为初始矩阵；矩阵的平方所得的矩阵，表示群体成员之间二级链的联系状况；矩阵的立方所得的矩阵，表示群体成员之间三级链的联系状况，依此类推。所谓社会图分析，是指通过解剖社会图的基本结构，掌握群体中人际交往网络的情况，如孤立、被选、互选、次群体、核心人物、首领等，以了解个体在群体中的地位，群体的组成状况及人际交往的网络。社会计量指数分析可以发现某种情境下个人的社会地位，比较不同规模群体使用不同标准下的社会指数的大小。常用的指数包括社会地位指数、受选地位指数、受拒地位指数、凝聚指数、相对声望指数、吸引率和拒斥率等。[①]

2. 个体中心网络的研究方法

荷兰社会学家马特·G. M. 范德普尔（Mart. G. M. Van der Poel）认为研究个体中心网络的方法主要有四种（Van der Poel，1993）。第一，互动方法。要求被访者记录在某一段时期内与其有来往的所有关系。例如，让被访者回忆最近一周之内与其发生交往的所有对象。这种方法的缺陷是没有考虑交往的具体内容。

第二，角色关系方法。问被访者主要受到哪些对其具有文化约束力的角色关系的影响，这种角色关系通常伴随着一系列的特殊期待、义务和权利。该方法虽然是研究个人中心网络的一种合理方法，但其选择网络成员的标准却不太恰当。尽管角色关系具有文化上的约束力，但关系的内容在

① 关于整体网络的研究方法请参考《中国大百科全书》（社会学卷）中社会网络分析、社会计量法两个词条的详细解释，中国大百科全书出版社 1991 年版，第 306—307、326 页。

个体间存在着很大的差异。

第三，情感方法。要求被访者指出与其具有最密切关系的人是谁，或指出谁对他特别重要。该方法指出了由个体直接决定一种重要关系的意义，这既是其优势，又是其缺陷。因为研究者不知道在评价某种关系重要性时所使用的标准，况且并非所有的人都使用相同的标准。

第四，交换方法。这种方法以社会交换理论为基础。它假定“拥有报偿性互动资源的人在影响被访者的态度和行为时是特别重要的”（McCallister and Fischer，1978）。当这些报偿性互动发生效力时，产生了一系列描述个人网络特征的标准。这种方法的优势有两个，其一，特殊的互动是社会交往的实例，因而特别适合于描述个人中心网络。其二，互动是非常特殊的，所有被访者有可能按照同样的方式来理解并作出回答。这个方法的缺陷是排除了那些不是最近发生的互动关系。

在使用交换方法研究个人中心网络方面，被其他社会学家多次使用的标准问卷主要有两个。一个是由美国社会学家罗纳德·博特在 1985 年设计的“重要问题的讨论网”量表，首次运用于当年的全美综合社会调查（GSS）中。以讨论网为主题的网络分析所使用的主要指针包括网络规模、构成模式、关系构成、紧密程度、趋同性和异质性等[①]。另一个是由荷兰社会学家设计的初级社会关系和社会支持问卷。在该问卷中，10 个提名网络成员的问题（name generator）被分为三组：情感支持、工具性支持和社会交往[②]。

---

① 博特关于社会网成员的选择标准是由下列问题来提出的：“大多数人时常与别人讨论一些重要问题。在最近半年中您与谁讨论过对您来说重要的问题?”其他有关问题集中于被访者提到的前 5 个人。被访者与这几个人是什么关系？是否与这几个人的关系都同样密切？如果不是，他与哪一位关系密切？他所提到的这几个人是否相互认识？是否关系密切？（Burt，1984，1986）。在美中社会学者合作或独立进行的 1986 年“天津城市居民职业与生活方式研究”，1993 年“天津城市居民社会网研究”和 1996—1997 年“天津城乡居民社会网研究”中，关于“重要问题讨论网”的问题都直接选自美国 1985 年综合社会调查问卷，只对其中的个别词句有所改动，以适合中国的实际情况（阮丹青等，1990；Ruan et al.，1997；张文宏等，1999）。关于社会网的规模、紧密程度、关系构成、同构型、异质性等指针的具体解释参考阮丹青等（1990）、Marsden（1987，1988，1990）和 Burt（1984，1986，1990）等人的论文。

② 10 个提名网络成员的问题详见 Van der Poel 1993 年的论文。这份标准问卷先后被用于荷兰、奥地利、匈牙利、意大利、英国、美国、德国、澳大利亚的调查中（Freeman and Ruan，1997）。天津 1993 年和 1996—1997 年的社会网研究，也基本采用了上述标准问卷。

个体中心网络的研究主要运用大型社会统计软件包如 SPSS、SAS 中的线性相关分析、偏相关分析、因素方差分析、多元线性回归分析、T 检验等统计技术来确定影响个人社会网特征的因素。

三 几个有代表性的实证研究案例

1. 对弱关系力量假设和“嵌入性”概念的实证检验

格兰诺维特以职业流动为主题对弱关系力量假设进行了实证检验，这一检验记述在 1974 年出版的《求职》一书中。他的调查地点选在波士顿郊区的牛顿城。他随机访问了牛顿城的 300 名白领就业者，包括专业技术人员和经理人员。在调查中，格兰诺维特询问了被访者最近一次职业变动的经历。他发现，16.7% 的求职者与他们的关系人在找工作时经常见面，55.6% 的求职者偶尔见面，27.8% 的求职者很少见面。换言之，美国的专业劳动者更经常地通过弱关系（例如相识）而非强关系（例如亲属和朋友）获得工作信息。他通过实证分析指出，只有那些在各方面与自己同构型较强的人才有可能与其建立起比较密切的关系，但是，这些人所掌握的信息和他自己差别不大。而与此人关系较疏远的那些人则由于与他（她）具有较强的异质性，也就有可能提供此人及其周围圈子的人所无法得到的、对个体求职更有价值的信息。通过弱关系获得信息的人最终得到了一个地位较高、收入较高的职位，而通过强关系获得信息的人，向上流动的机会则大大减少。此外，使用弱关系比使用强关系的求职者对新工作的满意度更高（Granvotter，1974，1982）。

1985 年格兰诺维特发表“嵌入性问题”一文时，仅仅引用了前人的研究发现，并没有对嵌入性概念做第一手的实证证明。他的学生布兰·乌兹（Brian Uzzi）于 20 世纪 90 年代末分析了一家芝加哥银行的贷款业务，发现贷款对象并不是愿意接受较高贷款利率的陌生客户，而往往是那些要求较低贷款利率的长期客户。为什么银行不要求高利率反而趋求低利率呢？乌兹认为，银行与长期客户有着深厚的人情关系，有相互协助的信任感，以及携手处理突发事件的历史背景，也即格兰诺维特所强调的嵌入性。

2. 对社会资源理论的验证

林南通过 1975 年对纽约州北部奥尔巴尼 – 特洛伊 – 斯堪耐特迪大都

会地区 399 位 21—64 岁男性普通劳动力的抽样调查揭示，无论是在寻求首次还是目前的工作时，均有半数以上的被访者通过社会关系来获得帮助。在首次求职时，41% 的被访者使用的个人关系是亲属，35% 是朋友，21% 是熟人和间接关系。而在目前的工作变动中，34% 的人使用了熟人和间接关系，26% 的人使用了亲属关系，37% 的人使用了朋友关系。概言之，求职者的社会资源和弱关系影响了其与高地位关系人的交往。关系人的地位转而又对求职者所获得的职业声望产生了积极和强烈的影响。伴随着个人职业生涯的发展，他将更多地依赖于结构性的而非先赋性的关系。特别是在寻找高声望工作时，人们更经常地通过弱关系而不是强关系获得帮助。弱关系的作用导致了丰富的社会资源，社会资源是目标达成的直接原因（Lin，1981，1982，1990）。

另外，皮特·马斯顿和珍妮·赫伯特于 20 世纪 80 年代在对 70 年代底特律职业调查资料的进一步分析时发现，如果关系人所处的职业地位越高、权力越大，那么求职者的工作变动所带来的向上流动的机会越大。这一发现进一步验证了社会资源的作用（Marsden and Hurlbert，1988）。

3. 强关系假设的实证发现

日籍学者渡边深（Shin Watanabe）于 1985 年在东京地区主持了一项样本规模为 2500 人的大型调查，意在重复格兰诺维特 20 世纪 70 年代调查的中心内容。他发现，大部分日本白领劳动者通过强关系搜集职业信息；在职业流动方面，日本白领越是通过强关系找工作，越能得到报酬丰厚的职业，流动者对新单位越投入，对新职业的满意度越高（Watanabe，1987）。

边燕杰在 1988 年于天津进行的一项调查中发现：中国的个人关系网络习惯于影响那些转过来把分配工作当作与他们联系的一种恩惠来回报的实权人物，这种行为易为基于信任和义务的强关系所运用。在 948 名在业被访者中，45% 以上的人通过社会关系获得了第一份工作。其中，43.2% 的帮助者是被访者的亲属，17.8% 的人是朋友，而 71% 的被访者与帮助者“非常熟悉”或“很熟悉”。有 1/3 的人使用了间接关系。而使用间接关系的人，往往能找到职位较高、权限较大的人提供帮助。帮助者的单位、职业背景对求职者的工作地位、单位性质有很大的正面影响。边燕杰的实证发现是：（1）求职者更经常地通过强关系而非弱关系寻找工作渠道；（2）直接和间接关系都用来获取来自分配工作的实权人物的帮助；

(3) 求职者和最终帮助者通过中间人建立了间接的关系，中间人与他们双方是强关系而非弱关系，中间人与求职者和最终帮助者的关系越熟，则最终帮助者的资源背景越高，对求职者的工作安排也越有利；(4) 求职者使用间接关系比直接关系更可能得到较好的工作（Bian，1997a，1997b)。另外，边燕杰和宋·安（Soon Ang）在另一项关于中国和新加坡职业流动的比较研究中发现，虽然这两个国家的经济和社会体制有很大的差异，但是两国的多数求职者更经常地通过强关系而非弱关系获得新的工作。在新加坡，近70%的人通过亲属、朋友、相识等非正式渠道获得就业信息或实质帮助而变换工作。大部分人使用了直接的强关系，少部分人使用了间接关系。但在使用间接关系时，求职者和中间人、中间人和最终的帮助者之间的关系往往是很强的。这种间接的强关系能帮助求职者找到一位地位较高的帮助者，协助他获得一份地位较高的工作（Bian & Ang, 1997)。上述几项实证发现为强关系力量假设提供了有力的证据。

4. 社区研究

在运用社会网观点和方法研究社区方面，巴里·韦尔曼关于加拿大多伦多市东约克人亲密关系网络的研究堪称典范。韦尔曼等人用个人社区的概念来掌握一个人完整的社会支持行动体系。韦尔曼于1968年通过对845位东约克居民的随机抽样调查和1978年就原样本抽选33位居民进行的深入访问发现，98%的东约克人至少拥有1种亲密关系，61%拥有5种或5种以上的亲密关系。多数亲密关系网络是由亲属和朋友构成的。在所有的亲密关系中，仅有13%居住在同一邻里社区。在处理日常事务和突发事件时，被访者几乎都从所有的密切关系网络中获得过帮助。这说明亲密个人网络是普遍存在的，而且超出了居住区域的界限，呈现出一种不对称分布的特点。社区关系并未随着工业化、都市化和现代化的发展而普遍衰败，只是不同的人因都市化的结构变迁，在建构个人社会网络时采取不同的形式（Wellman，1979，1990，1992)。这一实证发现不仅影响了都市社区的研究方向，而且驳斥了传统的社区丧失论，有力地支持了社区解放理论，同时对社会支持的网络结构及二人互动关系的分析有独特的贡献。

5. 关于核心讨论网的研究

由美国社会学家罗纳德·博特主持的1985年美国综合社会调查项目（GSS）研究了美国人的核心讨论网。该调查第一次收集了代表全体美国人的1167个样本的网络资料。该资料表明，美国人讨论网的平均规模为3.01人，其中亲属网的规模为1.53人，非亲属网的规模为1.40人，讨论网中亲属的平均比例为0.55。美国讨论网成员的关系是相当紧密的，平均为0.61。在讨论网成员的异质性指针方面，年龄平均相差10.54岁，教育年限平均相差1.78年，77.6%的成员是由性别相同的人组成的，91.8%的成员是由种族或民族相同的成员组成的（Marsden，1987）。在社会网的构成模式方面，亲属占52.2%，同事占18.2%，邻居占9.4%，同群体成员占18.2%（Burt，1990）。这说明美国人的讨论网是以规模较小、亲属关系导向、相对密切和异质性较低为特征的。对年龄、教育、种族、性别和居住地等亚群体的回归分析发现，网络特征在青年人与中老年人、受过高等教育与未受高等教育、大都会地区和非大都会地区的比较中存在着明显的差异（Marsden，1987）。

阮丹青等于1986年对天津1011名城市居民社会网的调查表明，讨论网的平均规模为6.3人，41.4%的讨论网成员互相认识，密切关系的比例为38%。在网络构成方面，亲属占38.9%，同事占44.8%，邻居占5.0%，朋友占6.6%。在异质性指针方面，年龄平均相差9.61岁，性别比为0.32，教育年限为0.5年，职业趋同率为0.48。同美国人的讨论网相比，天津的规模更大，异质性更低，趋同性和同构型更高，紧密性更强，业缘关系的地位更重要。造成中美两国社会网差异的重要原因是由于两国的社会结构根本不同（阮丹青等，1990）。

四　简短的评论

网络分析作为一种独特的理论和研究方法从20世纪60年代的兴起、70年代的快速发展、80年代的成熟到90年代的长盛不衰，历时近40年。如果说结构—功能主义统治了40—60年代的欧美社会学界，那么从70年代初期至今一直占据着欧美社会学特别是美国社会学主流地位的则是网络分析。

笔者以为，网络分析对社会学发展的突出贡献表现在以下几个方面：第一，提出了一系列指导着社会网络研究的概念、命题、基本原理及其相关的理论，使社会学对于社会结构的研究耳目一新。社会网分析形成了受到大规模的经验研究支持的一套首尾一致的特征和原理。网络分析者在社会关系的层次上将微观社会网和宏观的社会结构联结起来。

第二，在研究方法上，通过创造一系列更好地理解结构和关系的测量手段、资料收集方法和资料分析技术，摆脱了范畴或属性分析的个人主义方法论、还原主义解释和循环论证的困境。

第三，网络分析涵盖甚至超出了社会学研究的传统领域。经过近40年的发展，社会网分析已经从初期的小群体研究扩展到社区、社会阶层、社会流动、社会变迁、社会整合与分化、城市社会学、经济社会学、政治社会学、组织社会学、社会工作、科学社会学、人类生态学以及一些边缘性学科如精神健康学、老年学等领域，甚至一些经济学家和心理学家也自觉运用社会网分析的有关概念和方法研究经济与社会的关系和人与人之间的关系。甚至有些学者把网络分析领域的扩大和延伸及网络分析技术的成熟比喻为社会学中“新古典革命”开始的一个标志，因为社会结构是社会学创始时期的社会学家特别关注的一个问题。

网络分析的局限主要有两点：(1)一些网络研究者集中研究关系的形式，而不再分析关系的性质。这种只注重关系形式而忽视关系性质的分析倾向，有可能遁入形而上学的思辨，从而与社会学倡导的实证研究方向背道而驰。(2)部分网络分析者特别是整体网络研究者迷恋于发展更精巧的数学技术、数理模型和图表符号，热衷于描述假设成分越来越多的网络结构。虽然这种倾向有助于精确地定义社会结构，但却远离社会现实，容易给人造成网络分析就是数学游戏的误解。

中国社会长期以来把人际关系强调为社会、经济和政治活动的一个重要原则而著称，它在整个社会系统的运行中一直发挥着非常重要的功能。可以预言，随着将网络理论和网络分析技术运用于转型时期中国社会、经济和政治状况的研究，有可能在中国的土地上产生影响中国社会学乃至世界社会学发展的中层理论①。在这个意义上，重建20年以后的中国社会学引进的任务还没有完成。为了与国际社会学界进行平等的交流和沟通，就必须时刻追踪当代欧美社会学发展的最新潮流。

---

① 林南的社会资源理论是在验证和扩展格兰诺维特的“弱关系力量假设”的基础上提出的，边燕杰等人的强关系假设也是在重复格兰诺维特研究的基础上得出的。

第二章　社会资本：理论争辩与经验研究[①]

在过去的20年间，以各种形式和内容出现的社会资本是社会科学中最突出也是争议最多的概念和理论之一。社会学家、经济学家、政治学家、管理学家乃至历史学家纷纷使用这个概念来解释社会经济现象。笔者认为，社会资本理论的争论主要是由概念界定的不统一、测量方法的差异和分析层次的不同造成的，因而出现了对于同一社会现象，不同的学者得出了不同甚至完全相反的结论。本文希望从以上各个方面澄清（而非解决）有关的争论和混乱，为未来社会资本的社会学研究理出一个清晰的思路。

一　社会资本概念的不同界定

（一）Pierre Bourdieu 的社会资本概念

当代对于社会资本概念的第一个系统表述是由法国社会学家 Pierre Bourdieu（Portes，1998：1）提出的。他指出："社会资本是现实或潜在的资源的集合体，这些资源与拥有或多或少制度化的共同熟识和认可的关系网络有关，换言之，与一个群体中的成员身份有关。它从集体拥有的角度为每个成员提供支持，在这个词汇的多种意义上，它是为其成员提供获得信用的'信任状'。"（Bourdieu，1986：248）

在把社会资本概念引入当代社会学语境的学者中，Bourdieu 的分析在理论上最为精练，但是在后来的社会资本研究中，它的被忽视实在令人惋惜，这在某种程度上与他的社会资本论著主要用法文出版、淹没在其卷帙

① 本章根据发表于《社会学研究》2003 年第 4 期上的同名论文改写。

浩繁的社会学、教育学、文化学的理论和经验研究中不无关系。Bourdieu 的概念本质上是工具性的。他关注的是个人通过参与群体活动不断增加的收益以及为了创造这种资源而对社会能力的精心建构。社会网络不是自然赋予的，必须通过投资于群体关系这种制度化的战略来建构，它是其他收益的可靠来源。Bourdieu 的定义清楚地表明，社会资本由两部分构成，一是社会关系本身，它使个人可以涉取（access to）被群体拥有的资源；二是这些资源的数量和质量（Portes，1998：4）。Bourdieu 从其阶级观点出发，把社会资本视为统治阶级为了维持和再生群体团结和保持群体的统治地位在相互认可和承认时进行的成员身份投资。群体中的成员身份以排除局外人的清晰界限为基础（例如，贵族、头衔和家庭），因此群体的封闭性和群体内部的密度是必需的。

Bourdieu 的分析重点在于经济资本、文化资本、社会资本及其符号资本的相互转化。他认为，投资于社会关系的目的在于把自我的、私有的特殊利益转化为超功利的、集体的、公共的、合法的利益（Bourdieu，1990：109）。因此，通过社会资本，行动者能够涉取经济资源，提高自己的文化资本，与制度化的机构建立密切的联系。社会资本的这种功效，特别可以在所有那些不同的个人从确实等价的经济和文化资本中获得非常不平等收益的情况下发现。社会资本的积累和投资依赖于行动者可有效动员的关系网络的规模，依赖于与他有关系的个人拥有的经济、文化和符号资本的数量和质量。所以，社会资本的生产和再生产预设了对社交活动的不间断的努力，这意味着时间和精力的投入、直接和间接的消耗经济资本（Bourdieu，1986：249－251）。

Bourdieu 的局限主要在于“在最终的分析中，把每一种类型的资本（当然也包括社会资本）都化约为经济资本，忽略了其他类型资本的独特效用”（Bourdieu，1986：241、252），这在某种程度上仍然带有“经济基础决定上层建筑”的唯物主义的决定论色彩。

（二）James Coleman 的社会资本功能观

在社会资本研究领域，产生最大影响的当属 James Coleman。按照社会资本的功能，Coleman 把它界定为“个人拥有的社会结构资源”，“它并不是一个简单的实体，而是由具有两种特征的多种不同实体构成的：它们全部由社会结构的某个方面组成，它们促进了处在该结构内的个体的某些行动”（1990：302）。与其他形式的资本一样，社会资本是生产性的，是否拥有社会资本，决定了行动者能否实现某个特定的工具性行动。与物质资本和人力资本一样，社会资本并非完全可以被替代。为某种行动提供便利条件的特定社会资本，对其他行动可能根本无用，甚至有害。但是，与其他形式的资本不同，社会资本存在于人际关系的结构之中，它既不依附于独立的个人，也不存在于物质生产的过程之中（Coleman，1988；1990：302）。

Coleman 认为，通过识别社会结构的功能，有助于解释微观现象的差别，又有利于实现微观到宏观的过渡，因为社会结构资源与其他资源相结合，导致了宏观水平的不同行为以及微观水平的不同结果。他把社会资本的表现形式概述为义务与期望、信息网络、规范和有效惩罚、权威关系。社会环境的可信任程度，即应尽的义务是否兑现和个人履行义务的范围对义务与期望的实现至关重要。如果某人在社会结构中承担的义务和期望较多，无论这种义务涉及的资源是什么，此人就拥有较多的可以利用的社会资本。理性行动者之所以使他人对自己承担义务，是由于他人能够获得某种超过义务的利益；利用业已存在的社会关系获取信息在为行动提供基础方面非常重要，特别是在获得某些不易通过公开渠道接触的内部信息方面，社会资本更有作用；在集体内部，命令式规范是极其重要的社会资本。这类规范要求人们放弃自我利益，依集体利益行动。这类规范总是得到社会的支持而强化。作为社会资本的规范造就了新的民族国家并使众多的家庭得到巩固，还为社会运动的成熟与发展提供了有利条件。在其他情况下，规范主要靠外部支持即奖励遵守规范者，惩罚越轨者来实现，因此限制了成员的某些行动；当人们意识到解决共同性问题而需要相应的社会资本时，他们会在特定的条件下，把权威赋予某个代理人。如果控制权集中于少数人之手，可以增加社会资本的总量。上述各种形式的社会资本，都可以通过有意识地创建各种自治组织来形成，从而有助于组织成员实现他们的既定目标（Coleman，1988；1990：第 12 章）。

此外，Coleman 还分析了影响社会资本创造、保持和消亡的各种因素：第一，社会网络的封闭性，保证了相互信任、规范、权威和制裁等的建立和维持，这些团结力可以保证能够动员网络资源。第二，社会结构的稳定。除了以职位为基础建立的组织，各种形式的社会资本都依赖于社会结构的稳定性。社会组织或社会关系的瓦解会使社会资本消亡殆尽。以职位而不是人为结构元素的社会组织的创立，提供了一种特殊形式的社会资本，该社会组织即使在人员变动的情况下，仍能维持稳定。但是，对于其他形式的社会资本而言，个人流动将使社会资本赖以存在的相应结构完全消失。第三，意识形态。意识形态创造社会资本的途径是把某种要求强加给意识形态的信仰者，即要求信仰者按照某种既定的利益或某些人的利益行动，而不考虑其自身的利益。集体意识形态如宗教的这种作用尤其明显。但是，强调自得其乐，信奉个人独立与自由的个人主义意识形态则会抑制社会资本的形成。第四，官方认可的富裕及需要的满足，将降低社会资本的价值，并使已经形成的社会资本无法更新，因为社会资本具有公共物品的性质，需要相互帮助的人越多，所创造的社会资本的数量越大；而富裕、政府资助等因素使人们相互需要的程度越低，所创造的社会资本越少。总之，社会资本的价值将随着时间的推移而逐渐贬值，需要不断更新和增值。无法保持期望与义务关系经久不衰，没有定期的交流，规范也就无法维持（Coleman，1990：第12章）。

Coleman的局限主要有两点：第一，他对社会资本的界定是相当模糊的。正如Portes指出的那样，他的界定为许多不同的甚至矛盾的解释重新贴上社会资本的标签大开方便之门。在社会资本的术语下，既包括产生社会资本的机制，也包括社会资本的后果，还包括为原因和效果具体化提供背景的“可利用的”社会组织。他并没有区分资源和通过不同社会结构中的成员身份涉取资源的能力。要全面系统地界定这个概念，必须区分：（1）社会资本的拥有者；（2）社会资本的来源；（3）社会资本本身。在Coleman之后，这三个因素在讨论中经常被混淆，因此带来了这个概念的用法和使用范围上的混乱（Portes，1998：5－6）。第二，他用社会资本的功能为社会资本下定义。由于后续的许多研究者非批判地接受了Coleman的定义，因而也重复了他的错误，因此引发了理论性不足、过于简单化和缺乏概念表述的论点，至今仍然困扰着社会资本领域的学术研究。用其结果给社会现象下定义在逻辑上混淆了原因和后果。众所周知，不同的原因可以导致相同的结果，或者同样的原因在不同的条件下可能产生不同的结果。对各种可能性进行分类需要进行细致的经验研究。不幸的是，许多研究者都错误地认定，社会资本可以从其结果来界定，或者认为社会资本总是导致“生产性”或积极的后果。这种“功能的”观点暗含着同义反复：当且仅当社会资本发挥效力时，它才能被识别；社会资本的潜在因果解释只有通过其效果才能得出，或一种投资是否依赖于对一种特定行动中的特定个人的回报。当然，我们不能否认 Coleman 对社会资本研究的大部分工作是开创性的和富有洞察力、启示性的，只是他在概念界定方面的错误需要纠正（Brown，1999）。

也许与不能把社会资本与其结果区别开的观点有关，也许他的观点假定作为集体动产的社会资本可以在它的许多不同形式诸如信任、规范、制裁和权威中发现，Coleman 本人也质疑“社会资本是否可以像金融资本、自然资本和人力资本一样，将成为社会科学中有用的一个定量概念，这有待于发现；它的当前价值主要在于社会系统中定性分析和运用定性指标进行定量分析的有效性”（Coleman，1990：304 – 305）。

（三）Alejandro Portes 对社会资本的系统表述

Alejandro Portes 对社会资本提出了精致和全面的表述。在他看来，社会资本是“个人通过他们的成员身份在网络中或者在更宽泛的社会结构中获取稀缺资源的能力。获取能力不是个人固有的，而是个人与他人关系中包含着的一种资产。社会资本是嵌入（embeddedness）的结果”（Portes，1995：12 – 13）。

借用 Granovetter 的说法（1985），Portes 区分了理性嵌入和结构性嵌入。理性嵌入即双方的互惠的预期，建立在双方关系取得强迫对方承认的预期能力的基础上。但是，当行动的双方成为更大网络的一部分时（即结构性嵌入），信任就会随着相互期待而增加，更大的社区会强制推行各种约束因素，Portes 称之为“可强制推行的信任”。Portes 认为，互惠的期待与可强制推行的信任二者都是借助于对约束因素的恐惧而推行的。通过从双方约束预期调节的社会联系向由强制推行的信任调节的社会联系的过渡，Portes 把社会资本概念从自我中心（ego – center）层次扩展为更宏观的社会结构影响的层次。他区分了另外两种社会资本，即：第一，使价值和规范内化，能够驱使一个人建立社会联系，或者因为一般道德命令而把资源转让给别人；第二，有限团结（bounded solidarity），可以推动一个人建立社会联系，或者因为认同内部人集体的需要和目标而把自身的资源转让给他人（Portes，1995：14－50）。

Portes 的社会资本理论的价值表现在两个方面：第一，他详细阐述了不同自我之间社会联系特征的差异。他把这些差异解释为包含自我在内的社会网络不同特征的结果，解释为嵌入网络的程度或类型的结果。沿着 Portes 的思路，我们可以把社会资本构想为一个有过程的、自我与社会结构之间因果互惠的能动结果。第二，他区分了社会资本结构化背后的各种不同动因，因而进一步阐明了 Coleman 的单向理性选择理论。从而使我们可以从自我嵌入的视角出发，用各种不同的动力、动因和社会结构理论系统地阐述社会资本概念（Brown，1999）。

（四）Robert D. Putnam 的社会资本社区观

政治社会学家 Putnam 指出："与物质资本和人力资本相比，社会资本指的是社会组织的特征，例如信任、规范和网络，它们能够通过推动协调和行动来提高社会效率。社会资本提高了投资于物质资本和人力资本的收益。"（Putnam，1993）

在 Putnam 看来，一个依赖普遍性互惠的社会比一个没有信任的社会更有效率，正像货币交换比以物易物更有效率一样，因为信任为社会生活增添了润滑剂。他还认为，像信任、惯例以及网络这样的社会资本存量有自我强化和积累的倾向。公民参与的网络孕育了一般性交流的牢固准则，促进了社会信任的产生，这种网络有利于协调和交流、提高声誉，因而也有利于解决集体行动的困境。因为当政治和经济谈判在社会互动的密集网络中进行时，就会减少机会主义行为。同时，公民参与的网络体现了过去的合作成果，它可以充当未来合作的文化模板。一次成功的合作会建立起联系和信任，这种社会资本的形成有利于未来的充分和连续合作。由于把"我"扩展为"我们"，提高了参与者对集体利益的"兴趣"，互动的密集网络有可能扩大参与者对自我的认识。总之，和常规资本不同的是，社会资本是一种"公共物品"，它不是从中获益的那些人的私有财产。和清洁的空气、安全的街道这些公共物品一样，社会资本不能由私人部门提供。这意味着社会资本必然是其他社会活动的副产品，并且可以在不同的社会背景下转移（Putnam，1993，1995a）。

实际上，Putnam 把社会资本等同于市镇、都市甚至整个国家这样的社区中的“公民精神”的水平。在他看来，社会资本的存量就是一个社区中人们参加、参与社团活动的水平，测量的标准包括阅报、参与志愿组织以及对政治权威的信任表达等。他用参与投票、家长—教师协会、妇女选民联盟、红十字会、工会、宗教群体、互助及嗜好俱乐部的活动等指标来分析美国公民的政治参与模式，得出了美国社会资本在 20 世纪 60—90 年代急剧下降的结论（Putnam，1995a，1995b）。他有关社会资本正在下降的论著一问世，立即遭到了来自多方的抨击。有批评者指出，Putnam 的社会资本测量指标忽略了其他类型的公民行动。比如，人们也许放弃了对妇女选民联盟或家长—教师协会的热情和投入，转而参加与自己利益相关的其他活动诸如单身俱乐部、职业培训、社会福利服务、幼儿服务等；人们也许离开了传统的个人或功利性的公民组织，转而加入了商业组织，像以前参加基督教女青年会是为了使用体育馆，现在人们则多选择去健身俱乐部；另外，随着以问题为导向的政治运动的增长，人们更经常地参与具体的政治活动和公民活动（如美国面向教育兄弟会、适宜人类栖息组织）。他在很大程度上忽略了跨阶级和组织的动力，实际上，许多公民社团正是由于这种动力而形成、存在和衰落的。他漠视美国 20 世纪六七十年代的文化断裂，也使他的结论不那么令人信服（Skocpol，1996）。

Portes 指出，虽然上述批评具有合理性，但是并没有解决 Putnam 观点中的致命问题，即逻辑上的循环论证和同语反复：社会资本作为社区和民族的特征，同时既是原因也是结果，它既可以导致良好的结局，也同样可以引发糟糕的结果。城市和民族—国家的发达与否与社会资本的丰富或匮乏密切相关，这是典型的循环论证。他的社会资本的定义是从结果开始的（这点有点像 Coleman，他的社会资本的定义就直接来自于前者）。Portes 告诫社会资本的分析者，要避免同义反复和逻辑上的循环论证，必须遵守特定的原则：第一，要在理论和实证上把概念的定义与其结果区别开；第二，要在因果方向性上有所控制，这样可以在论证中使社会资本的存在先于它的可能结果；第三，要控制其他的、可以解释社会资本及其结果的因素；第四，要全面认识社区的社会资本的历史来源（Portes，1998）。

（五）Ronald Burt 的“结构洞”社会资本观

Ronald Burt 把社会资本定义为网络结构给网络中的行动者提供信息和资源控制的程度，他称之为“朋友、同事以及更一般的熟人，通过它们获得使用金融和人力资本的机会”（Burt，1992：9），亦即“结构洞的社会资本”。如果说 Coleman、Bourdieu 和 Putnam 等强调紧密联系的网络是社会资本出现的条件，那么 Burt 强调的就是相反的情况。在他看来，正是联系的相对缺乏（他称为“结构洞”）推动了个人的流动、信息的获得和资源的涉取。Burt 指出，从谁“那里”获取资源从属于通过网络结构获取这些资源。由于构成双边关系的个体与大多数类似者共享利益、财富、权力和价值等，所以自我封闭的网络只能提供重复的资源。网络中的结构洞不仅有更大的获取非重复资源的机会，而且可以为由结构洞连接的一组组节点之间控制资源流动在战略上进行定位，因而他构造了一个有关社会资本系统内各种权力关系的概念框架（Burt，1992）。

与 Granovetter 相反，Burt 的创新之处在于他认为重要的因素不是关系的强弱，而是它们在已经建立的关系网络中是重复的还是非剩余的。他认为社会资本的网络结构受到网络限制、网络规模、网络密度和网络等级制等因素的影响（Burt，1992，1993：65 - 103，1995，1998a，1998b）。(1)网络限制与社会资本负相关：围绕某个人而形成的网络限制了中介机会的出现，网络直接或间接地集中在某个单独的人身上。网络限制越多意味着结构洞越少；(2)网络规模与结构洞的社会资本正相关：在一般情况下，网络规模越大，网络中的成员占有结构洞的机会就越多，因而所拥有的社会资本越丰富。在网络规模确定的情况下，网络中非剩余的关系越多，相应的社会资本越丰富；(3)网络密度与结构洞的社会资本负相关：网络密度越低，网络成员中的结构洞越多，社会资本越丰富。相反，网络密度越高，社会资本越贫乏；(4)等级制与社会资本负相关：等级制测量的是间接联系集中于一个中心关系人（contact）的程度。集中度越高，社会资本越贫乏。Burt（1998b）用实证资料对上述 4 个有关社会资本网络效应的假说进行了验证。

在最近的研究中，Burt（1998b，2001：31 - 56）对作为社会资本构成要素的封闭网络和开放网络（即结构洞）进行了概念上的整合和经验验证。Burt 认为，Coleman 和 Putnam 等所说的封闭或紧密网络强调的是内在的凝聚力，它描述了紧密甚或等级制网络如何降低了与制裁和信任相关的风险，后者与社会资本的使用者的表现相关。而坚持开放网络作为社会资本的结构洞理论关注的是与某个社会群体之外的人的联系，它解释了机会如何为跨越结构洞的中介人增加价值，这也与社会资本使用者的表现相联系。可以说，Burt 首次不把开放网络和封闭网络视为对立或竞争的社会资本范式，相反认为它们是相互补充的。一方面，开放网络范式以结构洞的分析为典范，如果联系超越了群体，就会增加群体及其成员的价值；另一方面，当群体内部的资源是充分的且被用于群体或个体成员的获利时，封闭网络也是有效的。相对于经验论证而言，Burt 在此所做的理论综合显得有些薄弱。他仅仅认识到当中介者跨越结构洞时是价值增加的源泉，封闭网络对于实现嵌入在结构洞中的价值是关键的因素。

（六）林南（Nan Lin）的社会资源理论

笔者认为，对社会资本概念的表述、指标测量和理论模型的建构作出最大贡献的当属林南。社会资源理论的首倡者林南认为，社会资本是从嵌入于社会网络的资源中获得的。社会资本植根于社会网络和社会关系中，因此，“社会资本可被定义为嵌入于一种社会结构中的可以在有目的的行动中涉取或动员的资源。按照这一定义，社会资本的概念包括三种成分：嵌入于一种社会结构中的资源；个人涉取这些社会资源的能力；通过有目的行动中的个人运用或动员这些社会资源。因此可以构想，社会资本包含的三种成分涉及结构和行动：结构的（嵌入性），机会（可涉取性）和行动导向（运用）方面。”（Lin，1999a）

林南把社会资本界定为“在具有期望回报的社会关系中进行投资”。这种一般界定与所有对该讨论作出贡献的学者的各种表述一致（例如，Bourdieu，1986；Burt，1992；Coleman，1988，1990；Erickson，1996；Flap，1991；Lin，1982；Portes，1998；Putnam，1993，1995a）。个人为了创造收益才参与互动和建立网络。他把社会资本的功能概括为四个方面（Lin，1999a；2001：19－20）：第一，促进了信息的流动。通常在不完善的市场条件下，处于某种战略地位或等级位置中的关系人，由于较好地了解市场需求，可以为个人提供以其他方式不易获得的关于机会和选择的有用信息。同样地，这些关系会提醒处在生产或消费市场中的一个组织及其代理人甚至一个社区关于在其他方面未被意识到的个人的可用性和利益。这些信息可以降低交易成本，使组织招募到合格的专业技术人员，也使个人找到可以使用其资本和提供适当回报的“较好的”组织。第二，社会关系人可以对代理人（如组织的招募者或管理者）施加影响，这些代理人在有关行动者的决定（如雇佣或提升）中发挥着关键性作用。某些社会关系，由于其所处的战略位置（如结构洞）和地位（例如权限或监督能力），在组织代理人的决策中也拥有更有价值的资源和行使更大的权力（例如，对代理人依赖的极大不平衡）。因此，在关于一个个人的决策过程中“说一句话”就会产生一定的影响。第三，社会关系资源及其被确认的与这个人的关系，也被组织及其代理人视作这个人的社会信任的证明，某些信任反映了个人通过社会网络和关系，他/她的社会资本涉取资源的能力。个人背后的身份通过这些关系为组织及其代理人提供了保证：个人可以提供超出个体的个人资本的另外资源，某些资源对于组织也是有用的。第四，社会关系被期待着强化身份和认识。一个人被确认和识别的价值作为个人和社会群体成员共享的类似利益和资源，不仅提供情感支持，而且获得某些资源的公共认可。这些强化对维持心理健康和资源所有权而言是必不可少的。

林南认为社会资本的理论模型应该包括三个过程：(1)社会资本中的投资；(2)社会资本的涉取和动员；(3)社会资本的回报（Lin，1999a）。他把社会行动分为工具性行动和情感性行动（Lin，1986，1990，1992）。工具性行动被理解为获得不为行动者拥有的资源，而情感性行动被理解为维持已被行动者拥有的资源。这种对行动的分类类似于 Portes 的工具性行动和完善性行动的分类（Portes，1998）。

对工具性行动而言，可以确认三种可能的回报：经济回报、政治回报和社会回报。每一种回报都可被视作增加的资本。经济回报是直接的。政治回报也类似于直接，表现为一个组织中的等级地位。而作为社会回报的声望是社会收益的一个指标。声望可被定义为对一个社会网络中的某个人做出的善意/非善意的评价。社会资本交换中的一个关键争端是，交换也许是不对称的：他人把好感给予自我，自我的行动受到促进。不像经济交换，在那里互惠的和对称的交易是短期和长期所期待的。社会交换不需要这种期待。社会交换所期待的是，自我和他人都承认不对称交换会造成前者对后者的社会债务，后者增加了社会信任。自我必须在公众场合公开地承认其社会债务，以维持他/她与他人的关系。网络中的公开承认可以传播他人的声望。债务越多，网络越大，自我和他人维持关系的需要越强烈，在网络中传播信用的倾向越明显，因此，他人所获得的声望越高。在这个过程中，他人通过伴随着物质资源（如财富）和等级地位（如权力）的声望得到满足，这构成了工具性行动中三种回报之一的基础。

对情感性行动来说，社会资本是巩固资源和防止可能的资源损失的一种工具（Lin，1986：17－30，1990）。原则上是接近和动员享有利益和控制类似资源的其他人，因此为了保存现有资源，可以储存和共享嵌入性资源。情感性回报包括三个方面：身体健康、心理健康和生活满意。身体健康包括维持身体功能的合格、免除疾病和伤害。心理健康反映了抵抗压力、维持认知和情感平衡的能力。生活满意指对各种生活领域如家庭、婚姻、工作、社区和邻里环境的乐观和满足。

对工具性行动和情感性行动的回报经常是彼此增强的。身体健康提供了承受持久工作负担的能力和获得经济、政治和社会地位的可靠性。同样，经济、政治或社会地位经常提供维持身体健康的资源。心理健康和生活满意也同样被期待着对经济、政治和社会收益产生交互的影响。然而，导致工具性和情感性回报的因素被期待着表现为不同的模式。如前所述，开放的网络和关系更可能接近和运用“桥梁”去获得一个人的社会圈子中缺乏的资源，增强其获取资源和工具性回报的机会。另一方面，一个在成员中具有更亲密的互惠关系的紧密型网络，会增加动员拥有共享利益和资源的其他人以保护现存资源的可能性。此外，外生因素诸如社区和制度安排及与竞争动机相对的传统动机会对网络和关系的密度和开放性及工具性或情感性行动的成功作出不同的贡献。

林南（1999a，2001a）预测到，计算机的普及、互联网的方兴未艾，为社会资本研究者提供了另一重要阵地，这种刚出现的新制度和文化为人力资本和社会资本间的互动提供了一种新的基础。在他看来，所有形式的资本发展的全部范围和效用都可以在计算机网络中考察到，计算机网络基本上是关系和嵌入性资源（这是社会资本的一种形式）。迫切需要做的工作是理解计算机网络是如何建立和分割社会资本的。最重要的是，社会资本研究者应该解释：社会资本是否和如何在意识、影响和市民社会方面超过个人资本。在此意义上，社会资本并不是垂死的，可能是扩张的和全球性的。

笔者认为，第一，林南把社会资本界定为“在具有期望回报的社会关系中进行投资”也是存在问题的。林南本人一再反对 Coleman 按照社会资本的功能来下定义（Lin，1999，2001），但是他本人的定义实际上也带有功能主义的嫌疑。反对按照功能的方式来界定社会资本的概念，并不是否认社会资本可以发挥积极的功能。然而，按照林南的定义，是否那些“不具有期望回报的社会关系中的投资”就不是“社会资本”了呢？虽然社会行动多数是有目的的和理性的，但是如果说所有的社会行动都是受到理性和目的支配的，未免陷入理性选择论的沼泽。实际上，社会行动区别于经济行动的一个特点就在于，前者经常导致非预期后果（unintended outcome）。比如人们在进行社会资本的投资时，并不一定能准确预见到可能的后果。况且，目的性或功利性很明显的社会资本投资往往会带来消极的后果。第二，林南是“开放网络更能带来丰富的社会资本”的主张者之一，但是，他的这个命题在工具性行动中得到验证，却不能有效地解释情感性行动。林南及其同事（Lin，Simeone，Ensel & Kuo，1979；Lin，Dean & Ensel，1986；Lin & Ensel，1989；Lin & Lai，1995；Lin & Peek，1999：241 - 258）和其他人（例如，Laumann，1973；Fischer，1982；Wellman，1979，1982：61 - 80，1988：19 - 61；Wellman & Wortley，1990；Wellman & Potter，1999：49 - 82）关于社会支持网络的一系列实证研究表明，封闭或密切联系的关系网络更有利于既有良好关系的维持、促进身心健康、减轻精神压力。这可能预示着社会资本具有不同的模式，并非只有开放网络或仅仅由弱关系形成的网络才能构成社会资本。一个严谨的社会资本理论模型不应该存在内在的逻辑矛盾。关于工具性行动和情感性行动的不同解释也与林南的社会资源理论不一致。这也是他的社会资本理论有待修正和进一步完善的地方。

二　社会资本的分析层次

社会资本理论中的争论与研究者选择或偏爱的分析层次有关。一种标准是按照分析的层次是个体还是群体（或组织）来划分，这也是在最简单明了的意义上区别不同的分析焦点。另一种标准是将分析的层次分为微观、中观和宏观。

（一）个体和群体的分析层次

林南（Lin，1999a，2001）认为，在个体层次上，焦点在于通过个人运用社会资本，如何涉取和使用嵌入在社会网络中的资源以获得工具性行动中的回报和保持情感性行动中的收益。因此，在这种微观层次上，假定个人进行的这些投资对于个人具有期望回报，那么社会资本就被视为与人力资本类似。个人回报的聚积也对集体有利。然而，这种分析的焦点是：（1）个人如何在社会关系中投资；（2）个人如何获得嵌入于关系中的资源以产生回报。坚持这种分析战略的代表性学者主要有林南①、Burt、Flap 和 Portes 等。

另一个阵营的学者集中研究群体层次上的社会资本，他们关注：（1）某些群体如何发展和维持或多或少的社会资本作为其集体资产；（2）这些集体资产如何增加群体成员的生活机会。Bourdieu（1986）和 Coleman（1988，1990）广泛讨论了这种观点，Putnam 的经验著作（1993，1995a）也是这种分析的典范。这种观点的中心兴趣是探索集体性社会资本的创造和维持的要素及过程。例如，关系密切的网络被视为手段，集体资本可以通过这种手段得到维持，群体的再生产也可以实现。另一个主要兴趣是为什么一个群体的规范、信任、制裁和权威等是群体的社会资本得以创造和维持的基本要素。

不管从社会群体层次还是从关系层次上来考察社会资本，所有学者都承认下述观点：网络成员的互动使社会资本的维持和再生产成为可能。两个重要和不同的理论地位把集体资产阵营中的学者区别开来。对于 Bourdieu 来说，社会资本表示一个过程，统治阶级中的个人通过相互认可和承认，强化和再生产一个拥有各种资本（经济、文化和象征资本）的特权

① 林南认为“以网络和其嵌入资源为基础，以个人与人际关系的联系”为分析取向的社会资本理论建立在中观层次上（Lin，2000，2001）。笔者以为，林南的社会资本概念及其进行的实证检验是建立在微观或个体的层次上。

群体。贵族和头衔概括了这类群体及其成员的特征。因此，社会资本是维持和再生产统治阶级的另一种方式。关于集体资产作为社会资本的其他地位的观点表现在 Coleman 和 Putnam 的著作中。Coleman 在把社会资本定义为由任何对特定行动中的个人有用的社会结构特征或资源时，突出了作为社会资本的公共动产。这些集体资产的特征对群体的所有成员都是有效的，作为一个社会群体或社区，不管它的成员实际获得的是什么，都对这些资源有所供给或奉献。

（二）微观、中观和宏观的分析层次

另外一些学者如 Thomas Ford Brown 和 Jonathan H. Turner 等 把社会资本的分析层次归纳为微观层次、中观层次和宏观层次三种（Brown，1999；Turner，1999）。在 Brown（1999）看来，微观层次的社会资本分析是嵌入自我的观点（the embedded ego perspective）。在这个层次上，社会资本理论关注的是个体自我通过包含自我在内的社会网络动员资源的潜力。这里所关注的是个人行动的结果，是在特定的社会结构情境中来讨论的。笔者认为，Coleman、Portes、林南等重视社会资本的功能（特别是其积极功能）的理论可以归在微观分析的阵营下。

中观层次的社会资本分析是结构的观点。在这个层次上，社会资本理论研究的是特定社会网络的结构化，社会网络中自我之间联系的状况，以及资源作为其特定结构的结果从该网络中形成的途径。换言之，中观分析关注的是网络形成的过程及其分配结果，而不是组成网络的个体自我。Burt 的结构洞理论是中观层次社会资本理论分析的经典（Burt，1992，1993）。另外，所有以组织作为对社会资本的基本分析单位的研究（如 Knote，1999；Podolny & Castellucci，1999：431 - 445；Uzzi & Gillespie，1999：446 - 459 等）都属于这个层次。

宏观层次的社会资本分析，被称为嵌入结构的观点（embedded structure perspective，Brown，1999）。这个层次的社会资本理论关心的是形成、证明和展开社会资本的网络如何嵌入在较大的政治经济系统或文化与规范的系统之中。与社会资本的嵌入结构观点相关的理论出现在文化社会学的经验研究中，但是它们并不直接关注社会资本。Brown 的工业结构化理论，即把对影响社会资本网络的文化要素引进分析之中（Brown，1997）。

Zelizer 一方面批评一般经济社会学的“结构绝对主义”，即把一切化约为社会结构关系和网络的倾向（Zelizer，1988：629）；另一方面也反对“文化绝对主义”。他赞同采用一种把结构、经济和文化要素均考虑在内的均衡方法。Zukin 和 DiMaggio 引入政治嵌入和文化嵌入的概念，因为看到了经济行为总是在大的政治背景下发生的，而且经济学的假设、规则和理性是受到文化限制和塑造的（Zukin & DiMaggio，1990：17）。做宏观层次分析的社会资本理论家认识到，社会资本的网络嵌入政治、经济和文化重迭的系统中。这些宏观社会制度有可能决定社会网络有效资源的种类和数量；搞清楚可以和谁建立关系，因而构建网络；为交易立法和进行调整；针对制度的行为建立和实施交易；描述和调整网络的社会状况；建立和推动网络交易；建立和调整不同网络之间的竞争等（Brown，1999）。在这个意义上，一切试图用社会资本的概念解释一个社会、民族—国家或地区经济和社会发展的理论模型（例如，World Bank，1993；Woolcoke，1998；Jordana，1999：45－72；Turner，1999）都可以归到宏观层次的社会资本范畴中。

然而，无论是在个体和群体两个层次，还是在微观、中观和宏观三个层次上分析社会资本，不加限定地在不同层次间随意地变动必然造成一些理论和测量上的混乱。而那些自由地在不同层次之间变动的讨论产生了进一步的混乱。例如，Bourdieu 在说明统治阶级和贵族群体的再生产时提出了一种结构观点作为对社会资本的重要解释，即社会资本表现为：（1）群体或网络规模的聚积；（2）成员所拥有的资本数量的聚积（Bourdieu，1986：248）。这种描述仅仅在假定所有成员都维持强关系和互惠关系时才有意义，所以关系强度并没有进入计算。然而，Bourdieu 也描述了个人互动和对作为一个网络或群体的成员相互承认和肯定的强化（Coleman，1990：第 12 章）。在强调个人如何运用社会—结构资源获得较好的行动结果时，重点讨论了作为社会资本的成分或形式的社会资本在强调信任、规范、制裁、权威和封闭时的集体性质。

三 社会资本的概念化和测量指标

究竟用哪些指标来测量个体或群体的社会资本，不同的学者给出了不同的答案。事实上，任何学者对社会资本进行的形形色色的测量，均与他们对社会资本的不同界定密切相关。

（一）网络位置

一些学者把焦点对准社会网络中个人所处的位置，并把此视为理解社会资本的关键。Burt 的著作（1992）是这种探讨的典范。通过确认个人在网络中的位置，有可能评估行动者与一个结构位置的距离，诸如一座“桥梁”，在获取更多的、不同的和有价值的信息方面，“桥梁”的占据者有可能处于竞争性优势。

（二）关系强度

关系强度也被证明为测量“桥梁”有效性的网络位置尺度。这种测量方法或明或暗地包含着如下论据：网络位置是识别社会资本的关键因素。一个重要的观点提出了“桥梁”或接近“桥梁”促进了行动中的回报的论据。Granovetter 的桥梁概念被表述为“弱关系的强度”（1973，1974），他从 4 个指标来测量关系的强弱：一是互动的频率，也即花费在某种关系上的时间，花费的时间长和互动的次数多为强关系，反之则为弱关系；二是情感密度，情感较强、较深为强关系，反之则为弱关系；三是熟识或相互信任的程度，熟识或信任程度高为强关系，反之则为弱关系；四是互惠交换，互惠交换多而广为强关系，反之则为弱关系。边燕杰在中国职业流动中则用关系类型和熟识程度来测量关系的强度。他把亲属和朋友以及熟识程度高的关系界定为强关系（Bian，1994，1997，1999：255－278）。Burt 在结构洞和限制的概念中对“弱关系强度”论点作了详细说明并使之定型化（1992）。对桥梁进行的其他测量（如社会网络分析中的中距性［betweenness］）也被作为测量社会资本的候选方法，即使它们很少被运用到社会资本脉络中。

林南指出，还有许多其他的测量如社会网络的规模、密度、同质性、异质性、内聚性和封闭性，也是测量社会资本的候选指标。然而，关于它们在社会资本理论中的可行性并没有提供十分清晰的研究论据。除非有在任何特定测量中运用的明确理论论据，像对社会资源和网络位置所进行的测量一样，否则简单地把任何社会网络的指标运用在社会资本的测量中是欠谨慎的（Lin，1999a，2001）。

（三）嵌入性资源——网络资源和关系资源

社会资源理论指出，在多数社会中有价值的资源表现为财富、权力和地位（Lin，1982）。因此，社会资本被按照与一个人有直接或间接关系的他人特征的数量或种类来分析。社会资源测量可以进一步区分为网络资源和关系资源 。网络资源和关系资源是通过比较社会资本的两种概念成分所产生的两种测量方法，它们把社会资本当作社会网中的个人所获得的资产来测量。网络资源指嵌入在一个人的自我网络中的资源，表示可以涉取的资源，它所开发的资源表现在一个人所涉取的网络中。它们典型地包括：（1）关系中资源的范围（或最丰富和最贫乏的有价值资源之间的距离，range）；（2）网络或关系中最大可能的资源（或资源等级体系中的最高可达性，upper reachability）；（3）网络中资源的多样性或异质性（extensity）；（4）资源的构成（平均或典型资源，composition，average or typical resources）。

而关系资源指嵌入在关系人（contacts）中的在工具性行动中被作为帮助者使用的资源，指一个特定行动中的关系人或帮助者所拥有的有价值资源。它表示在工具性行动中可以被动员的资源。对关系资源的测量是直接度量关系人的财富、权力和地位特征，这典型地反映在关系人的职业、权威位置、工业部门或收入等指标中①。

在这种测量中，嵌入在社会网络中的资源被视为社会资本的核心要素。因此，测量集中于个人在其网络和关系中所涉取的其他人所拥有的有价值资源（例如财富、权力和地位）。有一致和强有力的论据表明，网络资源和关系资源都积极地影响了工具性行动的结果（Lin，1999a）。

总之，网络位置应当被视为社会资本的外生变项而非内生变项。社会资本远比社会关系和社会网络丰富；它引发了嵌入性和涉取性资源。然而，不识别网络特征和关系，就不可能获得这些嵌入性资源。网络位置是嵌入性资源的必要条件。在一项既定的研究中，对网络位置和嵌入性资源

---

① 关于关系资源的具体测量方法的详细介绍参见 Lin & Dumin 1986；林南 2001；Lin，Fu & Hsung 2001。

结合起来测量是明智的。

林南（2001）最近利用1997年台湾社会变迁基本调查的资料首先从经验上证实，网络中的嵌入资源是社会资本的核心指标；市民参与仅仅在跨区域的组织（不包括地方性的组织，如村/邻里和庙宇组织）中才与网络、教育和社会经济回报等测量相关，亦即市民对跨区域组织的参与才构成社会资本；而普遍信任由于没有通过聚合效度（convergent validation）和判别效度（discriminant validation）的检验，不能作为社会资本的一个测量指标。

四　社会资本理论的局限性

尽管社会资本作为一个分析概念和理论模型，被越来越多的学者所运用，并且在理论建构和经验研究方面取得了大量的成果，但是社会资本理论仍然存在着一些阻碍学术发展的共同缺陷[①]。

（一）多数学者只是强调了社会资本的积极作用，而对于它可能产生的消极功能甚至反功能却鲜少论及

绝大多数有关社会资本的经验研究也集中在其积极功能方面[②]。正如Portes（1998：15－18；Portes & Sensenbrenner，1998b：139－145）正确指出的那样，社会资本的消极功能表现在四个方面：第一，在一个群体之中，为群体成员带来收益的强关系，通常也会阻碍该群体之外的其他人获得为该群体控制的特定社会资源。换言之，使特定群体的成员更为方便地涉取某种稀缺资源的强关系，意味着非群体成员在涉取这种资源时必须要付出更昂贵的代价。第二，个人所属的群体或社区的封闭性，将会阻止成

① 关于每个学者的社会资本理论的不足之处，前文已有所提及。这里的共同缺陷是针对作为一个学术共同体的社会资本领域而言的。

② 例如，一些经验研究表明，社会资本具有促进社会控制和社区团结（Hangan et al.，1995，1996；Zhou & Bankston，1996：197－220）、家庭支持（Hao，1994；McLandahan & Sandefur，1994）、职业晋升和社会流动（Lin，1982，1990，1999a，2001）、提高心理健康和生活满意度（Laumann，1973；Wellman，1979，1982，Fischer，1982；Wellman & Potter，1999）、成功创办和经营移民或少数民族企业（Light & Bonacich，1988；Zhou，1992；Sanders & Nee，1996；Sassen，1995）、整合社会发展目标促进社会进步（World Bank，1993；Woolcock，1998）等积极作用。

员的创新能力或事业的进一步发展。第三，整个群体从社会资本获益，是以牺牲和限制个人自由为代价的。社会联系的加强，必将导致个体服从群体甚至令个体消失于群体之中的局面。第四，由于少数民族或劣势群体共同的敌视和反对主流社会的经历，在群体团结得到巩固和保持被压制群体成员基本稳定的同时，使更有野心和创新精神的成员被迫离开其熟悉的群体和社区。简言之，“社会联系能够极大地控制个人的任性行为并提供涉取资源的特许渠道；但是社会联系也限制了个人自由，并通过特殊的偏爱阻止局外人进入获取同一资源的渠道”（Portes，1998：21）。社会资本消极作用的产生，与资本的积累和投资于特定的群体或社会空间密不可分。换言之，封闭性的社会结构或结构性壁垒（structural barriers），或用 Burt 的术语，结构洞的存在，是社会资本产生消极功能的根本原因。实际上，正如人力资本和经济资本的投资也会产生赤字或失败的结果一样，社会资本的消极作用也应该引起未来研究者的关注。

（二）社会资本理论是另一种形式的理性选择理论，因而忽视了人类行动的非预期后果、非理性后果、无理性后果的存在

理性选择理论家认为，社会资本作为一种信息资源和控制手段，是理性行动者之间相互作用的结果，这些行动者为了彼此的利益而相互协调和适应。第一，人类参照周围世界提供的可能性而作出理性选择，并把对选择的追求视作为了实现利益或效用的最大化，这是无可争议的事实，但是如果把行动过程看作一套以科学为基础的理性计算，可能就是不可接受的了。社会资本理论只有在一些特定的理性行动理论中才是可以证明的。即使在这样一个有限理性的观念当中，宣称选择的依据是理性而非其他因素，这样的假设也只能是方法论上的权宜之计，而不是一种逻辑严谨的理论模型。第二，许多人类行动确实不是理性的，如韦伯所说的习惯行动、情感行动和价值行动，都不是基于工具性假设的理性选择行动。如韦伯所言，绝大多数人类行动都属于传统的或习惯的类型，体现在例行化的规范遵从之中。非理性和无理性的行为只能通过与理性行为的比较才能进行分析。这就意味着，作为一种理性选择理论，社会资本理论是自我限定的理论，它们将自己限定在初始的或基本的社会生活领域，而在探讨复杂情况时，经常会遇到确实的困难。第三，社会资本理论只有使用同义反复式的

定义和论证，才能获得简洁的解释力。多数社会资本理论家主张，人们之所以进行社会资本的投资，是因为这有助于实现未来的利益。然而，利益体现在行动结果中，他们不得不用行动的结果来揭示其原因，在逻辑上重复了结构功能主义的谬误。

（三）来自不同传统的社会资本的修正主义理论家冒着试图用过少的理论解释过多现象的危险，从而使社会资本的术语和理论有可能流于时髦，而不能成为一个严肃的知识和学术领域

从最先使用社会资本概念的各位社会学家在定义上的不一致，到其后一批追随者的不加批判地借用，再到最近超越社会学学科界限不加限制地任意沿用、不加鉴别地进行篡改，含糊地加以使用，从而出现了“社会资本的过剩现象”（或“社会资本的泛化”——笔者语），社会学家开始把社会生活的每一个特征都从实质上归结为社会资本的一种形式（Woolcock，1998）。换言之，物质资本和人力资本之外的一切东西被社会学家概述为“社会资本”，从而扩大了其内涵和外延，力图使社会资本成为解释或解决一切社会问题的灵丹妙药（Portes，1998）。实际上，对社会资本的概念界定、理解、应用和解释采取随意性态度的潜在危险将使这个概念变得毫无科学意义。如果作为一个科学概念的社会资本不能满足理论研究的效度和信度的最低要求，不能形成一个共享的视角，不能达成系统的操作化和进行有关的实证研究，社会资本面临的危险是变成昙花一现的学术时髦，最终会因其缺乏独特的特征及其对科学知识的贡献而被严肃的学者摒弃（Lin，Cook & Burt，2001）。另外，混乱可以看作产生于社会资本概念的扩展超出了其在社会关系和社会网络中的理论根基和对于每一个个体案例的预测未能占据应有的理论位置。

五 结 语

中国社会长期以来以把人际关系、社会网络和社会资本强调为社会、经济和政治活动的一个重要原则而著称，它在整个社会系统的运行中一直发挥着非常重要的功能。关系似乎是中国社会结构的突生现象，已经引起了国内外社会学家、经济学家、管理学家、人类学家和政治学家的广泛关注。这种情况确实为中国社会资本的经验研究提供了丰富的资料。但是，在未来中国社会资本的实证研究中，应该避免几种倾向：第一，将中国社会中的关系现象特殊化，忽视在西方发展已经相对成熟的社会资本理论和测量工具的使用。第二，将西方的社会资本的理论和测量工具照搬到中国来，忽视中国社会中的“关系”的真实内涵。在弄清关系内涵和变化规律的前提下，将关系的研究提高到概念化、理论化和模型化的层次（边燕杰，1999），是未来中国社会资本实证研究的努力目标。第三，将社会资本的内涵和外延扩大，认为物质资本、人力资本以外的任何东西都可以称之为“社会资本”，这实际上会导致社会资本概念的泛化和滥用。第四，与国外多数社会网络和社会资本研究重视社会资本积极功能的趋向正好相反，国内往往把运用关系、社会网络或社会资本当作不正之风甚至腐败的代名词[①]，新闻媒体也多从消极的方面报道社会关系或社会资本的作用。在这个意义上，有必要为关系、社会网络和社会资本的正常使用正名，还其本来面目。另外，有些人把通过贿赂达到自己的即时性目的与社会资本的正常投资混为一谈。笔者认为，前者并不是我们所说的社会资本，或充其量称之为社会资本的投机行为。

① 笔者在进行社会网络和社会资本的研究项目时，当问到被访者是否在职业流动中使用了关系时，他们经常以否定的方式来回答，似乎使用关系和网络就低估了自己的人力资本或工作能力，而且人力资本越丰富或行政级别越高的被访者，往往越具有这种倾向。

第三章　下岗与再就业过程中的社会网络机制

一　研究问题

受中国国有企业效益普遍低下、劳动力市场供大于求和下岗职工本人素质偏低、年龄偏大等客观条件的制约，国家和企业既不可能再采取传统的“全包”方式，也不可能采取完全市场化的模式解决这一特殊群体的再就业问题。在“充分发挥政府、企业和职工个人三方面的积极性”，实行“企业安置、个人自谋职业和社会帮助相结合”的再就业政策指导下，包括血缘关系、亲缘关系、业缘关系、地缘关系、友谊关系等在内的个人社会关系网在下岗职工的求职过程中似乎有了更大的发挥作用的空间范围。以往的实证研究表明，即使是在世界上市场经济最发达的美国、日本及新加坡，劳动力配置和就业信息传递也不是完全市场化的。反之，社会关系网络是劳动力配置和就业信息传递的重要机制（Bian，1997；Bian and Ang 1997；Lin，1981，1982；Granovetter，1973，1974，1982）。

在下岗职工再就业的过程中，一部分职工很快找到了新的、比较满意的工作；而另一部分下岗职工却迟迟找不到新的工作，这是否与他们既有的社会网络或社会资本密切相关呢？

社会网络在下岗职工再就业过程中究竟占据着什么地位，其所发挥的主要功能是什么？社会关系网络帮助下岗者重新就业的具体方式是什么？强关系和弱关系在劳动力市场配置中的相对有效性如何？除了地方政府和下岗职工原单位的安置和介绍就业以外，关系网络能否成为下岗职工再就业的另一条主要途径？

本研究试图借鉴 Mark Granovetter 的弱关系强度理论、林南（Nan Lin）的社会资源理论、James Coleman 等人的社会资本理论、Ronald Burt

的结构洞理论、边燕杰（Yanjie Bian）的强关系理论中的一些基本概念和命题，分析个人社会网络或社会资本对下岗行为和再就业结果的具体影响，进一步检验（证实或证伪）前人在不同背景下提出的强关系或弱关系假说的相对有效性，对下岗职工这一特殊群体的求职过程作出社会资本的解释，探讨计划经济向市场经济过渡时期中国大城市下岗职工求职过程中社会关系网发挥作用的模式，在批判、修正西方社会学家的社会网络理论的基础上，建立和发展中国人的职业流动与社会网络理论。

二　文献评述

国内外社会学家在运用社会网理论研究求职方面，比较有代表性和产生了较大影响的理论和经验研究主要有：

1. 弱关系强度假设

Granovetter 1973 年在《美国社会学学刊》上发表的《弱关系的强度》一文，被认为是社会网络与求职研究的一篇经典文献。弱关系强度假设的提出和经验发现对欧美学界的社会网络分析产生了重大影响。Granovetter 所说的关系是指人与人、组织与组织之间由于交流和接触而实际存在的一种纽带联系，这种关系与传统社会学分析中所使用的表示人们属性和类别特征的抽象关系（如变项关系、阶级阶层关系）截然不同。他首次提出了关系强度的概念，并将关系分为强和弱，认为强、弱关系在人与人、组织与组织、个体和社会系统之间发挥着根本不同的作用。简言之，强关系维系着群体、组织内部的关系，而弱关系则使人们在群体、组织之间建立了纽带联系。他从 4 个指针来测量关系的强弱：一是互动的频率，也即花费在某种关系上的时间，花费的时间长和互动的次数多为强关系，反之则为弱关系；二是情感密度，情感较强、较深为强关系，反之则为弱关系；三是熟识或相互信任的程度，熟识或信任程度高为强关系，反之则为弱关系；四是互惠交换，互惠交换多而广为强关系，反之则为弱关系①。在此基础上，他提出了“弱关系充当信息桥”的判断。在他看来，强关系是

① 实际上 Granovetter 在其对“弱关系假设”的经验验证中，仅仅使用了两个指标，即职业变动者与其关系人见面的频率和关系类型（1973，1974）。

在性别、年龄、教育程度、职业身份、收入水平等社会经济特征相似的个体之间发展起来的，而弱关系则是在社会经济特征不同的个体之间发展起来的。因此，通过强关系所获得的信息往往是雷同的、重复性的或剩余的。而弱关系则是在不同群体的个体之间发生的，是联系不同个体的纽带。这些来自不同群体的不相似的个体所了解的信息往往也是有差异的。通过弱关系所收集的信息异质性更高、重复性更小。由于弱关系的分布范围较广，它比强关系更能充当跨越其社会界限去获得信息和其他资源的桥梁，它可以将其他群体的重要信息带给不属于这些群体的某个个体。在与其他人的联系中，弱关系可以创造例外的社会流动机会如工作变动。Granovetter 断言，虽然所有的弱关系不一定都能充当信息桥，但能够充当信息桥的必定是弱关系。弱关系充当信息桥的判断，是他提出“弱关系强度”的核心依据（Granovetter, 1973）。

Granovetter 以职业流动为主题对弱关系强度假设进行了实证检验。他的调查地点选在波士顿郊区的牛顿城。他随机访问了牛顿城的 282 名（其中包括 100 名入户访问，182 名邮寄问卷）男性白领就业者，包括专业技术人员和经理人员。在调查中，Granovetter 询问了被访者最近一次职业变动的经历。他发现，56% 的被访者是通过社会关系的渠道找到目前的工作的（1974：14）。其中，16.7% 的求职者与他们的关系人在找工作时经常见面，55.6% 的求职者偶尔见面，27.8% 的求职者很少见面（1973）。如果用关系的类型来测量，美国的专业技术和经理人员更多地通过工作关系（即弱关系，占 31.3%）而非家庭朋友关系（即强关系，占 68.7%）获得工作信息（1974：45）。通过个人关系实现职业流动的人比用正式招聘和直接申请等途径的人对目前的工作更满意，前者目前的工作收入明显高于后两者。此外，运用个人关系渠道求职的人的职位更多的是新创造的（1974：8－15）。他通过实证分析指出，只有那些在各方面与自己同质性较强的人才有可能与其建立起比较密切的关系，但是，这些人所掌握的信息和他自己差别不大。而与此人关系较疏远的那些人则由于与他（她）具有较强的异质性，也就有可能提供此人及其周围圈子的人所无法得到的、对个体求职更有价值的信息。通过弱关系获得信息的人最终得到了一个地位较高、收入较高的职位，而通过强关系获得信息的人，向上流动的机会则大大减少（1974）。

"弱关系强度假设"在发表以后一方面得到了大量经验研究的支持；另一方面也产生了一些反证。Granovetter 在 1982 年和 1995 年分别就"弱关系强度假设"发表以后引发的大量实证研究进行了总结，重新解释了这个假设（Granovetter，1982，1995：后记）。在笔者看来，尽管"弱关系强度假设"的提出及其经验验证是网络分析发展史上的一个里程碑，但是也具有一定的缺陷：第一，Granovetter 的原始论点是，强关系在必要时有更强的提供工作信息的动机，而弱关系更可能获得丰富的信息（1995：158）。但是他的资料并没有证实，是否通过强关系获得的信息重复性较高，或通过弱关系获得的信息更丰富且重复性小；第二，他的样本来自牛顿城的男性白人专业技术和经理人员（即所谓白领职业者），样本的规模也偏小，对于其他地区、国家的职业流动的代表性样本的分析，也许会得出不同的结论；第三，弱关系的优势在于信息传递。如果超出信息传递的领域，比如在施加实质性的影响、提供情感支持或工具性帮助中，弱关系的优势可能会被强关系代替。第四，他的样本仅仅分析了通过社会关系成功实现了职业流动的被访者，而没有包括运用关系没能达到流动目的的人，这既是 Granovetter 本人也是后来的许多运用社会网络理论和方法分析职业流动的学者的一个缺陷（比如 Lin，1982；Bian，1994a，1994b，1997，1999 等）。

2. 强关系强度假设

Granovetter 的《弱关系的强度》和《求职》发表以后，除了大量的证明"弱关系假设"的经验发现以外，也产生了一些支持强关系假设的例证或对弱关系假设具有证伪效应的研究结果（Granovetter，1995）。比如，Grieco 的英国人种学资料表明，强关系在劳动力过剩时期的求职过程中更重要（1987：48）；Lee 对威尔士失业的钢铁工人的研究发现，多数再就业者使用了强关系（1987：120）。Rogers & Kincaid 的个案研究指出了强关系在墨西哥工人求职中具有更重要的作用（1981：245－247）。对"弱关系强度假设"提出直接挑战的是以下的几项研究。

日籍学者 Shin Watanabe 于 1985 年在东京地区主持了一项样本规模为 2500 人的大型调查，意在重复 Granovetter 1970 年代调查的中心内容。他发现，大部分日本白领劳动者通过强关系搜集职业信息；在职业流动方面，日本白领越是通过强关系找工作，越能得到报酬丰厚的职业，流动者对新单位越投入，对新职业的满意度越高。Watanabe 认为，造成上述情况的原因有两个：第一，日本大型企业在招收雇员时有严格的考试制度，而社会网络能发挥作用的场所是中小企业的劳动力市场。中小企业一般在招收雇员时，审查手续不是很严格，往往主管一人说了算，这就为社会网络特别是强关系发挥作用提供了可能。第二，中小企业为了减低雇员申请、审查的成本，提高人们对企业的效忠意识，往往在本地通过社区网络招收雇员。社区网络提供了雇主和雇员的相互信任，人情关系也使雇主和雇员双方的交流全面化和非形式化，所以雇主从一开始就愿意提供较高的收入，以使新雇员提高信心，增强满意度，愿意在该企业长期工作，而不向福利好的大企业流动。这些事实说明，日本中小企业能利用社区网络调整企业行为，实现与大企业竞争劳动力的目标。

Watanabe 的日本研究发现，蓝领工人在不同职业间流动，弱关系特别有用，弱关系充当了桥梁作用，但是比其他地方更少地发生（1987：398）。仅 6.3% 的日本人（与 29.5% 的美国人相比）使用弱关系变动工作。这种差异之一，有可能是测量指针的不同造成的，比如，在美国工作关系是弱关系，而在日本是强关系。另外，在日本，在一个公司工作时间越长，越可能通过社会关系找到或变换工作（Watanabe，1987）。

西德社会学家 Wegener（1991）在 1987 年西德职业流动调查中设计了诸多变项，其中包括职业流动者流动前和流动后的职业地位、关系类型、关系强度、与关系人的认识时间、与关系人的交往频率、与关系人的活动种类和关系人的帮助意愿强度等。他发现，在流动前地位较低的蓝领工人可以通过强关系找到社会资源，而流动前地位较高的白领、经理则通过弱关系寻找社会资源。这两组人的目标都是向上流动，而只要他们的社会资源质量高（即帮助者的职业地位高），则向上流动的机会就大。换言之，“弱关系强度”假设仅仅对较高社会阶层的个人才是有效的。

Wegener 用网络异质性来解释这一现象。他认为，因为多数社会网络是异质性的，其中一个重要方面就是网络是由不同地位的人组成的，地位相对较低的职业流动者只能在自己的网络内通过强关系在网内寻求到地位较高的人的帮助，这就是为什么西德蓝领工人可以通过强关系获得社会资源的道理。处于地位较高的人是不能通过强关系寻找社会资源的，因为在网络内部的其他人的地位比他们都低。对于地位较高的人来说，要想获得优厚的社会资源，只有通过跳出自己的网络圈子，到他人的网络圈子中去寻找帮助者，以获得有用的社会资源。因此，在一个异质性网络内，“弱关系强度”依赖于个人的先前地位。

Marsden & Hurlbert（1988）在对1970年底特律地区调查资料的再分析中，发现使用强弱关系的求职者之间不存在纯粹的差异，也不存在求职方法对收入的较大影响。在他们的研究中，工作特征被增加为一个预测因子。他们评价 Granovetter 关于工作相配的讨论（Granovetter，1981）可能意味着工资大体上是“工作特征的函数，因为工作特征具有的社会资源在解释个人如何被安排到具有独特特征的位置时是主要的”（1988：1048）。换言之，如果关系强度决定了非金钱的工作特征，后者转而决定了收入，那么控制这些特征会掩盖关系强度和收入之间间接的然而是有效的因果关系。但可以肯定的是：如果关系人所处的职业地位越高、权力越大，那么求职者的工作变动所带来的向上流动的机会越大。

为什么关系强弱所导致的社会资源没有差别呢？分析者没有提出明确的理论解释。但是，他们对底特律与奥本尼地区作了比较。奥本尼是纽约州政府所在地，工作职位多为白领，职业地位偏高。这与 Granovetter 研究的牛顿城相近。而底特律地区是美国汽车制造业的大本营，在业者主要是汽车制造业工人，虽然白领职业占一定比例，但蓝领工人是主要成分、职业地位偏低。分析者指出，以工人阶级为主的底特律调查样本可能表明，蓝领工人可以通过强关系寻求社会资源（Marsden and Hurlbert，1988）。

Wegener 的西德研究特别是 Watanabe 的日本研究，令人对弱关系假设的普遍意义产生了怀疑。边燕杰的强关系强度假设对 Granovetter 的“弱关系强度假设”和林南的社会资源理论提出了挑战。边指出，在中国计划经济的工作分配体制下，个人网络主要用于获得分配决策人的信任和影响而不是用来收集就业信息。因为求职者即使获得了信息，如果没有关系强的决策人施加影响，也有可能得不到理想的工作。在工作分配的关键环节，人情关系的强弱差异十分明显。但对于多数人来说，他们并不能和主管分配的决策人建立直接的强关系，必须通过中间人建立关系，而中间人与求职者和最终帮助者双方必然都是强关系。反之，如果中间人与双方的关系弱，中间人和最终帮助者未必提供最大限度的帮助。因此，强关系而非弱关系可以充当没有联系的个人之间的网络桥梁。边提出的主要假设是：(1)求职渠道是通过个人网、更多的是通过强关系而非弱关系建立的；(2)求职者寻求帮助的当权者所属的单位的行政级别愈高，他愈可能被较高级别的单位录用；(3)求职者更可能通过间接而非直接关系与较高级别的当权者交往；(4)如果求职者使用间接而非直接的关系，那么他们就可能找到较好的工作；(5)年长的或具有较高社会经济背景的求职者比那些年轻人或地位较低的求职者更可能运用间接关系；(6)当求职者和当权者没有关系时，或当他们仅仅有表面交往时，在找工作的过程中，他们倾向于通过与一方或双方关系都强的中介人联系起来。他的主要贡献是在分析中国的工作分配制度时，区分了在求职过程中通过网络流动的是信息还是影响，求职者使用直接还是间接关系来获得信任与影响（Bian，1997a，1999）。

边燕杰 1988 年于天津进行的一项调查的初衷也意在检验 Granovetter 的“弱关系强度假设”和与之密切相关的林南的“社会资源理论”，但天津的资料却得出了与弱关系假设和社会资源理论的“关系强度命题”完全相反的强关系假设。边在 1988 年的天津调查中发现：中国的个人关系网络习惯于影响那些转过来把分配工作当作与他们联系的一种恩惠来回报的实权人物，这种行为易为基于信任和义务的强关系所运用。在 948 名在业被访者中，45% 以上通过社会关系获得了第一份工作。其中，43.2% 的帮助者是被访者的亲属，17.8% 的帮助者与被访者是朋友，而 71% 的被访者与帮助者“非常熟悉”或“很熟悉”。有 1/3 的人使用了间接关系。而使用间接关系的人，往往能找到职位较高、权力较大的人提供帮助。帮助者的单位、职业背景对求职者的工作地位、单位性质有很大的正面影响。他的主要发现是：(1)求职者更经常地通过强关系而非弱关系寻找工作渠道；(2)直接和间接关系都用来获取来自分配工作的实权人物的帮助；(3)求职者和最终帮助者通过中间人建立了间接的关系，中间人与他们双方是强关系而非弱关系，中间人与求职者和最终帮助者的关系越熟，而且最终帮助者的资源背景越高，对求职者的工作安排也越有利；(4)求职者使用间接关系比直接关系更可能得到较好的工作（Bian，1997a，1999）。

另外，边燕杰和宋·安（Soon Ang）于 1994 年在一项关于中国和新加坡职业流动的比较研究中发现，虽然这两个国家的经济和社会体制有很大的差异，但是两国的多数求职者更经常地通过强关系而非弱关系获得新的工作。在新加坡，近70%的人通过亲属、朋友、相识等非正式渠道获得就业信息或实质帮助而变换工作。大部分人使用了直接的强关系，少部分人使用了间接关系。但在使用间接关系时，求职者和中间人、中间人和最终的帮助者之间的关系往往是很强的。这种间接的强关系能帮助求职者找到一位地位较高的帮助者，协助他获得一份地位较高的工作（Bian & Ang，1997）。

如果说边首次明确提出“强关系假设”并得到初步验证的有效性是针对计划经济体制来说的，那么他和笔者于1999年对天津劳动力流动的最新调查表明了“强关系假设”的持续效力：在1980—1992年的双轨制时代和1992—1999年的转型时代，运用社会网络渠道实现职业流动的比例不仅高于再分配时代，而且随年代推移不断上升。在这三个时代，使用强关系（亲属和朋友）实现职业流动的比例一直占据着主导地位（84.9%—87.5%）。在社会关系提供的资源方面，由强关系所提供的人情，总的趋势是随着市场化进程的推进而不断上升，所提供的信息略有下降。而由弱关系提供的人情从20%增长到67.7%，所提供的消息的相对比例大体保持不变。换言之，在中国社会网络（无论是强关系还是弱关系）的主要作用是提供人情或影响，信息是人情的副产品。这说明强关系假设不仅在再分配时代的职业流动中发挥着作用，而且在双轨制和转型时代发挥着更重要的作用（边燕杰、张文宏，2001）。上述几项实证发现为强关系强度假设提供了有力的证据。

Granovetter认为，这些反证并不显示基本的文化差异急剧地重塑了求职行为。虽然在日本、墨西哥或中国比其他国家更强调强关系的文化意义，但是更多的差异应到制度中去寻找。劳动力市场的双方——求职双方倾向于使用关系的考虑是低成本和高效率（1995：161-162）。

3. 社会资源与社会资本理论

如果说Granovetter的“弱关系强度假设”提出了信息流动的网络理论，那么林南（Nan Lin）的社会资源理论则具有更深刻的理论内涵和更广的适用范围。林南的社会资源理论对Granovetter的“弱关系强度假设”作出了修正和发展。他指出，社会结构是由人的网络构成的，这些人的位置按照控制和涉取（access）有价值的资源的能力呈金字塔状排列。资源按其属性可以分为个人资源和社会资源。个人资源是指个人所直接占有的财富、地位和权力等有价值的物品，可以自由地使用和处置，而不必过多地关注补偿和回报。而社会资源是嵌入在一个人的社会网络中的权力、财富和声望，并不为个人所直接占有，而是通过个人的直接或间接社会关系来借用和涉取。如果说个人资源是永久性的，那么社会资源则是暂时性的。在一个分层的社会结构中，当行动者采取工具性行动时，如果弱关系的对象处于比行动者更高的地位，他所拥有的弱关系将比强关系给他带来更理想的结果。个体社会网络的异质性、网络成员的社会地位、个体与网络成员的关系强度决定着个体所拥有的社会资源的数量和质量。换言之，工具性行动的成功与网络成员所能提供的社会资源正相关。占据或接近金字塔顶端的网络成员，控制和涉取社会资源的能力越强，这不仅由于更多的有价值资源内在地附着于这些位置，而且因为在这些位置具有接近其他等级位置（特别是比本人低的其他位置）的最大可能性（Lin，1982）。

在林南的社会资源理论中，弱关系的作用远远超出了 Granovetter 所说的信息沟通的作用。由于弱关系联结着不同阶层拥有不同资源的人们，所以资源的交换、借用和涉取，往往通过弱关系纽带来完成。而强关系联结着阶层相同、资源相似的人们，因此类似资源的交换既不十分必要也不具有工具性的意义。为此，林南提出了社会资源理论的三个命题：（1）社会资源命题：嵌入在社会网络中的可以涉取的社会资源越丰富，人们的工具性行动越理想；（2）地位强度命题：社会资源受到个人的初始地位（父母地位或自己以前的地位）的影响。人们的初始地位越高，涉取社会资源的机会越多。（3）关系强度命题：社会资源受到使用弱关系而非强关系的影响，即弱关系比强关系可以导致更好的社会资源（Lin，1982，1990，1999a，2001）。林南在最近的研究中，把关系强度命题修正为关系广度（extensity of ties）命题，即人们所拥有的社会网络规模越大，网络成员的异质性越强，越可以涉取和运用更好的社会资源（Lin，1999a，2001）。

林南通过 1975 年对纽约州北部 Albany – Troy – Schenectady 地区 399 位 21—64 岁男性普通劳动力的抽样调查揭示，无论是在寻求首次还是目前的工作时，均有半数以上的被访者通过社会关系来获得帮助。在首次求职时，41% 的被访者使用的个人关系是亲属，35% 是朋友，21% 是熟人和间接关系。而在目前的工作变动中，34% 的人使用了熟人和间接关系，26% 的人使用了亲属关系，37% 的人使用了朋友关系。概言之，求职者的社会资源和弱关系影响了其与高地位的关系人的交往。关系人的地位转而又对求职者所获得的职业声望产生了积极和强烈的影响。伴随着个人职业生涯的发展，职业流动者将更多地依赖于结构性的而非先赋性的关系。特别是在寻找高声望工作时，人们更经常地通过弱关系而不是强关系获得帮助。弱关系的作用是导致了丰富的社会资源，社会资源是目标达成的直接原因（Lin et al.，1981a，1981b）。总之，Albany 研究在地位获得过程的框架内验证了社会资源命题、地位强度命题和关系强度命题。

由于 Albany 研究仅限于男性样本和大都会地区，林南及其同事于 1978 年在纽约州又进行了另一次调查，意在重复 Albany 研究中的某些发现。该调查访问了纽约州的 1623 名男性和女性居民，其中 764 名是 20—64 岁的在业者。研究发现男性比女性求职者更可能找到高地位的联系人，同时求职者都可能使用与自己同性别的联系人（对男性尤其如此）。当女性使用男性联系人时，其与男性相比找到高地位联系人的劣势急剧下降。该研究首次提供了男性在等级制中具有地位优势，拥有较好的社会资源的直接证据；其次女性在运用男性联系人和涉取较好的社会资源时处于劣势，这部分地解释了她们较低的地位获得（Ensel，1979）。

除了北美以外，社会资源的几个命题分别在德国（Wegener，1991；De Graaf & Flap，1988；Volker & Flap，1996）、荷兰（Boxman & Flap，1990；Boxman，De Graaf & Flap，1991）、意大利（Barbieri，1996）、西班牙（Requena，1991）、匈牙利（Angelusz & Tardos，1991）、中国大陆（Bian，1997a）、中国台湾（孙清山、熊瑞梅，1988；Hsung，1992）、新加坡（Bian & Ang，1997）等国家和地区的地位获得和职业流动研究中得到全部或部分的证实。

社会资源理论是社会网研究的一大突破，因为它否认了资源只有通过占有才能运用的地位结构观。林南认为，资源不但可以被个人占有，而且也嵌入于社会网络之中，通过关系网络可以涉取。弱关系之所以比强关系更重要，是因为前者在涉取社会资源时比后者更有效。社会资源理论本质上是一种关于在工具性行动中涉取有价值物品达到既定目标的理论（Lin 1982），其中所包含的具体命题（比如关系强度命题）并不具有普遍的适用性。林南自己也承认，对于处于金字塔顶端的网络成员而言，由于几乎没有什么弱关系可以利用来涉取更好的或同类的社会资源，他们只能运用强关系来达到自己的目的。林南将此称之为有限的案例，笔者以为这是社会资源理论特别是关系强度命题的局限；另外，当目标者的行动是非工具性的（比如情感性行动），弱关系的作用就不一定有效了。大量关于社会支持网络的研究发现，强关系而不是弱关系在处理日常生活危机、缓解心理压力、增进个人健康和幸福等方面具有更突出的作用（Boissevain, 1974；Fischer, 1982；Wellman, 1979, 1982；Wellman & Wortley, 1990；Wellman, Carrington & Hall, 1988；Van de Poel, 1993b；Lin & Peak, 1999；Lin, Ye & Ensel, 1999）。

当代对于社会资本概念的第一个系统表述是法国社会学家 Pierre Bourdieu（1998）。他指出，"社会资本是现实或潜在的资源的集合体，这些资源同拥有或多或少制度化的共同熟识和认可的关系网络有关，换言之，同一个群体中的成员资格有关。它从集体拥有的角度为每个成员提供支持，在这个词汇的多种意义上，是为其成员提供获得信用的'信任状'。"（Bourdieu, 1986：248）

在把社会资本概念引入当代社会学语境的学者中间，Bourdieu 的分析在理论上最为精练，但是在后来的社会资本研究中，它的被忽视实在令人惋惜，这在某种程度上与他的社会资本论著主要用法文出版，淹没在其卷帙浩繁的社会学、教育学、文化学的理论和经验研究中不无关系。Bourdieu 的概念本质上是工具性的。他关注的是个人通过参与群体活动不断增加的收益以及为了创造这种资源而对社会能力的精心建构。社会网络不是自然赋予的，必须通过投资于群体关系这种制度化的战略来建构，它是其他收益的可靠来源。Bourdieu 的定义清楚地表明，社会资本由两部分构成，一是社会关系本身，它使个人可以涉取被群体拥有的资源；二是这些资源的数量和质量（Potes, 1998：4）。Bourdieu 从其阶级观点出发，把社会资本视为（作为群体或网络的）统治阶级为了维持和再生群体团结和保持群体的统治地位在相互认可和承认时进行的成员资格投资。群体中的成员资格以排除局外人的清晰界限为基础（例如，贵族、头衔和家庭），因此群体的封闭性和群体内部的密度是必需的。

Bourdieu 的分析重点在于经济资本、文化资本、社会资本及其符号资本的相互转化。他认为，投资于社会关系的目的在于把自我的、私有的特殊利益转化为超功利的、集体的、公共的、合法的利益（Bourdieu，1990：109）。因此，通过社会资本，行动者能够涉取经济资源（比如补助性或优惠性贷款、投资信息或进入保护性的垄断市场等），提高自己的文化资本，与制度化的机构建立密切的联系。社会资本的这种功效，特别可以在所有那些不同的个人从确实等价的经济和文化资本中获得非常不平等收益的情况下发现。社会资本的积累和投资依赖于行动者可有效动员的关系网络的规模，依赖于与他有关系的个人拥有的经济、文化和符号资本的数量。所以，社会资本的生产和再生产预设了对社交活动的不间断的努力，这意味着时间和精力的投入、直接和间接的消耗经济资本（Bourdieu，1986：249－251）。

Bourdieu 的局限主要在于“在最终的分析中，把每一种类型的资本（当然也包括社会资本）都化约为经济资本，忽略了其他类型资本的独特效用”（Bourdieu，1986：241，252），这在某种程度上仍然带有“经济基础决定上层建筑”的唯物主义的决定论色彩。

在社会资本领域，产生最大影响的当属 James Coleman。按照社会资本的功能，Coleman 把它界定为“个人拥有的社会结构资源”，“它并不是一个简单的实体，而是由具有两种特征的多种不同实体构成的：它们全部由社会结构的某个方面组成，它们促进了处在该结构内的个体的某些行动”（1990：302）。与其他形式的资本一样，社会资本是生产性的，拥有社会资本，决定了行动者能实现某个特定的工具性行动。与物质资本和人力资本一样，社会资本并非完全可以被替代。为某种行动提供便利条件的特定社会资本，对其他行动可能根本无用，甚至有害。但是，与其他形式的资本不同，社会资本存在于人际关系的结构之中，它既不依附于独立的个人，也不存在于物质生产的过程之中（Coleman，1988：98；1990：302）。

Coleman 认为，通过识别社会结构的功能，有助于解释微观现象的差别，又有利于实现微观到宏观的过渡，因为社会结构资源与其他资源相结合，导致了宏观水平的不同行为以及微观水平的不同结果。他把社会资本的表现形式概述为义务与期望、信息网络、规范和有效惩罚、权威关系。社会环境的可信任程度，即应尽的义务是否兑现和个人履行义务的范围对义务与期望的实现至关重要。如果某人在社会结构中承担的义务和期望较多，无论这种义务涉及的资源是什么，此人就拥有较多的可以利用的社会资本。理性行动者之所以使他人对自己承担义务，是由于他人能够获得某种超过义务的利益；利用业已存在的社会关系获取信息在为行动提供基础方面非常重要，特别是在获得某些不易通过公开渠道接触的内部信息方面，社会资本更有作用；在集体内部，命令式规范是极其重要的社会资本。这类规范要求人们放弃自我利益，依集体利益行动。这类规范总是得到社会的支持而强化。作为社会资本的规范造就了新的民族国家并使众多的家庭得到巩固，还为社会运动的成熟与发展提供了有利条件。在其他情况下，规范主要靠外部支持即奖励遵守规范者，惩罚越轨者来实现，因此限制了成员的某些行动；当人们意识到解决共同性问题而需要相应的社会资本时，他们会在特定的条件下，把权威赋予某个代理人。如果控制权集中于少数人之手，可以增加社会资本的总量。上述各种形式的社会资本，都可以通过有意识地自愿创建各种组织来形成，从而有助于组织成员实现他们的既定目标（Coleman，1988；1990：第 12 章）。

此外，Coleman 还分析了影响社会资本创造、保持和消亡的各种因素：第一，社会网络的封闭性，保证了相互信任、规范、权威和制裁等的建立和维持，这些团结力可以保证能够动员网络资源；第二，社会结构的稳定。除了以职位为基础建立的组织，各种形式的社会资本都依赖于社会结构的稳定性。社会组织或社会关系的瓦解会使社会资本消亡殆尽。以职位而不是人为结构元素的社会组织的创立，提供了一种特殊形式的社会资本，该社会组织使得在人员变动的情况下，仍能维持稳定。但是，对于其他形式的社会资本而言，个人流动将使社会资本赖以存在的相应结构完全消失；第三，意识形态。意识形态创造社会资本的途径是把某种要求强加给意识形态的信仰者，既要他们按照某种既定的利益或某些人的利益行动，而不考虑其自身的利益。集体意识形态如宗教的这种作用尤其明显。但是，强调自得其乐，信奉个人独立与自由的个人主义的意识形态则会抑制社会资本的形成。第四，官方认可的富裕及需要的满足，将降低社会资本的价值，并使已经形成的社会资本无法更新，因为社会资本具有公共物品的性质，需要相互帮助的人越多，所创造的社会资本的数量越大。而富裕、政府资助等因素使人们相互需要的程度降低，所创造的社会资本越少。总之，社会资本的价值将随着时间的推移而逐渐贬值，需要不断更新和增值。无法保持期望与义务关系经久不衰，没有定期的交流，规范也无法维持（Coleman，1990：第 12 章）。

Coleman 的局限主要有两点：第一，他对社会资本的界定是相当模糊的。正如 Portes 正确指出的那样，他的界定为许多不同的甚至矛盾的解释重新贴上社会资本的标签大开方便之门。在社会资本的术语下，既包括产生社会资本的机制，也包括社会资本的后果，还包括为原因和效果具体化提供背景的“可利用的”社会组织。他并没有区分资源和通过不同社会结构中的成员资格涉取资源的能力。要全面系统地界定这个概念，必须区分：（1）社会资本的拥有者；（2）社会资本的来源；（3）社会资本本身。在 Coleman 之后，这三个因素在讨论中经常被混淆，因此带来了这个概念的用法和使用范围上的混乱（Portes，1998：5－6）。第二，他用社会资本的功能为社会资本下定义。由于后续的许多研究者非批判地接受了 Coleman 的定义，因而也重复了他的错误，因此引发了理论性不足、过于简单化和缺乏概念表述的论点，至今仍然困扰着社会资本领域的学术研究。用其结果给社会现象下定义在逻辑上混淆了原因和后果。众所周知，不同的原因可以导致相同的结果，或者同样的原因在不同的条件下可能产生不同的结果。对各种可能性进行分类需要进行细致的经验研究。不幸的是，许多研究者都错误地认定，社会资本可以从其结果来界定，或者认为社会资本总是导致“生产性”结果。Coleman 对社会资本研究的大部分工作是重要和富有洞察力、启示性的，只是他在概念界定方面的错误需要纠正（Brown，1999）。社会资本是能够对一个既定行动中的个人产生回报的任何“社会—结构性资源”。这种“功能的”观点暗含着同义反复：当且假如社会资本发挥效力时，它才能被识别；社会资本的潜在因果解释只有通过其效果才能得出，或一种投资是否依赖于对一种特定行动中的特定个人的回报。因此，原因因素通过其结果因素来界定。显然，要建立因果因素都混合为一种单一功能的理论是不可能的。这并非要否定一种功能关系是可以假设的（例如，嵌入在社会网络中的资源增加了获得较好工作的可能性）。但是，这两个概念必须被视为具有独立测量尺度的单独存在（例如，社会资本是社会关系中的投资，较好的工作通过职业地位或监督位置表现出来）。允许用结果变项支配对原因变项的详细说明将是不正确的（例如，对于行动者 X 来说，亲属关系是社会资本，因为这些关系可以打通 X 得到一份较好工作的渠道。对于行动者 Y 而言，亲属关系并不是社会资本，因为这些关系并不能打通 Y 得到一份较好工作的渠道）。假定的因果关系受到其他因素的制约（例如，家庭特征也许会影响建立人力资本和社会资本的不同机会），这需要在一种更精致的理论中详细说明。如果条件因素变成基本概念定义的组成部分，那么一种理论将很快失去其用词简练的特点（Lin，1999a，2001）。

也许同不能把社会资本与其结果区别开的观点有关——也许他的观点假定：作为集体动产的社会资本可以在它的许多不同形式诸如信任、规范、制裁和权威中发现——Coleman 怀疑“社会资本是否可以像金融资本、自然资本和人力资本一样，将成为社会科学中有用的一个定量概念，这有待于发现；它的当前价值主要在于社会系统中定性分析和运用定性指针进行定量分析的有效性”（Coleman，1990：304－305）。

Alejandro Portes 对社会资本的概念提出了精致和全面的表述。在他看来，社会资本是“个人通过他们的成员资格在网络中或者在更宽泛的社会结构中获取稀缺资源的能力。获取能力不是个人固有的，而是个人与他人关系中包含着的一种资产。社会资本是嵌入（embeddedness）的结果”（Portes，1995：12－13）。

借用 Granovetter（1990）的说法，Portes 区分了理性嵌入和结构嵌入。理性嵌入即双方的互惠的预期，建立在双方关系取得强迫对方承认的预期能力的基础上。但是，当行动的双方成为更大网络的一部分时（即结构嵌入），信任就会相互预期而增加，更大的社区会强制推行各种约束因素，Portes 称之为“可强制推行的信任”。Portes 认为，互惠的预期与可强制推行的信任二者都是借助于对约束因素的恐惧而推行的。通过从双方约束预期调节的社会联系向由强制推行的信任调节的社会联系的过渡，Portes 把他的社会资本概念从自我中心（ego－center）层次扩展为承认更多的社会结构影响的层次。他区分了另外两种社会资本。第一，使价值和规范内化，能够驱使一个人建立社会联系，或者因为一般道德命令而把资源转让给别人；第二，有限团结（bounded solidarity），可以推动一个人建立社会联系，或者因为认同内部人集体的需要和目标而把自身的资源转让给他人（Portes，1995：14－15）。

Portes 的社会资本理论的价值表现在两个方面：第一，他详细阐述了不同自我之间社会联系特征的差异。他把这些差异解释为包含自我在内的社会网络不同特征的结果，解释为嵌入网络的程度或类型的结果。沿着 Portes 的思路，我们可以把社会资本构想为一个有过程的、自我与社会结构之间因果互惠的能动结果。第二，他区分了社会资本结构化背后的各种不同动因，因而进一步阐明了 Coleman 的单向理性选择理论。从而使我们可以从自我嵌入的视角出发，用各种不同的动力、动因和社会结构理论系统地阐述社会资本概念（Brown，1999）。

政治社会学家 Robert D. Putnam 指出，“与物质资本和人力资本相比，社会资本指的是社会组织的特征，例如信任、规范和网络，它们能够通过推动协调和行动来提高社会效率。社会资本提高了投资于物质资本和人力资本的收益。”（Putnam，1993：35 – 36）

在 Putnam 看来，一个依赖普遍性互惠的社会比一个没有信任的社会更有效率，正像货币交换比物物交换更有效率一样，因为信任为社会生活提供了润滑剂。他还认为，像信任、惯例以及网络这样的社会资本存量有自我强化和积累的倾向。公民参与的网络孕育了一般性交流的牢固准则，促进了社会信任的产生，这种网络有利于协调和交流，扩大声誉，因而也有利于解决集体行动的困境。因为当政治和经济谈判是在社会互动的密集网络中进行的时候，机会主义的动机减少了。同时，公民参与的网络体现了过去的合作成果，它可以充当未来合作的文化样板。一次成功的合作就会建立起联系和信任，这些社会资本有利于未来在完成其他不相关的任务时的合作。由于把“我”扩展为“我们”，提高了参与者对集体利益的“兴趣”，互动的密集网络有可能扩大参与者对自我的认识。总之，和常规资本不同的是，社会资本是一种“公共物品”，它不是从中获益的那些人的私有财产。和清洁的空气、安全的街道这样的公共物品一样，社会资本不能由私人部门提供。这意味着社会资本必然常常是其他社会活动的副产品，并且可以在不同的社会背景下转移（Putnam，1993，1995a）。

实际上，Putnam 把社会资本等同于市镇、都市甚至整个国家这样的社区中的“公民精神”（civicness）的水平。在他看来，社会资本的存量就是一个社区中参加、参与社团活动的水平，测量的标准包括读报、参与志愿组织以及对政治权威的信任表达等。他用参与投票、家长—教师协会、妇女选民联盟、红十字会、工会、宗教群体、互助及嗜好俱乐部的活动等指针来分析美国公民的政治参与模式，得出了美国社会资本在20世纪60—90年代急剧下降的结论（Putnam，1995a，1995b）。他有关社会资本正在下降的论著一问世，立即遭到了来自多方的抨击。有批评者指出，Putnam的社会资本测量指针忽略了其他类型的公民行动。比如，人们也许放弃了对妇女选民联盟或家长—教师协会的忠诚，转而参加或多或少与自己利益相关的其他活动诸如单身俱乐部、职业培训、社会福利服务、幼儿服务等；人们也许离开了传统的个人或功利性的公民组织，转而加入了商业组织，像以前参加基督教女青年会是为了使用体育馆，现在人们则多选择去健身俱乐部；另外，随着以问题为导向的政治运动的增长，人们更经常地参与具体的政治活动和公民活动（如美国面向教育兄弟会、适宜人类栖息组织）(Schudson，1996)。他在很大程度上忽略了跨阶级和组织的动力，实际上，许多公民社团正是由于这种动力而形成、存在或衰落与解体的。他漠视美国20世纪六七十年代的文化断裂，也使他的结论不那么令人信服（Skocpol，1996）。

Portes指出，虽然上述批评具有合理性，但是并没有解决Putnam观点中的致命问题，即逻辑上的循环论证和同义反复：社会资本作为社区和民族的特征，同时既是原因也是结果，它既可以导致良好的结局，也同样可以引发糟糕的结果。城市和民族的发达与否与社会资本的丰富或匮乏密切相关，这是典型的循环论证。他的社会资本的定义是从结果开始的(这点有点像Coleman，他的社会资本的定义就直接来自于前者)。Portes告诫社会资本的分析者，要避免同义反复和逻辑上的循环论证，必须遵守特定的原则：第一，要在理论和实证上把概念的定义与其结果区别开；第二，要在指向性上有所控制，这样可以在论证中使社会资本的存在先于它的可能结果；第三，要控制其他的、可以解释社会资本及其结果的因素；第四，要全面认识社区的社会资本的历史来源（Portes，1998)。

Ronald Burt的“结构洞”理论本质上也是一种社会资本理论。他把社会资本定义为网络结构给网络中的各节点提供信息和资源控制的程度，他称之为“朋友、同事以及更一般的熟人，通过它们获得使用金融和人力资本的机会”（Burt，1992：9），亦即“结构洞的社会资本”。如果说Coleman、Bourdieu和Putnam等强调紧密联系的网络是社会资本出现的条件，那么 Burt 强调的是相反的情况。在他看来，正是联系的相对缺乏（他称为“结构洞”）推动了个人的流动、信息的获得和资源的涉取。Burt 指出，从谁“那里”获取资源从属于通过网络结构获取这些资源。由于构成双边关系的个体与大多数类似者共享利益、财富、权力和价值等等，所以自我封闭的网络只能提供重复的资源。网络中的结构洞不仅有更大的获取非重复资源的机会，而且可以为由结构洞连接的一组组节点之间控制资源流动在战略上进行定位，因而他构造了一个有关社会资本系统内各种权力关系的概念框架（1992）。

与 Granovetter 相反，Burt 的创新之处在于他认为重要的因素不是关系的强弱，而是它们在已经建立的关系网络中是重复的还是非剩余的。他认为社会资本的网络结构受到网络限制、网络规模、网络密度和网络等级制等因素的影响（Burt，1992，1995，1998a，1998b）。（1）网络限制与社会资本负相关：围绕某个人而形成的网络限制了中介机会的出现，网络直接或间接地集中在某个单独的人身上。网络限制越多意味着结构洞越少；（2）网络规模与结构洞的社会资本正相关：在一般情况下，网络规模越大，网络中的成员占有结构洞的机会就越多，因而所拥有的社会资本越丰富。在网络规模确定的情况下，网络中非剩余的关系越多，相应的社会资本越丰富；（3）网络密度与结构洞的社会资本负相关：社会资本网络的密度越低，网络成员中的结构洞越多，社会资本越丰富。相反，网络的密度越高，社会资本越贫乏；（4）等级制与社会资本负相关：等级制测量的是间接联系集中于一个中心关系人（contact）的程度。集中度越高，社会资本越贫乏。Burt 用调查资料对上述 4 个有关社会资本网络效应的假说进行了验证（1998b）。

在最近的研究中，Burt（1998b，2001）对作为社会资本构成要素的封闭网络和开放网络（即结构洞）进行了概念上的整合和经验验证。Burt 认为，Coleman 和 Putnam 等所说的封闭或紧密网络强调的是内在的凝聚力，它描述了紧密甚或等级制网络如何降低了与制裁和信任相关的风险，后者与运用社会资本的行动者的表现相关。而坚持开放网络作为社会资本的结构洞理论关注的是与某个社会群体之外的关系的联系，它解释了机会如何为跨越结构洞的中介人增加价值，这也与社会资本使用者的表现相联系。可以说，Burt 首次不把开放网络和封闭网络视为对立或竞争的社会资本范式，相反认为它们是相互补充的。一方面，开放网络范式以结构洞的分析为典范，如果联系超越了群体，就会增加群体及其成员的价值；另一方面，当群体内部的资源是充分的且被用于群体或个体成员的获利时，封闭网络也是有效的。相对于经验论证而言，Burt 在此所做的理论综合显得有些薄弱。他仅仅认识到当中介者跨越结构洞时是价值增加的源泉，封闭网络对于实现埋藏在结构洞中的价值是关键的因素。

笔者认为，对社会资本概念的表述、指针测量和社会资本理论模型的建构作出最大贡献的当属林南（Lin Nan）。社会资源理论的首倡者林南认为，社会资本是从嵌入于社会网络的资源中获得的。社会资本植根于社会网络和社会关系中，因此，“社会资本可被定义为嵌入于一种社会结构中的可以在有目的的行动中涉取或动员的资源。按照这一定义，社会资本的概念包括三种成分：嵌入于一种社会结构中的资源；个人涉取这些社会资源的能力；通过有目的的行动中的个人运用或动员这些社会资源。因此可以构想，社会资本包含的三种成分涉及结构和行动：结构的（嵌入性），机会（可涉取性）和行动导向（运用）方面”（Lin，1999a：35）。

林南把社会资本界定为“在具有期望回报的社会关系中进行投资”。这种一般界定与所有对该讨论做出贡献的学者的各种表述一致（例如，Bourdieu，1986；Burt，1992；Coleman，1988，1990；Erickson，1996；Flap，1991；Lin，1982；Portes，1998；Putnam，1993，1995a）。个人为了创造收益才参与互动和建立网络。他把社会资本的功能概括为四个方面[①]（Lin，1999a：30－31；2001a：19－20）：第一，它促进了信息的流动。通常在不完善的市场条件下，处于某种战略地位或等级位置中的关系人，由于较好地了解市场需求，可以为个人提供以其他方式不易获得的关于机会和选择的有用信息。同样地，这些关系会提醒处在生产或消费市场中的一个组织及其代理人甚至一个社区关于在其他方面未被意识到的个人的可用性和利益。这些信息可以降低交易成本，使组织招募到较好的具有技术、专业或文化知识的个人，也使个人找到可以使用其资本和提供适当回报的“较好的”组织。第二，社会关系人可以对代理人（如组织的招募

① 虽然林南对从功能界定社会资本概念的学者（特别是 Coleman）提出了批评（Lin，1999a，2000，2001；林南，2001），但是他自己在界定社会资本时也提到了社会资本的功效。

者或管理者）施加影响，这些代理人在有关行动者的决定（如雇佣或提升）中发挥着关键性作用。某些社会关系，由于其所处的战略位置（如结构洞）和地位（例如权限或监督能力），在组织代理人的决策中也拥有更有价值的资源和行使更大的权力（例如，对代理人依赖的极大不平衡）。因此，在关于一个个人的决策过程中“说一句话”就会产生一定的影响。第三，社会关系资源及其被确认的与这个人的关系，也被组织及其代理人视作这个人的社会信任的证明，某些信任反映了个人通过社会网和关系，他/她的社会资本涉取资源的能力。个人背后的身份通过这些关系为组织及其代理人提供了保证：个人可以提供超出个体的个人资本的另外资源，某些资源对于组织也是有用的。第四，社会关系被期待着强化身份和认识。一个人被确认和识别的价值作为个人和社会群体成员共享的类似利益和资源，不仅提供情感支持，而且获得某些资源的公共认可。这些强化对维持心理健康和资源所有权而言是必不可少的。

林南（1999a）认为社会资本的理论模型应该包括三个过程：（1）社会资本中的投资；（2）社会资本的涉取和动员；（3）社会资本的回报。他把社会行动分为工具性行动和情感性行动（Lin，1986，1990，1992）。工具性行动被理解为获得不为行动者拥有的资源，而情感性行动被理解为维持已被行动者拥有的资源。这种对行动的分类类似于 Portes 的工具性行动和完善性行动的分类（Portes ，1998）。

对工具性行动而言，可以确认三种可能的回报：经济回报、政治回报和社会回报。每一种回报都可被视作增加的资本。经济回报是直接的。政治回报也类似于直接，表现为一个组织中的等级地位。声望是社会收益的一个指标。声望可被定义为对一个社会网络中的某个人作出的善意/非善意的评价。在社会资本的交换中的一个关键争端是，交易也许是不对称的：他人把好感给予自我，自我的行动受到促进，但是好感的给予者——他人——的收益是什么？不像经济交换，在那里互惠的和对称的交易是短期和长期所期待的。社会交换不需要这种期待。社会交换所期待的是，自我和他人都承认不对称交换会造成前者对后者的社会债务，后者增加了社会信任。自我必须在公众场合公开地承认其社会债务，以维持他/她与他人的关系。网络中的公开承认可以传播他人的声望。债务越多，网络越大，自我和他人维持关系的需要越强烈，在网络中传播信用的倾向越明显，因此，他人所获得的声望越高。在这个过程中，他人通过伴随着物质资源（如财富）和等级地位（如权力）的声望得到满足，这构成了工具性行动中三种回报之一的基础。

对情感性行动来说，社会资本是巩固资源和防止可能的资源损失的一种工具（Lin, 1986, 1990）。原则上是接近和动员享有利益和控制类似资源的其他人，因此为了保存现有资源，可以储存和共享嵌入性资源。在这个过程中，他人愿意与自我共享他们的资源，因为保存自我及其资源增加和强化了他人合法声称喜爱资源的权利。情感性回报包括三个方面：身体健康、心理健康和生活满意。身体健康包括维持身体功能的合格、免除疾病和伤害。心理健康反映了抵抗压力、维持认知和情感平衡的能力。生活满意指对各种生活领域如家庭、婚姻、工作、社区和邻里环境的乐观和满足。

对工具性行动和情感性行动的回报经常是彼此增强的。身体健康提供了承受持久工作负担的能力和获得经济、政治和社会地位的可靠性。同样，经济、政治或社会地位经常提供维持身体健康的资源。心理健康和生活满意也同样被期待着对经济、政治和社会收益产生交互的影响。然而，导致工具性和情感性回报的因素被期待着表现为不同的模式。如前所述，开放的网络和关系更可能接近和运用桥梁去获得一个人的社会圈子中缺乏的资源，增强其获取资源和工具性回报的机会。另外，一个在成员中具有更亲密的互惠关系的紧密型网络，会增加动员拥有共享利益和资源的其他人以防护和保护现存资源/情感性回报的可能性。此外，外生因素诸如社区和制度安排及与竞争动机相对的传统动机会对网络和关系的密度和开放性及工具性或情感性行动的成功作出不同的贡献。

林南（1999a, 2001）预测到，计算机的普及、互联网的方兴未艾，为社会资本研究者提供了另一重要阵地，这种刚出现的新制度和文化及人力资本和社会资本间的互动提供某些资料。在他看来，所有形式的资本发展的全部范围和效用都可以在计算机网络中考察到，计算机网络基本上是关系和嵌入性资源（这是社会资本的一种形式）。迫切需要做的工作是理解计算机网络是如何建立和分割社会资本的。最重要的是，社会资本研究者应该解释：社会资本是否和如何在意义、影响和市民社会方面超过个人资本，它并不是垂死的，可能是扩张的和全球性的。

我们认为，第一，林南把社会资本界定为“在具有期望回报的社会关系中进行投资”也是存在问题的。林南本人一再反对 Coleman 按照社会资本的功能来下定义（Lin，1999，2001），但是他本人的定义实际上也带有功能主义的嫌疑。反对按照功能的方式来界定社会资本的概念，并不是否认社会资本可以发挥积极的功能。然而，按照林南的定义，是否那些“不具有期望回报的社会关系中的投资”就不是“社会资本”了呢？虽然社会行动多数是有目的的和理性的，但是如果说所有的社会行动都是受到理性和目的支配的，未免陷入理性选择论的泥沼。实际上，社会行动区别于经济行动的一个特点就在于，前者经常导致非预期后果（unintended outcome）。比如人们在进行社会资本的投资时，并不一定能准确预见到可能的后果。况且，目的性很明显的社会资本投资往往会带来消极的后果。第二，林南是“开放网络更能带来丰富的社会资本”的主张者之一，但是，他的这个命题在工具性行动中得到验证，却不能有效地解释情感性行动。林南及其同事（Lin，Simeone，Ensel & Kuo，1979；Lin，Dean & Ensel，1986；Lin & Ense，1989；Lin & Lai，1995；Lin & Peek，1999）和其他人（例如 Laumann，1973；Fischer，1982；Wellman，1979，1982，1988；Marsden，1987；Wellman & Wortley，1990；Wellman & Potter，1999）关于社会支持的一系列实证研究表明，封闭或密切联系的关系网络更有利于既有良好关系的维持、促进身心健康、减轻精神压力。这可能预示着社会资本具有不同的模式，并非只有开放或弱关系的网络才能构成社会资本。一个严谨的社会资本理论模型不应该存在内在的逻辑矛盾。关于工具性行动和情感性行动的不同解释也与林南的社会资源理论不一致。这也是他的社会资本理论有待修正和进一步完善的地方。

社会资本作为通过家庭外的网络获得收益的来源。在社会分层领域，社会资本被普遍地用来揭示就业、职业流动以及企业家的成功。林南及其同事的一系列研究证明，社会资本越丰富的人在职业流动中获得的职业地位和报酬越高，通过社会资本涉取各种社会资源的机会越多，这种工具性行动的成功率也越高（Lin，Ensel & Vaughn，1981；Lin，Vaughn & Ensel，1981；Lin，1982，1990，1999a，1999b，2001）。

在对移民和少数民族企业的研究中，社会资本意识被认为是建立小型企业的关键。Light & Bonacich（1988）在对美国的亚洲移民企业资本化的分析说明，“循环信贷协会”（RCAs）发挥了重要作用。循环信贷协会是非正式群体，定期集会，每个成员向共同基金会提供一定数量的资金，然后依次得到贷款。在这里，社会资本来自信任，每个参与者在其他人不断提供资金的过程中获得了信任，甚至在他们得到贷款以后仍然如此。如果没有这种信任，任何人都不会提供资金，而且也会失去获得资金的有效手段。

其他学者对少数民族的商业飞地和小生境（niches）的研究也同样证明了社会资本的积极作用。飞地是移民企业或少数民族企业的高度聚居地，他们雇用的劳动力大多是同种族的，而且在城市中形成了自己相对封闭的社区（例如遍布欧美世界的唐人街、韩国城、日本城和小墨西哥城等）。周敏（1992）对纽约唐人街的研究，Portes & Stepick（1992）对迈阿密小哈瓦那的研究，Light 和 Boracich（1988）、倪志伟（1994）等对洛杉矶韩国城的研究都证明了社区网络为少数民族企业提供了关键性的资源，包括启动资金、商业集会、市场进入以及有弹性的、守纪律的劳动力；与飞地的情况一样，通过小生境流动的绝大多数机会是由社会资本提供的。其中的成员可以为他人介绍工作，传授给他们必要的技术并且监督他们的活动。由此造成工作机会经常提供给来自异国他乡的、有关系的亲友而不是当地的工人（Sassen，1995）。

4. 工作搜寻理论

此外，劳动经济学的“工作搜寻理论”（job search theory）虽然没有涉及社会网络或社会资本对个人职业流动的影响，但是却对人职适配（job match）问题进行了独到的研究。从经济学的研究视角来看，求职和就业就是一个劳动力资源通过劳动力市场得到配置的过程，属于劳动经济学研究领域。劳动经济学首先假设存在着一个完全竞争的劳动力市场，劳动力被视为一种商品，雇佣者就是劳动力的“需求”方，而求职者就是劳动力的“供给”方。从劳动力的需求方看，雇佣者会根据企业对劳动力数量和质量的实际需要，按照增加雇用一个工人的边际产出和支付的工资相均衡的原则来决定是否雇用某位员工。从劳动力的供给方看，每个劳动者总是会根据闲暇和工作给他带来的收益的不同，按照效用最大化的原则决定如何寻找新工作。劳动力经济学中的“搜寻理论”把求职看作一种求职者在劳动力市场上搜寻新工作的过程。当搜寻成本为零或非常低时，劳动者将接受任意一个工资高于闲暇对自己的效用的工作，然后一边工作，一边继续寻找新的更好的职业。而在搜寻成本很高时，劳动者将设定一个“保留工资”（reservation wage），即其所能够接受的工资下限，然后开始在一系列的可供选择的工作中进行搜寻，当发现一个工资水平高于其“保留工资”的工作时，即选择其为自己新的工作，并同时拒绝其他工作（霍夫曼，1989；McConnell and Brue，1992）。

5. 国内的相关研究

近年来中国内地学者的多项研究证明，在进城农民工求职（李培林，1996；彭庆恩，1996；陈阿江、王汉生等，1997）和下岗职工再就业（王汉生、陈智霞，1998；丘海雄等，1998）过程中，社会网络都发挥着多方面的重要作用，但学术界对此尚未形成一致的看法，多数研究停留在描述阶段，仅仅使用了关系或社会网络的概念，并未对社会网络的有关指标进行实证测量。王汉生等的个案研究表明，关系网络是下岗职工再就业的一条主要途径。“关系”在下岗职工再就业过程中发挥着如下功能：第一，关系是各种就业信息的提供者；第二，关系发挥着一种信誉保障的作用；第三，关系可以为下岗职工的经济活动提供庇护；第四，关系可以为下岗职工提供资金上的帮助。他们认为，关系对于社会成员来说是一种具有直接亲和力的、可以直接把握的个人资源，是下岗职工实现个人行动目标（这里指再就业）最可信赖，也是最重要的一种社会资本（王汉生、陈智霞，1998）。丘海雄等通过对广州市下岗职工获得的经济和就业支持的调查发现，社会关系网络在对下岗者提供经济和社会支持方面发挥着越来越重要的作用。社会支持结构已经从改革前资源主要由国家通过单位向个人提供的一元化格局，逐步转变为社会资源分布的多样化和社会支持的多元化结构（丘海雄等，1998）。赵延东（2002）通过对武汉市下岗职工再就业过程的分析，研究了社会资本与人力资本在社会转型时期的作用及其变化趋势。调查表明，70%的下岗职工在再就业过程中使用了社会网络途径。社会资本的突出作用主要表现在劳动力市场尚未建立的阶段：拥有丰富社会资本的下岗职工获得再就业的机会较大，且更可能得到质量较好的工作。随着劳动力市场的逐步建立和完善，社会资本的重要性也不断下降，主要体现在使用社会网络的下岗职工却获得了收入较低、声望较差的工作，这可能与该弱势群体的社会资本总量贫乏，且多集中于亲属、朋友的狭隘范围有关。总之，社会资本在下岗职工再就业过程中的效用受到制度背景的制约。

上述几项有关社会关系网与职业流动的研究，在该领域产生了较大的影响。但是，Granovetter 和林南等研究的是经济和社会高度发达的美国工人的求职情况，他们在西方社会和经济背景下形成的理论假设和经验发现未必能够在中国的脉络中得到证实，因为不仅中国的经济发展程度远远落后于美国，而且中美两国在社会制度和文化传统方面存在着很大的差异；边燕杰（1997）的研究虽然对通过关系网流动的信息和影响作了区分，但他所研究的是计划经济体制下中国求职者个人间的关系网络对工作分配结果的实质影响，即个人的关系如何影响工作分配体制下的求职结果，并没有分析社会关系网在收集就业信息方面的作用；王汉生等的研究主要依据的是国家和地方政府的政策规定，典型访谈资料及文献资料，其有关社会关系网在下岗职工求职过程中发挥作用的几点结论有待定量研究的进一步验证；丘海雄等研究的是中国市场经济相对发达的广州地区下岗职工的求职情况，对于市场经济发展程度很不平衡的中国其他地区来说未必具有同样的解释力。

三　研究设计与资料的收集方式

1. 资料来源

本章所用的数据资料来源于笔者 1999 年 7—8 月在天津市 21 家企业所进行的“城市劳动力市场研究”。在 21 家被调查的企业中，国有企业有 17 家，占 81%。另 4 家为私营或合资企业。被调查企业的行业分布如下，纺织服装 6 家、建筑建材 4 家、化工 3 家、冶金机电 5 家、轻工 3 家。为了考察城市劳动力市场的现实状况及其变动，在被调查企业中按照三类职工的名册随机选取了 326 名在职职工、294 名下岗职工和 315 名农民工进行面对面的结构性问卷填答。该研究报告主要使用了下岗职工问卷调查的数据。同时，为了与在职职工进行比较分析，也运用了同一研究项目中在职职工问卷调查的资料。另外，为了考察各个企业的状况，我们对部分被调查企业的负责人进行了深度的个案访谈，同时由被调查企业填写了一份统一设计的调查问卷。

2. 分析方法与技术

除了频数分布、描述等简单统计方法以外，本章所使用的统计模型主要有两类：第一，当依变项为间距测度（interval measurement）以上的变项（如本文的求职时间、收入和职业满意度等指标）时，采用多元线性回归方法，统计模型如下：

$$y = \beta_0 + \beta_1 X_{i1} + \beta_2 X_{i2} + \beta_3 X_{i3} + \cdots + \beta_k X_{ik}$$

在具体的分析中，将自变项分为几组（block），采用全部纳入法将定义的所有变项一次性引入回归方程。

第二，当依变项为类别变项（如是否下岗、是否找到工作等指标）时，将采用对数比率回归（logistic regression）的统计方法（Xie and Powers, 1999；彭玉生，2001：308－319）。具体而言，当依变项为二分变项（binominal variable）时，将采用简单对数比率回归的统计方法。

$Y = \log\ (p_1/p_0) = \alpha + \Sigma\beta_i X_i$（其中，）$i = 1, 2, 3, \cdots, n$，

3. 样本的人口与社会特征

从表3—1可以看到，在性别分布方面，下岗职工中男女的比例相当，几乎各占50%，这个结果与以前研究的结果不尽相同，也许与抽样设计和样本选择的行业差异有关。但是，至少就我们的抽样调查结果来看，女性并没有占下岗职工的大多数。下岗职工与在职职工的性别分布基本相同。

从下岗职工与在职职工的性别与婚姻状况的比较来看，两个群体的分布基本一致。已婚者是下岗职工和在职职工的主体，分别占各自群体的80%以上。

在下岗职工的年龄分布方面，22—30岁的占23.3%，31—40岁的占32.2%，41—55岁的占39.3%，56岁以上的仅占5.2%。31岁以上的下岗职工占3/4左右。下岗职工的平均年龄为39.2岁，比在职职工年长近3岁。

下岗职工的教育状况如下：小学占4.1%，初中占48.5%，技校、职高占13%，高中占17.4%，中专占8.2%，大学专科以上占8.8%。平均教育年限为10.2年，比在职职工少近1年。

在下岗职工中，中共党员占0.7%，共青团员占17.3%，无党派群众占82%。下岗职工中中共党员的比例低于在职职工，共青团员的比例却高于在职职工（参见表3—1）。

表 3—1 下岗职工与在职职工的基本情况对比

	下岗职工	在职职工
性别		
男	50.5%	47.4%
女	49.5%	52.6%
N	291	323
婚姻状况		
未婚	14.8%	15.8%
已婚	81.4%	83.3%
丧偶	1.0%	0.6%
离异	2.7%	0.3%
N	291	323
平均年龄	39.15 (9.02)	36.51 (8.74)
平均教育年限	10.22 (2.25)	11.17 (2.40)
党员比例	0.7%	1.2%
团员	17.3%	8.6%
无党派	82.0%	90.2%

注：括号里为标准差。

四　下岗与再就业的基本状况

1. 工作经历

在工作年限方面，10 年以下的占 25%，11—20 年的占 29.5%，21—30 年的占 34.4%，31 年以上的占 11.1%。平均工龄为 19.6 年（标准差为 9.95），比在职职工多 2 年。其中曾经在农村工作过的占 15.7%，平均在农村工作了 7.02（标准差为 4.32）年。有“上山下乡”经历的占 14.3%，平均下乡 6.74（标准差为 3.3）年。

从表 3—2 可以发现，下岗职工下岗之前在国有企业工作的占 81.8%，在集体企业工作的占 12%，在合资、私营和其他企业工作仅占 6.1%（参见表 3—2）。如果按照下岗职工的严格定义，在合资和私营企业“下岗”的职工应该被称作失业者。从本次调查的结果来看，国有和集体企业是下岗职工产生的主渠道。该结果既与其他类似研究的结果一致（李强等，2001），也与国家劳动与社会保障部关于下岗职工的界定相吻合。

表 3—2　　　　下岗前最后一个工作单位的所有制

	频数	占比/%
国有	239	81.8
集体	35	12.0
合资	3	1.0
私营	5	1.7
其他	10	3.4
N	292	100.0

表 3—3 的数据告诉我们，下岗职工中企业中层以上领导干部仅占 6.5%，科室人员占 9.9%，工程技术人员占 5.1%，生产工人占 71.6%，服务人员和销售人员占 5.8%。由此可见生产工人构成了下岗职工的主体。干部、科室人员和工程技术人员即所谓的管理者和白领阶层中下岗的比例较低（参见表 3—3）。平均在下岗之前的工作岗位工作了 14.6（标准差为 9.2）年。26.9% 的被调查者参加过职业培训。

表 3—3　　　　下岗前的工作岗位

	频数	占比/%
中层以上干部	19	6.5
科室人员	29	9.9
工程技术人员	15	5.1
生产工人	212	71.6
服务人员	15	5.1
销售人员	2	0.7
合计	292	100

表 3—4 分析了职工下岗之前到最后一个工作单位的谋职方式。资料

显示，国家分配是当时职工获得工作的主要渠道，占58.7%。通过单位招工的方式获得职业的占19.8%。通过顶替得到工作的占8.2%，从其他单位调入的占5.8%。还有3.4%通过朋友或亲属推荐获得了工作，另有1.7%通过个人直接申请的方式实现了就业（参见表3—4）。

表3—4　　下岗之前到最后一个工作单位的谋职方式

	频数	占比/%
国家分配	172	58.7
自己直接申请	5	1.7
单位招工	58	19.8
顶替	24	8.2
朋友或亲属推荐	10	3.4
其他单位调入	17	5.8
其他	7	2.3
合计	293	100

另外，在下岗之前的最后一个工作单位工作5年以下的占14.5%，工作6—10年的占21.1%，工作11—20年的占32.5%，工作21—30年的占22.1%，工作31年以上的占9.8%。在最后一个工作单位平均工作了16.3年（标准差为9.8）。职工下岗之前固定工占73%，合同工占27%。

2. 下岗与再就业

那么，企业职工下岗的具体原因是什么呢？我们从职工个人的微观层次和企业的中观层次分别进行了分析。从个人层面上看，年龄是决定职工是否下岗的一个非常重要的因素（在我们的调查中，因为年龄因素下岗的职工占21.7%）。这与许多企业实行的下岗分流的内部政策有关①。另外一个比较重要的因素是与领导的关系如何。就我们的调查而言，与直接领导关系不太融洽的职工下岗的比例占13%，这个数字说明在决定职工是否下岗还没有一个刚性标准的情况下，非正式的人际关系网络发挥了比

① 比如我们在某企业的深入的个案访谈中，许多企业规定，40岁以上的职工全部下岗分流。

较重要的作用。其他因素依次包括技术水平（5.1%）、工作表现（4.3%）、教育程度（3.2%）、厂龄（2.2%）和性别（1.1%）等。在个人层次上，还有24.5%的被访者提到了企业亏损。这是中观层次的原因，将在下面进行分析（参见表3—5）。

表3—5 决定下岗的因素

	频数	占比/%
厂龄	6	2.2
年龄	60	21.7
性别	3	1.1
教育程度	9	3.2
工作表现	12	4.3
技术水平	14	5.1
与领导关系	36	13.0
企业亏损	68	24.5
其他	69	24.9
合计	277	100

在企业的中观层面上，因为企业亏损而下岗的职工占一半以上（52.1%），因企业裁员而下岗的占12.9%，因企业倒闭而下岗的占9.1%。而企业裁员和企业倒闭主要是由企业亏损造成的。因此，中观层面上的职工下岗原因可以归结为企业亏损（参见表3—6）。

表3—6 下岗的原因

	频数	占比/%
企业亏损	149	52.1
企业倒闭	26	9.1
企业裁员	37	12.9
其他	60	21.0
不知道	14	4.9
合计	286	100

仅仅用频数分析的方法并不能确定究竟是哪种因素在职工下岗过程中具有决定性的作用。因此，我们将职工个人素质方面的因素如年龄、健康状况、相貌、教育年限、政治身份、职业培训、工龄、工作地位、企业性质、工作身份（即固定工还是合同工）以及行业等指标输入对数回归方程，以考察决定下岗的关键因素。该回归分析所依据的研究假设是：

假设1：女性由于在体力、技术等级方面劣于男性，因此，前者同后者相比更可能下岗。

假设2：在生命周期的一定阶段，年龄越大的职工的优势越少，因此年龄越大的职工下岗的可能性越大。但是，当年龄达到某个阶段后，下岗的可能性有可能随着年龄增加而减少。

假设3：工龄是人力资本的一个标志，工龄反映了职工为企业做贡献的程度以及在某个行业工作的经验。一般而言，工龄越长的职工越可能留在原来的岗位上。

假设4：健康状况也是人力资本的一个方面。一般而言，健康状况较好的职工可以承受比较艰苦和繁重的工作。因此，健康状况较差的职工比健康状况较好的职工下岗的可能性更大。

假设5：企业招聘的经验表明，在其他条件相同的情况下，相貌较好的人员被录用的可能性更大。具体到下岗事件而言，相貌较好的职工同相貌一般的职工相比，更可能留在原来的工作岗位上。

假设6：教育是人力资本的重要指标。接受正规教育年限越短的职工，越可能下岗。

假设7：职业技能培训也是一个重要的人力资本指标。因此，未参加过职业培训的职工在企业分流中更可能下岗。

假设8：政治身份在某个方面标志着一个人的政治表现和工作业绩。因此中共党员和共青团员与普通群众相比，留在原来岗位上的可能性更大。

假设9：在企业的所有制类别方面，原来在国有企业比在集体和非国有企业工作的职工更可能下岗。

假设10：与管理干部和科室人员相比，普通工人下岗的机会更大。

假设11：与合同工和临时工相比，固定工更可能成为下岗职工。

假设12：与轻工业行业相比，纺织、建筑建材、化工、冶金机械等行业的职工更可能下岗。

研究发现我们运用分步模型考察各种因素对下岗与否的影响程度。模型 1 首先将性别、年龄及年龄平方、健康状况、相貌等指标输入回归方程，以考察上述因素对下岗与否的影响。在模型 2 中，我们又加入了教育、政治身份、工龄及工龄平方、职业培训等指标，以考察代表人力资本因素的这几个指标纳入以后的回归系数变化。在模型 3 中，我们又纳入了工作性质、企业所有制、工作身份和行业等指标，以考察所有相关因素对下岗与否的影响。

从模型 1（表 3—7 第 2 行）可以发现，男性下岗的比率是女性的 99. 3%。模型 2 和模型 3 的结果显示，在加入教育、政治身份、职业培训、工龄、工作性质和行业等指标以后，男性下岗的比率分别比女性多 6. 1% 和 25. 3%。三个模型中性别的回归系数均不显著，说明性别对下岗与否的影响并不是实质性的。该结果并不支持假设 1 的预测。

从年龄对于下岗影响的回归结果来看（表 3—7 第 3 行、第 4 行），在 3 个模型中均显示出年龄越大的职工越可能下岗（在模型 3 中，年龄每增加 1 岁，下岗的几率增加 11. 8%），与假设 2 预测的方向完全一致。年龄平方对于下岗几乎不具有影响，说明下岗基本是随着年龄的增长而增加的。但是，在统计的意义上并不具有显著性。因此，假设 2 也不能被我们的调查资料证实。

工龄对下岗的影响是，在一定的工龄范围内，工龄越长的职工越不容易下岗。模型 2 的结果显示，工龄每增加 1 年，下岗的几率减少 18. 4%。模型 3 的结果（表 3—7 第 10 行、第 11 行）表明，工龄每增加 1 年，下岗的几率减少 17. 1%。如果超出一定的工龄范围（在我们的样本中，当工龄超过 30 年以后，工龄每增加 1 年，下岗的几率增加 1%），工龄越长，越可能成为下岗职工。因此，假设 3 的预测被我们的调查资料证实。

从表 3—7 第 5 行的结果可以看到，健康状况良好比健康状况一般的职工更可能留在岗位上，但是在统计学意义上并不显著。因此，假设 4 并未获得资料的支持，亦即健康状况并不成为决定是否下岗的一个主要因素。

表 3—7 第 6 行的结果显示，与相貌较好的职工相比，相貌一般的职工下岗的几率更高。模型 1、模型 2 和模型 3 的回归分析结果均具有显著意义。在最终的模型 3 中，相貌较好的职工的下岗几率仅仅是相貌一般的职工的 42. 3%，亦即相貌较好的职工更可能留在原来的工作岗位上。该

结果支持了假设 5 的预测。

从表 3—7 第 7 行模型 2 的统计结果可以发现，教育年限每增加 1 年，下岗的几率减少 10.5%。模型 3 的结果显示，教育年限每增加 1 年，下岗的几率减少 9.2%。这个结果支持了假设 6 的预测，即接受教育年限较长的职工比教育年限较短的职工在保持原工作岗位方面具有优势。

职业培训也是职工人力资本的一个重要方面。表 3—7 第 9 行的回归分析结果揭示，参加过职业培训的职工比未参加过职业培训的职工更可能留在原来的岗位上。表 3—7 模型 2 的结果指出，接受过职业培训的职工仅仅是未接受过职业培训的职工下岗几率的 30.5%。表 3—7 模型 3 的结果表明，接受过职业培训的职工仅仅是未接受过职业培训的职工下岗几率的 33.4%。这两项结果具有统计学上的显著意义。该结果验证了假设 7 的预测。

表 3—7　　决定是否下岗的对数比率回归分析

	模型 1		模型 2		模型 3	
	B	Exp (B)	B	Exp (B)	B	Exp (B)
Constant	2.940	18.914*	3.057	21.274	2.499	12.166
男性	-0.007	0.993	0.029	1.061	0.226	1.253
年龄	0.004	1.004	0.185	1.328	0.101	1.106
年龄平方	0.000	1.000	-0.002	0.997	-0.001	0.999
健康良好 1	-0.007	0.990	-0.009	0.949	-0.170	0.844
相貌较好 2	-0.984	0.374***	-0.862	0.420***	-0.861	0.423***
教育年限			-0.137	0.865**	-0.107	0.899*
党团员 3			-0.936	0.392*	-1.241	0.289**
职业培训 4			-1.184	0.305***	-1.097	0.334***
工龄			-0.242	0.800**	-0.247	0.781**
工龄平方			0.005	1.004**	0.005	1.005*
普通工人 5					0.519	1.681*
国有企业 6					0.337	1.401
固定工 7					1.289	3.628***
纺织业 8					1.722	5.594***

续表

	模型 1		模型 2		模型 3	
	B	Exp（B）	B	Exp（B）	B	Exp（B）
建筑建材业 8					1.095	2.991**
化工业 8					1.268	3.553**
冶金机械业 8					0.567	1.763
-2 Log likelihood	732.203		662.058		601.182	
Nagelkerke R 2	0.155		0.289		0.393	
D. F	5		10		17	
N	616		616		616	

注：***P<0.001，**P<0.01，*P<0.05。

1. 参考群体为健康一般和较差者。
2. 参考类别为相貌一般和较差者。
3. 参考类别为普通群众。
4. 参考类别为未参加过职业培训者。
5. 参考类别为管理人员、科室干部。
6. 参考类别为集体和非国有制企业。
7. 参考类别为合同工和临时工。
8. 参考类别为轻工业。

政治地位是职工政治资本的重要体现。在中国的企业中，一个人能够加入中国共产党和共青团在一定程度上标志着这个人在工作表现和政治进步方面优于其他职工。表 3—7 第 8 行模型 2 和模型 3 的结果说明，中共党员和共青团员下岗的比率分别是普通职工的 39.2% 和 28.9%。这个结果意味着中共党员和共青团员与普通职工相比，具有保持工作长期性和稳定性的优势。该结果支持了假设 8 的预测。

表 3—7 第 13 行的结果显示，国有企业职工是集体和非国有企业职工下岗几率的 140.1%，说明国有企业是下岗职工产生的主渠道。该结果在统计学上不具有显著意义，因此不可能推论总体，但是该结果与假设 9 预测的方向一致。

表 3—7 第 15 行的结果表明，普通工人的下岗几率是管理干部和科室人员的 168.1%，亦即在其他条件相同的情况下，普通工人比管理干部和科室人员的下岗几率增加了 68.1%。该结果与假设 10 的预测完全吻合。

从表3—7第14行的结果可以看到，固定工下岗的比率是合同工和临时工的3.63倍。这说明在其他条件相同的情况下，企业更可能使固定工而不是合同工和临时工下岗。该结果验证了假设11的预测。

表3—7第15—18行的结果显示，纺织、建筑建材、化工、冶金机械行业的下岗职工分别是轻工行业的5.59倍、2.29倍、3.55倍、1.76倍（最后一项结果不具有显著意义）。该结果与假设12的预测基本一致（以上结果详见表3—7）。

下岗职工是通过什么渠道实现再就业的？表3—8的结果给出了一个清晰的答案。在成功实现再就业的下岗职工中，依靠单位或劳动部门安置的占样本总体的16.3%。通过亲属介绍的占12.2%，通过同事介绍的占4.1%，通过朋友推荐的占21.1%。概言之，通过社会关系网络渠道实现再就业的比例占47.4%；通过广告获得再就业岗位的占9.8%，通过职业介绍机构的占6.5%，通过单位招工、招聘的占10.6%。总之，通过市场方式解决再就业出路的占36.6%，还有19.5%的通过自雇的方式实现了再就业。表3—7的结果表明，通过下岗职工个人的社会关系网络和社会资本成功实现再就业已经成为单位或劳动部门安置、市场化谋职之外的一个主渠道。该结果也支持了本项目的中心假设：即社会关系网络将是下岗职工再就业的一个主渠道（参见表3—8）。

下岗职工在正式下岗多久之后开始寻找新的工作呢？在我们的调查样本中，下岗1周之内开始找工作的占19.1%，1月之内开始找工作的占46.9%，2月之内开始找工作的占4.3%，3个月之内开始找工作的占4.4%，4—6个月之内开始找工作的占5.1%，6个月以上开始找工作的占10.2%，截至调查进行时还没有开始找工作的占22.2%。在再就业的态度方面，认为自己积极找工作的占72%。在我们的调查样本中，曾经找到过工作的占45.1%，目前有工作的占40.3%。

表3—8　　下岗再就业的求职方式

	频数	占比/%
单位或劳动部门安置	20	16.3
亲属介绍	15	12.2
同事介绍	5	4.1

续表

	频数	占比/%
朋友介绍	26	21.1
广告	12	9.8
职业介绍机构	8	6.5
单位招工	13	10.6
其他（自雇）	24	19.5
合计	123	100

在影响下岗职工再就业的对数回归分析中，模型 1 首先纳入性别、年龄、健康状况、相貌等变量；模型 2 再纳入教育年限、政治身份、职业培训、工作性质等变量；模型 3 最后纳入态度和社会网络变量，以期检验各种不同性质的变量对是否成功实现再就业的独立影响。

从表 3—9 模型 3 的结果可以发现，男性再就业的几率仅仅是女性的 74.5%，亦即女性比男性更容易实现再就业；年龄对再就业的影响表现在，年龄每增加 1 年，再就业的机会减少 0.2%（0.998 - 1）；健康状况良好与健康状况一般和较差的职工相比对再就业的影响没有差别；相貌较好的人的再就业比率比相貌一般或较差的人高出 1.9%；教育年限每增加 1 年，再就业的几率减少 0.4%；中共党员和共青团员再就业比率仅仅是普通职工的 95.5%；参加过职业培训的职工的再就业比率是未参加过职业培训的职工的 1.58 倍，即前者再就业的比率比后者高出 58%；普通工人的再就业比率仅仅是管理干部和科室人员的 95.5%。由于上述结果在统计学意义上并不显著，仅仅表明下岗职工再就业的一般趋势，不具有推论样本总体的意义。

下面重点报告两项发现：在其他条件相同的情况下，第一，下岗后寻找工作态度积极的职工的再就业几率比态度不积极的职工高出 2.46 倍（3.46 - 1，$P<0.001$）；第二，使用社会网络的职工比没有使用社会网络的职工的再就业几率高出 40.9 倍（41.88 - 1，$P<0.001$）。从模型的 Nagelkerke R2 来看，模型 1 仅为 0.8%，模型 2 提高到 3.4%。当我们把态度变量和社会网络变量纳入回归方程以后，R2 显著提高到 35.3%，由此可以发现态度变量和社会网

络变量对与再就业的独立预测力① （参见表3—9）。

表3—9 影响再就业因素的对数回归分析

	模型1		模型2		模型3	
	B	EXP（B）	B	EXP（B）	B	EXP（B）
Constant	-0.059	0.943	1.489	4.431	-1.581	0.206
男性	-0.214	0.807	-0.309	0.734	-0.294	0.745
年龄	-0.011	0.989	-0.030+	0.970	-0.002	0.998
健康良好1	-0.018	0.983	0.019	1.019	0.000	1.000
相貌较好2	0.054	1.056	0.027	1.028	0.018	1.019
教育年限			-0.060	0.942	-0.004	0.996
党团员3			-0.959+	0.383	-0.920	0.398
职业培训4			0.297	1.346	0.457	1.580
普通工人5			-0.121	0.886	-0.047	0.955
态度积极6					1.242***	3.464
使用社会网络7					3.735***	41.889
-2Log likelihood	365.90		360.51		284.74	
Nagelkerke R2	0.008		0.034		0.353	
D.F	4		8		10	
N	220		220		220	

注：P<0.001，**P<0.01，*P<0.05。

1. 参考群体为健康一般和较差者。
2. 参考类别为相貌一般和较差者。
3. 参考类别为普通职工。
4. 参考类别为未参加过职业培训者。
5. 参考类别为管理干部、科室人员。
6. 参考类别为寻找工作不积极者。
7. 参考类别为未使用社会网络者。

① 在最初的分析中，我们曾经将态度变量和社会网络变量分两步单独纳入。当仅仅纳入态度变量时，模型的R2由3.4%提高到12.1%。最后将态度变量与社会网络变量一起纳入时，模型的R2提高到35.3%。由此可以发现社会网络变量对再就业几率的强大预测力。

哪些下岗职工更快地实现再就业呢？表3—10的多元回归分析提供了答案。模型3的结果显示，男性平均比女性找到工作的时间短7周。年龄每增加1岁，找到工作的时间平均长0.9周。健康状况良好的职工比健康状况一般或较差的职工平均多1周；相貌较好的职工比相貌一般或较差的职工短4.3周。教育年限每增加1年，找工作的时间平均多2.2周。中共党员和共青团员比普通职工找工作的时间平均少7周；接受过职业培训的职工比未受过培训的职工找工作的时间平均少用2.7周；普通工人比管理干部和科室人员找工作的时间多9.7周；态度积极的职工比态度不积极的职工多用4.3周；使用社会网络的职工则比不使用社会网络的职工多用近7周的时间。只不过上述结果在统计学意义上不显著，仅仅从一个侧面反映了影响再就业效率因素的一个趋势（参见表3—10）。

表3—10　　影响再就业效率的多元回归分析

	模型1		模型2		模型3	
	B	T	B	T	B	T
Constant	-3.349	-0.143	-39.455	-1.094	-44.326	-1.221
男性	-6.304	-1.177	-6.963	-1.220	-7.015	-1.222
年龄	0.665+	1.975	0.857*	2.031	0.898*	2.120
健康良好1	6.780	1.216	6.255	1.088	6.066	1.042
相貌较好2	-3.666	-0.819	-3.755	-0.817	-4.344	-0.938
教育年限			2.229	1.334	2.230	1.332
党团员3			-6.995	-0.602	-7.160	-0.615
接受培训4			-3.837	-0.615	-2.774	-0.435
普通工人5			11.045	1.521	9.790	1.312
态度积极6					4.303	0.527
使用社会网络7					6.896	1.194
R2	0.069		0.102		0.119	
D.F	4		8		10	
N	220		220		220	

注：P<0.001，**P<0.01，*P<0.05。

1. 参考群体为健康一般和较差者。

2. 参考类别为相貌一般和较差者。

3. 参考类别为普通职工。

4. 参考类别为未参加过职业培训者。

5. 参考类别为管理干部、科室人员。

6. 参考类别为寻找工作不积极者。

7. 参考类别为未使用社会网络者。

表3—11呈现了申请工作与找到工作的对比情况。37.7%下岗以后没有积极地申请工作，申请1份工作的占20.9%，申请过2—3份工作的占21.7%，申请过4份以上工作的占19.6%。相应地，没有找到工作的接近50%。另外1/2的岗职工至少找到了1份工作。40%左右找到了1份工作，7.7%找到了2—3份工作，找到4份以上工作的仅占2%（参见表3—11）。

在目前工作单位的所有制分布方面，目前下岗职工仅有21.8%在国有企业工作，在集体企业工作的不足5%，在外资、私营和个体与其他企业工作的占72.5%。与此相比，在国有企业工作的在职职工占83.5%，在集体和非国有制企业工作的仅占16.5%。由此可见，多数下岗职工来自于国有企业和集体企业，但是国有或集体企业并不是吸纳下岗职工再就业的主渠道。

表3—11 工作申请和找到工作的对比

	申请工作/%	找到工作/%
0	37.7	49.4
1份	20.9	40.9
2—3份	21.7	7.7
4—5份	9.9	1.2
6—10份	6.1	0.4
11份以上	3.6	0.4
N	244	247

从行业分布来看，纺织服装和冶金机电行业成为下岗职工比较集中的行业，分别占33.8%和24.9%，建筑建材、化工和轻工等行业也是下岗职工比较集中的行业。而在职职工的分布除冶金机电行业以外，在其他行

业的分布基本上是平衡的。

就目前工作的性质而言，11.2%的下岗职工从事管理工作，5.6%从事文职类的办公室工作。产业工人为主体，几乎占50%。服务人员和营销人员占20%左右，还有12%是自我雇用者。在职职工中的管理人员和办公室人员的比例（即通常所说的白领职工）均高于下岗职工，但是从事服务和营销工作的比例却低于下岗职工。

从工作性质来看，下岗职工再就业后为固定工的比例较低，仅为14%，合同工为17.4%，临时工占半数以上，还有13.2%从事其他类型的工作。与在职职工相比，下岗职工为固定工和合同工的比例明显低于在职职工，而做临时工和其他工作的比例则高于后者（参见表3—12）。

下岗前后被调查者的社会地位是否发生了变化呢？从本次调查的结果看，被调查者认为下岗以后社会地位上升的占1/3左右，近30%的人认为地位保持不变，还有1/3左右的人认为地位显著地下降（参见表3—13）。总之，认为下岗前后地位上升、地位保持不变和地位下降的下岗职工各占1/3左右。

表3—12　目前单位的所有制、行业、工作性质与工作类别：下岗职工与在职职工的比较

	下岗职工	在职职工
目前单位的所有制		
国有	21.8%	83.5%
集体	4.8%	4.0%
外资	8.0%	3.7%
私营	26.6%	2.2%
个体	29.8%	5.9%
其他	8.1%	0.3%
不知道	0.8%	0.3%
N	124	322
行业		
纺织服装	33.8%①	17.0%

① 该列的比例为下岗职工下岗之前的行业所属。

续表

	下岗职工	在职职工
行业		
建筑建材	18.1%	18.6%
化工	16.7%	15.5%
冶金机电	24.9%	31.9%
轻工	6.5%	17.0%
N	293	323
目前工作性质		
管理人员	11.2%	15.8%
办公室人员	5.6%	20.7%
工人	48.6%	55.1%
服务人员	13.6%	4.3%
营销人员	6.4%	1.9%
自我雇用者	12.0%	—
其他	3.2%	2.2%
N	125	323
目前工作类别		
固定工	14.0%	47.6%
合同工	17.4%	49.2%
临时工	55.4%	1.6%
其他	13.2%	1.6%
N	121	317

表 3—13　　目前的工作地位与下岗前相比

	频数	占比/%
上升	43	35.5
不变	35	28.9
下降	43	35.5
合计	121	100

与地位变化相应的问题是，下岗职工队目前工作的满意程度如何呢？从表3—11的统计结果可以看到，对目前的工作感到“十分满意”的占11.3%，感到“比较满意”的占21.4%，两项合计占32.7%。感到“一般”的占45.4%。感到“比较不满”的占16.3%，感到“十分不满”的占3.5%，两项合计占19.8%。总之，对目前工作感到满意的比例超过了感到不满意的比例。但是，应该引起注意的是，仍然有接近50%的下岗职工对目前工作的评价处于无所谓满意和不满意的中间状态（参见表3—14）。

表3—14　对目前工作的满意程度

	频数	占比/%
十分满意	16	11.3
比较满意	33	21.4
一般	64	45.4
比较不满	23	16.3
十分不满	5	3.5
N	141	100

那么，影响下岗职工及其在职职工职业满意度的主要因素是什么呢？对此我们进行了多元回归分析。

我们首先报告在统计学意义上具有显著性的研究结果。第一，健康状况良好的职工比健康状况一般或健康较差的职工的职业满意度平均高0.216（$P<0.05$）。第二，相貌较好的职工比相貌一般或相貌较差的职工的职业满意度平均高0.157（$P<0.05$）。第三，国有企业的职工比集体或非国有企业的职工的职业满意度平均低0.469（$P<0.001$）。第四，纺织行业比非纺织行业的职业满意度平均高0.387（$P<0.05$）。第五，令我们不可思议的是，在职职工的职业满意度竟然比下岗职工平均低0.193（$P<0.10$）。

然后我们再报告虽然在统计学上不具有显著性但是可以反映出某些趋势的研究发现。第一，性别对于职工的职业满意度不产生任何明显的影响，这与已往研究的发现并不一致。第二，在一定年龄区间，年龄越大的职工其职业满意度越低。但是，一旦达到某个年龄点，年龄越大其职业满意度越高，这说明年龄对于职业满意度的影响并不是线性的。第三，教育年限越长的职工的职业满意度越低，教育年限每增加1年，职业满意度减少0.032。第四，中共党员和共青团员比普通职工的职业满意度平均低0.308。第五，接受过职业培训的职工平均比未接受过职业培训的职工的

表3—15　决定职业满意度的多元回归分析

	模型1		模型2		模型3	
	B	T	B	T	B	T
Constant	1.557 +	1.860	3.042*	2.181	4.213**	3.010
男性	-0.126	-1.310	-0.137	-1.409	0.000	-0.003
年龄	0.034	0.778	3.042	2.181	-0.065	-0.804
年龄平方	0.000	-0.305	0.001	2.181	0.001	0.914
健康良好1	0.283**	2.773	0.299**	2.181	0.216*	2.181
相貌较好2	0.151*	2.147	0.162*	2.235	0.157*	2.181
教育年限			-0.015	-0.644	-0.032	-1.303
党团员3			-0.411*	-1.935	-0.308	-1.488
职业培训4			0.020	2.181	0.009	0.097
工龄			-0.008	-0.208	0.027	0.726
工龄平方			3.042	0.113	-0.001	-0.777
普通工人5					-0.175	-1.524
国有企业6					-0.469***	-3.454
固定工7					0.137	1.256
纺织业8					0.387*	2.465
建筑建材业8					-0.163	-0.980
化工业8					-0.176	-1.012
冶金机械业8					-0.095	-0.628
在职职工9					-0.193 +	-1.706
R2	0.049		0.059		16.3	
D.F	5		10		18	
F检验	4.45***		2.69**		4.57***	

续表

	模型 1		模型 2		模型 3	
	B	T	B	T	B	T
N	439		439		439	

注：＊＊＊P<0.001，＊＊P<0.01，＊P<0.05，+P<0.10。

1. 参考群体为健康一般和较差者。

2. 参考类别为相貌一般和较差者。

3. 参考类别为普通职工。

4. 参考类别为未参加过职业培训者。

5. 参考类别为管理人员、科室干部。

6. 参考类别为集体和非国有制企业。

7. 参考类别为合同工和临时工。

8. 参考类别为轻工业。

9. 参考类别为在职职工。

职业满意度高 0.009。第六，在一定工龄区间，工龄越长的职工其职业满意度越低。但是，一旦达到某个工龄点，工龄越长其职业满意度越高，这说明年龄对于职业满意度的影响并不是线性的。第七，与管理干部和科室人员相比，普通工人的职业满意度平均低 0.175。第八，固定工比合同工和临时工的职业满意度平均高 0.137（参见表 3—15）。

3. 工作、收入与支出、社会保险与社会福利

目前，对于那些已经实现再就业的职工而言，每周工作时间在 5 天以下的就业不足者占 3.2%，工作 5 天的占 38.1%，工作 6 天和 7 天的分别占 28.4% 和 37.3%（亦即超过国家劳动法规定的工作时间的占 2/3 以上）。目前平均每周工作 5.86 天，而下岗之前平均每周工作 5.44 天。同下岗之前相比，正常工作时间的比例有所减少，而从事超强度和超时间的工作的比例显著增加。

在每天的工作时间方面，7 小时以下的占 13.1%，比下岗之前同比减少 11.9%，说明下岗职工的工作时间不足法定劳动时间的比例大大增加。每天工作 8 小时的占 49.2%，该比例也比下岗之前明显减少。工作 8 小时以上的竟占到 37.7%，比下岗之前显著增加，说明下岗职工为了生计不得不接受超过法定劳动时间的工作。目前平均每天工作 8.75 小时，而

下岗之前平均每周工作 8.1 小时（参见表 3—16）。

表 3—16　　下岗前后工作时间的对比分析

	下岗前	目前
每周几天		
5 天以下	3.2%	3.2%
5 天	55.2%	38.1%
6 天	39.5%	28.4%
7 天	3.9%	37.3%
N	281	126
每天工作小时		
7 小时以下	1.2%	13.1%
8 小时	95.1%	49.2%
9—14 小时	3.7%	37.7%
N	283	130

在收入的决定方式方面，下岗前后也发生了较大的变化。目前实行计件工资的占 37.8%，比下岗之前增加了 30.6%。实行计时工作的占 14.1%，比下岗之前增加了 10.2%。实行固定工资占 28.9%，比下岗之前减少了近 60%。另外还有 19.1% 的实行其他方式的收入决定方式，该比例也比下岗之前显著增加。

在奖金的决定方式上，目前实行按利润分红的占 9%，比下岗之前减少了 19.2%。按照工作表现决定的占 38.2%，比下岗之前增加了 7.9%。按照其他方式决定奖金的比例也比下岗之前增加了 10.3%（参见表 3—17）。总之，下岗前后工资和奖金的决定方式的主要变化是下岗再就业以后更多强调工作效率、工作业绩和表现，而以前主要是按照大锅饭式的平均分配方式决定，这也许是企业改革所取得的重大改进之一。

表 3—17 收入和奖金的决定方式

	下岗前	目前
工资的决定方式		
计件	7.1%	37.8%
计时	3.9%	14.1%
固定工资	88.0%	28.9%
其他	1.1%	19.1%
N	283	135
奖金的决定方式		
利润分红	28.2%	9.0%
工作表现	30.3%	38.2%
其他	41.5%	52.8%
N	241	89

毋庸讳言，下岗职工的再就业有一个过程，多数职工不可能在下岗之后很快找到工作。因此，在下岗之后到实现再就业之前的这段时间内，其生活来源成为我们关注的一个问题。未就业期间的主要生活来源主要有原单位发放的生活费、地方政府的生活补贴、父母或子女及其他亲属的补贴和个人积蓄等。在我们的样本中，原单位发放的生活费平均为265元/月（标准差为144.8），最少的50元/月，最多的达680元/月。这笔费用已经平均发放了17个月（标准差为19），最长的已经发放了98个月，估计还能发放30个月（标准差为23）；地方政府的补贴平均为298元/月（标准差为43），最多的350元/月，平均已经发放了3.7个月（标准差为3.7），估计还能发放24个月（标准差为9）；来自父母的补贴平均为323元/月（标准差为263），来自子女的补贴平均为346元/月（标准差为354），来自其他亲属的补贴为450元/月（标准差为152）（参见表3—18）。

表 3—18　　下岗后到找到新工作之前的收入来源

	最小值	最大值	平均值	标准差	N
原单位发放的基本生活费	50	680	265.78	-144.80	169
已经发放的时间	1	98	16.59	18.88	160
还将发放多久	1	98	30.21	22.60	34
地方政府的生活补贴	200	350	298.13	43.33	46
已经发放的时间	1	24	3.71	3.70	41
还将发放多久	2	36	24.29	9.03	41
父母补贴	50	100	323.75	262.63	40
子女补贴	100	700	346.43	171.50	14
其他亲属的补贴	200	700	450	353.55	2
个人存款	100	500	265.00	152.84	10
其他	200	1200	568.33	392.45	6

那么职工下岗前后其收入的变化是怎样的？表 3—19 分析了下岗前后职工收入结构的变化情况。目前，月收入 300 元以下的占 11.5%，比下岗之前减少了 11%。301—400 元的占 23.6%，与下岗之前基本持平。401—500 元的占 17.6%，比下岗之前减少了 8.6%。501—800 元的占 26.7%，比下岗之前略微增加。800 元以上的占 20.6%，比下岗之前增加了 17.8%。下岗以后职工的平均收入为 779 元/月，比下岗之前平均高 325 元/月。下岗以后职工收入的增加主要是工资、奖金的提高以及其他收入的增加（参见表 3—19）。

表 3—19　　下岗前后收入状况的变化

	下岗前	目前
月均收入		
200 元以下	13.5%	5.3%
201—300 元	9.0%	6.2%
301—400 元	23.1%	23.6%
401—500 元	26.2%	17.6%

续表

	下岗前	目前
月均收入		
501—800 元	25.6%	26.7%
801—1000 元	2.4%	6.9%
1001 元以上	0.4%	13.7%
均值	453.39（192.04）	778.77（851.13）
N	282	131
其中：工资	268.44（164.16）	361.66（336.57）
奖金	91.23（103.89）	135.98（550.75）
补贴	73.27（103.36）	58.76（123.79）
实物	5.31（24.83）	—
其他	18.08（56.01）	219.29（701.44）

下岗前后职工的家庭收入与支出的状况如何，也是影响职工生活质量的一个重要方面。表 3—19 报告了目前和下岗之前职工收入结构的变化情况。目前家庭总收入 300 元/月以下的占 7.5%，比下岗之前增加了 3 个百分点。300—800 元/月的占 32.3%，比下岗之前增加了 5.6%。801—1500 元/月的占 40.7%，比下岗之前减少了 11.9%。1501—2500 元/月的占 14.3%，比下岗之前略微减少。值得注意的是，2500 元以上的占 5.4%，比下岗之前增加了 3.9%。目前职工家庭总收入的均值为 1150 元，比下岗之前增加 39 元。但是如果考虑到通货膨胀因素，那么下岗以后家庭收入的增长可能是负值（参见表 3—20）。

表 3—20　　　　下岗职工的家庭收入状况

	目前	下岗以前
月均收入		
300 元以下	7.5%	4.5%
301—500 元	11.1%	8.7%
501—800 元	21.2%	18.0%
801—1000 元	19.3%	22.6%

续表

	目前	下岗以前
1001—1500 元	21.4%	29.3%
1501—2000 元	11.1%	12.4%
2001—2500 元	3.2%	3.0%
2501 元以上	5.4%	1.5%
N	280	266
均值	1149.56（830.01）	1111.65（532.67）

目前职工在家庭总支出的结构方面，500 元以下的占 11.6%，比下岗之前减少了 2.9%，501—1000 元的占 50.2%，比下岗增加了 4.8%。1001—2000 元的占 29.3%，比下岗之前增加了 2.7%。2001—2500 元的占 2%，比下岗之前增加了 1.7%。2501 元以上的占 9.8%，比下岗之前减少了 3.2%。职工下岗后家庭总支出的均值为 996 元，比下岗之前增加了 99 元。家庭总支出的增加主要体现在食品、水电煤气电话费、交通、日常消费品、子女教育和医疗等项目上。但是，从分析结果中我们也可以发现，在娱乐、烟酒等不必要项目上，目前比下岗之前有了明显的减少（参见表 3—21）。

表 3—21　　　　下岗职工的家庭支出结构

	目前	下岗以前
月均收入		
300 元以下	5.1%	6.5%
301—500 元	6.5%	8.2%
501—800 元	24.6%	21.2%
801—1000 元	25.6%	24.2%
1001—1500 元	21.8%	22.5%
1501—2000 元	7.5%	4.1%
2001—2500 元	2.0%	0.3%
2501 元以上	9.8%	13.0%
N	293	293

续表

	目前	下岗以前
均值	996.18（481.21）元	897.07（385.65）元
房租	46.03（91.39）%	41.64%
食品	526.05%	493.99%
水电煤气电话费	112.30%	90.91%
交通费	14.26%	10.37%
子女教育	89.55%	76.94%
医疗	55.38%	32.08%
娱乐	15.33%	16.64%
烟酒支出	49.88%	52.46%
日常消费品	68.81%	62.02%
其他	29.90%	32.29%

职工的社会保险状况在下岗前后是否发生了明显的变化，是我们关注的另外一个问题。目前，工作单位提供医疗保险的仅占15.5%，比下岗之前减少了40.6%。目前单位能够报销医药费的比例也比下岗之前减少了26.9%。目前由单位报销的医药费为12元，比下岗之前显著减少。与此相适应，自费购买医疗保险的比例达到8.5%，比下岗之前增加了4.5%；目前单位提供养老保险的占25.4%，比下岗之前减少了61.8%，从而也使自费购买养老保险的比例略微增加。现在由单位购买失业保险的比例为10.3%，比下岗之前下降了12.7%。即使在那些获得单位提供的养老保险的职工，未来预期支取的养老金的金额也比下岗之前明显减少（参见表3—22）。

表3—22　　社会保险的提供状况

	下岗前	目前
单位提供医疗保险	56.1%	15.5%
单位报销医药费	30.9%	4.0%
自费购买医疗保险	4.0%	8.5%

续表

	下岗前	目前
单位提供养老保险	87.2%	25.4%
自费购买养老保险	7.4%	8.7%
单位购买失业保险	23.0%	10.3%
每月报销医疗费/元	217.34（1331.54）	11.67（20.41）
养老金/月	237.3（212.85）	163.16（199.10）

住房制度改革以前，从工作单位获得低于市场价格的住房曾经作为企业职工的一项巨大的福利。那么，对于目前已经下岗的职工来说，他们的住房是通过什么渠道获得的呢？表3—20的统计结果提供了这方面的数据。从以前单位获得住房的占17.1%，从目前单位获得住房的仅占0.7%。从配偶以前或现在工作单位获得住房的占9.4%。来自父母或配偶父母的占46.5%。购买商品房的仅占5.9%。租房居住的占7.3%，还有1.4%靠借房居住。总之，享受过单位住房福利（包括自己和配偶单位）的占27.2%，多数依靠父母解决住房问题（参见表3—23）。

表3—23　　住房的获得方式

	频数	占比/%
以前的工作单位	49	17.1
现在的工作单位	2	0.7
配偶以前的工作单位	10	3.5
配偶现在的工作单位	17	5.9
父母/配偶的父母	133	46.5
购买商品房	17	5.9
租房	21	7.3
借房	4	1.4
其他	33	11.6
N	286	100

表3—24提供了下岗职工目前家庭住房使用面积的分布情况。15平

方米以下的占 17.9%，16—30 平方米的占 40.3%，31—45 平方米的占 24.3%，46—60 平方米的占 11.9%，61 平方米以上的仅占 5.6%（参见表 3—24）。这个数字低于天津市 1999 年全市家庭的平均住房面积（天津市统计局，2000）。

表 3—24　住房使用面积

	频数	占比/%
15 平方米以下	51	17.9
16—30 平方米	109	40.3
31—45 平方米	69	24.3
46—60 平方米	34	11.9
61 平方米以上	16	5.6
N	285	100

4. 态度选择

社会心理学的行为理论告诉我们，人们的行为在某种程度上受到态度的直接影响。本节将考察下岗职工的个人态度，以期从另外一个视角了解其目前的再就业行为。

在调查问卷中我们设计了这样一个问题："如果下岗之前有三个选择，您将选择哪一种？"回答"下岗，另找工作"的占 29.4%。回答"内部退休或提前退休"的占 43%。选择"不下岗，但在工作量不变的情况下削减报酬"的占 27.6%（参见表 3—25）。由此可见，现在已经下岗的职工的态度在很大程度上趋于保守，还不能适应日益市场化的就业和职业流动方式。

表 3—25　下岗前的态度选择

	频数	占比/%
下岗，另找工作	84	29.4
内退	123	43.0
不下岗，但在工作量不变的情况下削减报酬	79	27.6
N	286	100

当职工下岗以后，其态度又是怎样的呢？当我们问："如果新单位不提供某种条件时，您是否会去那里工作?"时，即使新单位"不调动工作档案"，仍然有59.7%的被访者选择了接受新工作，选择坚决"不去"仅占20%左右，还有接近20%的被访者处于犹豫不定的状态。在"不签订长期合同"、"不负担医疗费用"、"不提供养老保险"、"路程在1小时以上"和"每周仅休息1天"等项的选择上，被访者作肯定选择的比例分别为56.9%、56.7%、53.2%、35.5%和60.7%，选择"不去"的比例在25.8%到46.1%之间，处于游移态度的均低于19%(参见表3—26)。这组数字说明，职工在下岗前后的态度发生了明显的变化。当他们面临生存压力时，下岗之前的某些理想态度不得不更趋于实际。

表3—26　　再就业的态度

	去	不去	不一定	N
不调动工作档案	59.7%	20.8%	19.5%	283
不签订长期合同	56.9%	25.8%	17.3%	283
不负担医疗费用	56.7%	30.9%	12.4%	282
不给养老保险	53.2%	34.8%	12.1%	282
路程1小时以上	35.5%	46.1%	18.4%	282
每周休息1天	60.7%	25.7%	13.6%	280

当我们询问下岗职工"假设提供某些工作岗位，您能接受的最低工资是多少?"时，对于清洁工，可以接受的平均最低工资是623元（标准差为296)，选择800元以下的占了41.5%。对于建筑工、搬运工、自我雇用人员和重体力工种，其可接受的最低工资均超过了820元。对于保姆、生产工人和服务人员的最低可接受工资，则在540—656元。这组数字说明，某种工作的劳动强度越大、声望越低、风险越大，该岗位可接受的最低工资越高。尤其引起注意的是，在一些重体力和声望较低的工种如建筑工、搬运工中，有超过70%的被访者选择了"给再多的钱也不干"(参见表3—27)。

表 3—27　　从事某些工作的最低接受工资

	清洁工	建筑工	搬运工	保姆
500 元以下	26.2%	3.6%	2.9%	20.6%
501—800 元	15.3%	9.5%	9.5%	9.9%
801—1000 元	6.1%	10.6%	8.8%	1.1%
1001—2000 元	0.7%	2.6%	2.6%	0.4%
2000 元以上	0.4%		0.4%	
多少都不干	51.3%	73.7%	75.9%	68.0%
N	275	274	274	272
均值（标准差）	623.13（296.45）	861.11（256.49）	892.42（330.65）	539.54（172.03）

	生产工人	自我雇用人员	服务人员	其他重体力工作
500 元以下	30.8%	18.9%	36.8%	4.8%
501—800 元	24.9%	24.4%	24.2%	7.5%
801—1000 元	6.9%	14.8%	2.6%	9.3%
1001—2000 元	1.8%	9.7%	0.4%	1.1%
2000 元以上	0.4%	1.5%		0.4%
多少都不干	35.2%	30.7%	36.0%	77.0%
N	273	270	272	269
均值（标准差）	655.93（323.17）	910.43（616.47）	556.05（196.37）	820.96（339.30）

与此相关的是下岗职工对城市农民工的态度。当问到“农民工的生产效率与城市工人相比，哪个更高?”时，回答“二者差不多”的占 56.5%，回答“前者高于后者”的占 32.8%，回答“前者低于后者”的占 10.7%（参见表 3—28）。

表 3—28　　对农民工生产效率的评价

农民工的生产效率与城市工人相比	频数	占比/%
低	19	10.7
差不多	100	56.5

续表

农民工的生产效率与城市工人相比	频数	占比/%
高	58	32.8
N	177	100

当问及农民工与城市职工相比受到不同等对待的表现时，选择“工作种类较差”、“提升机会较少”、“没有福利收入”的比例分别超过了78%。选择“同工不同酬”、“工作时间更长”、“没有住房”、“没有实物性收入”的都达到44%以上。虽然农民工作为下岗职工再就业的竞争者，但是他们也认为农民工受到了诸多种不公正的待遇（参见表3—29）。

表3—29　　农民工没有与城市职工受到同等对待的表现

	频数	占比/%
同工不同酬	37	44.6
工作种类较差	65	78.3
提升机会较少	70	85.4
工作时间更长	49	59.0
没有福利收入	70	88.6
没有住房	46	56.8
没有实物性收入	47	58.0
N		

尽管下岗职工认为农民工没有享有与城市工人同等的待遇，但是当问到“农民工在劳动力市场上是城市职工的竞争者，当城市就业状况不好时，他们是否应该回到农村去？”时，仍然有3/4的下岗职工表示赞同。有近60%的被访者认为“国有企业产生大量下岗职工是由太多的农民工进城造成的”。也有40%多的被访者认为“农民工没有城市户口，因而他们不应与城市职工受到同等对待”（参见表3—30）。

表 3—30　对农民工的态度

	同意	不同意	N
农民工在劳动力市场是城市职工的竞争者，因此，在城市就业状况不好时他们应该回到农村	75.5%	24.5%	278
农民工没有城市户口，因而他们不应与城市职工受到同等对待	42.7%	57.3%	274
国有企业产生大量下岗职工是因为有太多农民工在城市工作	59.2%	40.8%	272

在我们的样本中，截至调查进行时，仍然有 65%（191 名）的下岗职工目前未就业或再次下岗。我们请他们预计“在多长时间内能够找到新工作”，回答在 3 个月之内找到工作的仅占 15.7%，预计 4—6 个月的占 7.3%，预计半年到一年的占 2.6%，预计 1 年以上的占 4.2%。高达 70% 的下岗职工认为就自身条件和市场需求来衡量，很难再找到新工作（参见表 3—31）。

表 3—31　未就业的下岗工人预期找到工作的时间

	频数	占比/%
1 个月之内	18	9.4
1—3 个月	12	6.3
4—6 个月	14	7.3
7—12 个月	5	2.6
12 个月以上	8	4.2
很难	134	70.2
N	191	100.0

下岗作为个人所面临的重大事件，由于（暂时）失去了稳定的收入来源，所以在一定程度上会产生经济困难和情感困扰。当我们问被访者，“当遇到经济困难时，您会首先向谁求助？”有 60.3% 选择了“亲戚”，选择“朋友、同事和邻居”的占 13.4%，选择“单位”的占 14.8%。当遇到“情感困扰”时，首选的顺序依次是“亲戚”（49.1%）、“朋友”（26.8%）、“单位”（5.5%）、“同事”（3.4%）和“邻居”（2.1%）

(参见表3—29)。由此可见，无论是工具性的经济资助，还是表达性的情感支持，下岗职工个人的社会关系网络均将发挥最重要的作用。单位作为一种正式组织，其对职工发挥社会支持的作用正在衰弱（参见表3—32）。

表3—32　社会支持渠道

	经济困难	情感困扰
亲戚	60.3%	49.1%
单位	14.8%	5.5%
同事	1.7%	3.4%
邻居	1.0%	2.1%
朋友	10.7%	26.8%
其他	11.4%	13.1%
合计	100.0	100.0
N	290	291

五　结论与讨论

（一）结论

1. 生产工人是下岗职工的主体，其综合素质偏低

从本次调查的统计结果来看，一线的产业工人是下岗职工的主体。他们的平均年龄偏高、工作年限较长、教育水平偏低，接受过职业培训的比例较低，非党派普通群众居多。他们主要来自于国有和集体企业的制造业。下岗职工中成功实现再就业的比例较低（仅占45.1%），目前主要从事蓝领工作。多为临时工和合同工，主要集中在国有、私营和个体所有制企业，在集体、合资企业再就业的职工较少。该结果与多项调查的发现类似（杨宜勇，1997；阎耀军等，1999；宋宝安等，1999；蔡国萱等，1999；时宪民等，1999；江树革等，1999；李强等，2001）。

2. 影响下岗与再就业的因素分析

在个人层面上，年龄和与领导关系是影响下岗的两个比较重要的因素。按照重要性的先后次序排列，还包括技术水平、工作表现、教育程度、厂龄和性别等。具体而言，工龄对下岗的影响基本上是负向的，即工

龄越长的职工越不可能下岗；相貌较好的职工比其他职工更可能留在原来的工作岗位上；接受正规教育的时间越长，越不可能成为下岗职工；那些接受过职业培训的职工，比未接受职业培训的职工，更不可能下岗；具有中共党员和共青团员身份的职工，由于积累了比较雄厚的政治资本，成为企业下岗分流的受益者；普通职工与管理干部和科室人员相比，更可能成为下岗大军的一员；与合同工和临时工相比，固定工更可能成为下岗者。

在中观层次上，多数职工下岗是由企业亏损造成的，而企业亏损又造成了企业倒闭、企业裁员。当然，企业亏损与国家经济政策调整、产业结构变化以及市场体制改革等宏观制度方面的变化密切相关。

在实现再就业的渠道方面，最重要的一条主渠道是社会关系网络，亦即通过亲属、朋友和同事等强关系找到工作的职工占大多数，通过市场方式实现再就业成为另一条重要渠道，而通过政府或原单位安置的职工仅占少数。

我们的调查结果显示，第一，求职态度积极的职工更可能成功实现再就业；第二，运用社会关系网络特别是强关系网络的职工比运用其他求职渠道的职工更可能实现再就业。然而，有趣的发现是，使用社会网络渠道的职工比运用其他渠道的职工所用的时间更长。

下岗前后职工的社会地位发生变化的情况是，各占1/3左右的分别认为下岗以后的地位显著降低、保持不变和地位显著下降。与此相关的是，对目前工作感到满意的职工超过了感觉不满意的职工。但是，仍然有接近50%的下岗职工对目前工作的评价处于无所谓满意和不满意的中间状态。健康状况良好、相貌较好、非国有企业和纺织行业的职工的职业满意度更高。令我们不可思议的是，在职职工的职业满意度竟然比下岗职工还低。

3. 工作、收入与支出、社会保险与社会福利

同下岗之前相比，每周工作5天、每天工作8小时正常工作时间的比例有所减少，而每周工作5天以上、每天工作8小时以上的超强度和超时间的工作的比例显著增加。

下岗前后工资和奖金的决定方式的主要变化是下岗再就业以后更多强调工作效率、工作业绩和表现，而以前主要是按照大锅饭式的平均分配方式决定，这也许是企业改革所取得的重大改进之一。

有意思的发现是，按不变价格计算，下岗以后职工的平均收入高于下

岗以前。下岗以后职工收入的增加主要是工资、奖金的提高以及其他收入的增加。目前职工家庭总收入和总支出的均值也高于下岗之前。家庭总支出的增加主要体现在食品、水电煤气电话费、交通、日常消费品、子女教育和医疗等项目上。但是，从分析结果中我们也可以发现，在娱乐、烟酒等不必要项目上，目前比下岗之前有了明显的减少。

职工的社会保险状况在下岗前后发生了明显的变化，目前，工作单位提供医疗保险、失业保险、报销医药费、提供养老保险的比例大大低于下岗之前，而自费购买医疗保险、失业保险和养老保险的比例则高于下岗之前。少数下岗职工享受过福利分房，多数是靠父母和其他亲属解决的。其平均住房面积也低于在职职工。

4. 态度选择

在下岗之前，职工面对下岗和再就业的态度趋于保守，还不能适应日益市场化的就业和职业流动方式。职工在下岗前后的态度发生了明显的变化。当他们面临生存压力时，下岗之前的某些理想态度不得不更趋于实际。

我们的结果表明，如果某种工作的劳动强度越大、声望越低、风险越大，下岗职工可接受的某岗位的最低工资越高。尤其引起注意的是，在一些重体力和声望较低的工种如建筑工、搬运工中，有超过70%的被访者选择了“给再多的钱也不干”。

虽然一方面农民工与下岗职工同为社会中的弱势群体；另一方面农民工作为下岗职工再就业的竞争者，但是下岗职工也感到农民工与城市职工相比受到了不同等的对待，主要表现在工作种类较差、提升机会较少、没有福利收入、同工不同酬、工作时间更长、没有住房、没有实物性收入等。

尽管下岗职工认为农民工没有享有与城市工人同等的待遇，但是前者中的多数人仍然赞同“当城市就业状况不好时，他们应该回到农村去”。也有40%左右的下岗职工认为“农民工没有城市户口，因而他们不应与城市职工受到同等对待”。

下岗作为个人所面临的重大事件，由于（暂时）失去了稳定的收入来源，所以在一定程度上将会产生经济困难和情感困扰。我们的研究发现，无论是工具性的经济资助，还是表达性的情感支持，由亲属、朋友、同事和邻居构成的下岗职工个人的社会关系网络均将发挥最重要的作用，其中亲属在工具性的经济资助和情感支持中的作用最大。单位作为一种正式组织，其对职工发挥社会支持的作用正在衰弱。

（二）讨论

社会网络是否可以作为下岗职工再就业的一个主渠道，这在相关的研究中似乎并没有被作为分析的重点。本课题将下岗职工再就业中的社会网络机制作为研究的一个重点。通过大规模问卷调查的资料发现，社会网络在企业制定下岗的决策、在下岗后的求职、在寻求工具性的经济资助和情感性的社会支持等方面发挥着重要的作用。下岗职工的社会网络发挥作用的机制主要是通过强关系而不是弱关系运作的。这个发现与社会网络在正常职工的一般求职和社会流动中的作用一致（如 Bian，1994a，1994b，1997，1999；Bian and Ang，1997；边燕杰、张文宏，2001）。

为什么社会网络成为下岗职工再就业的一个主渠道呢？我们认为有以下几个方面的原因：第一，为下岗职工提供服务的就业介绍机构的相对不足和功能薄弱。无论政府或单位主办的再就业服务中心，还是民办职业介绍机构在收集、汇总和分析预测以及公开发布职业信息等方面都存在着欠缺，尚未建立起专业的信息采集、发布和共享的职业介绍网络（李强等 2001：70－73），从而使这些职业介绍机构所提供的信息存在着信息过时、供需不对称问题，并不能真正满足下岗职工再就业的需要。特别是某些民办职业介绍机构以欺诈、骗取钱财为主要目的，严重损害了下岗求职者的利益，使下岗职工对民办职业介绍机构的信任度大大降低。

第二，在中国的职业搜寻和劳动力流动过程中，社会网络所发挥的作用不仅仅是提供信息，更重要的是施加影响或送人情。换言之，信息是人情或影响的副产品（Bian，1997；边燕杰、张文宏，2001）。中国社会长期以来把人际关系强调为经济和社会组织的一个指导原则而著称。一个广泛使用但未严格界定的描述这一原则的术语就是“关系”。关系在字义上指“联系”或“关联”，但它的本质是促进人们之间恩惠交换的一组个人间的联系。

杨美惠（1994）列举了 20 世纪 80 年代和 90 年代她在中国观察到的关系的许多特征，但是有三点与求职的分析密切相关。第一，熟悉或亲近，即，对于任何要发展关系的两个人来说，他们彼此必须了解很多，并且彼此共同拥有许多东西。换言之，恩惠倾向于在具有强关系而非弱关系的人之间交换。关系的第二个特征是值得信赖，这是相对长期互动的结果和未来交换关系的基础。因为，通过关系网促进的交换并不能正式或合法地制度化，建立在这种个人层次上的信任是必要的。关系的第三个也许是最重要的特征是交互义务。在普通的理解中，交互义务有时被解释为感情依附，如果人们没有交换义务，他们就丢了面子。这意味着有强关系的个人之间的交互性受到附加的道德和表现尺度的强化。例如，一个人履行对其亲属和朋友的义务，这在文化上是儒家传统和当代中国的新伦理所期待的。当一个人没有履行他的义务时，他不仅被其他人视为道德败坏的，而且也会为失去包含在义务中的关系网和社会资源而付出最终的代价。义务之网被弗雷德（1969）视为1949年共产主义革命之前中国社会的“结构”。杨庆堃（1959）相信，在共产主义革命以后，“义务和感恩的产生”是“个人关系的主要的和有约束力的力量”。同样，魏昂德（1986）认为，在20世纪七八十年代，党员干部和其政治行为者之间的个人关系是中国工作单位中“共产主义新传统”的权威关系统治模式的基础。因此，关系网促进了恩惠交换。恩惠可以是无形的（如情感支持），但是有形的恩惠更普遍（如在市场中不容易得到的有价值的物品和服务），因此必须通过个人关系得到（Bian，1997）。

第二，如何使职工个人的社会网络与社会资本发挥更大的作用。其他相关研究指出，工人阶级在社交上是一个处在边缘状态的阶级。他们较多地在阶级内交往，较少地与其他阶级的人交往，工人阶级在社交上处于被剥夺和边缘化的境地（张文宏，2003）。按照网络规模、网顶、网差和网络构成等指标来测量，行政领导、经理和专业技术阶层的社会资本总量高于非技术工人15%以上（Bian et al.，2003）。虽然强关系而不是弱关系在人们的工具性支持和情感性支持中发挥着更大的作用（Bian，1997；张文宏、阮丹青，1999），但是作为人力资本比较薄弱的下岗职工而言，如果要在下岗再就业中有力地发挥社会网络与社会资本的作用，在较短的时期找到一份满意的投资，就必须冲破自己的小圈子，广泛地与地位高于自己的人建立联系，为实现自己的工具性或情感性行动进行必要的先期投资。

第三，为个人社会网络和社会资本的正常使用正名。笔者在进行该项目和其他社会网络和社会资本的研究项目时，在深度访谈中当问到被访者是否在职业流动中使用了关系时，他们经常以否定的方式来回答，似乎使用关系和网络就低估了自己的人力资本或工作能力，而且人力资本越丰富或行政级别越高的被访者，往往越具有这种倾向（肖鸿，1999）。即使在市场经济高度发达的西方国家如美国、日本、新加坡、德国等（Granvotter，1973，1974；Watanabe，1987；Bian and Ang，1998；Montgomery，1992），求职者使用社会网络成功实现职业流动的比例也相当高，说明社会网络成为正规的市场途径之外的另外一个职业流动渠道。其他研究也表明，社会网络或社会资本有助于解决家庭和青少年问题、促进学校教育和社会教育、改善社区生活（包括物理背景和“虚拟”背景下的生活）、有利于组织的运作和工作效率、促进民主发展与政府治理能力的提高以及发动集体行动等方面（Woolcock，1998）。因此，只要是在国家法律和有关正式制度允许的范畴内，运用社会网络或社会资本实现工具性目标的行动就应该受到鼓励或赞许。因为个人层次上的社会资本或社会网络是人们的一种非常重要的社会资源，其有效使用可以解决政府无力解决的许多难题（比如下岗职工的再就业、农民工进城等）。因此，笔者呼吁新闻媒体有必要为个人社会资本与社会网络的正常使用正名。

第四章 城市劳动力的社会网络与职业流动[①]

本章在评述市场经济和再分配经济体制下社会网络对于职业流动不同作用的社会学理论的基础上，提出了转型经济中社会网络对于职业流动作用的 4 个理论假设，即市场化假设、权力维续假设、机制共存假设和体制洞假设。文章运用对天津 1999 年就业过程所做调查获取的资料检验了上述假设，第一次对人情和信息两种关系资源进行了测量，并进一步分析了社会网络在 3 种经济体制下发挥作用的不同形式。笔者的结论是：职业流动者的社会网络主要由亲属和朋友两类强关系构成，社会网络发挥作用的形式以提供人情为主，以传递信息为辅。这些作用在转型经济时代尤为突出。

职业流动是市场经济的重要特征。调节职业流动的机制大体有 3 种，即计划分配机制、市场机制、社会网络机制。一般认为，从计划向市场的过渡，就是市场机制代替计划分配机制的过程。我们对天津的研究表明，从 1956 年到 1999 年的几十年年中，社会网络机制的作用显示持续上升的趋势。如何理解这一趋势？社会网络作用的持续上升，对转型经济时代职业流动的含义又是什么呢？

本章依据天津 1999 年就业调查资料考察社会网络在不同经济体制时代对职业流动的作用。我们将首先评述社会网络在市场经济和再分配经济中不同作用的社会学理论；其次提出社会网络在转型经济中作用的 4 个理论假设，即市场化假设、权力维续假设、机制共存假设和体制洞假设；最后，在分析天津调查资料、检验上述理论假设的基础上，我们将根据资料

---

① 本章根据发表于《中国社会科学》2001 年第 2 期上的《体制改革、社会网络与职业流动》（边燕杰、张文宏）修改而成。

分析结果得出理论结论，并提出未来研究的任务。

一　社会网络在职业流动中的作用

20 世纪 70 年代初期，美国社会学家格兰诺维特（Granovetter）提出社会网络在职业流动中的作用这一问题，并对它进行了研究。之后，近 30 年的研究证明了社会网络在职业流动中的作用，包括它在不同经济体制中这种作用的不同。

（一）社会网络在市场经济中的作用

市场经济是不完善的经济，主要表现在信息不对称（Information Asymmetry），即信息拥有者的信息是确定的、丰足的，而信息需要者得不到确定的信息，其信息量也是相对贫乏的（Devine & Kiefer, 1991）。例如，劳动力市场中的信息传播就是不对称的：雇主拥有确定的、丰足的工作信息，但并不能获得有关求职者的全部信息；同样，求职者往往不能得到有关职业的可靠和充分的信息，也不能将个人的全部情况告诉雇主。在这样一个信息不对称的劳动力市场中，很难想象劳动力的配置是职遇其人、人施其才、才尽其用。无序流动和自愿失业是不可避免的。

有没有一种机制弥补这种不足呢？有，这就是社会关系网络。格兰诺维特在波士顿郊外牛顿镇对 300 名白领求职者的研究表明，他们中的 57% 是通过社会网络了解工作信息而成功地找到新职业的（Granovetter, 1974）。通过社会网络谋职不一定能解决信息不对称的问题，但至少可使求职者广泛而深入地了解有关职位的情况，也为雇主扩大和筛选了申请人后备军（Fernandez & Weinberg，1997）。格氏有一个惊奇的发现：通过相识得到信息的人往往流动到一个地位较高、收入较丰的职位，而通过亲属和朋友得到信息的人向上流动的机会大大减少了。格氏将这一现象解释为“弱关系的强度”，提出了著名的“弱关系假设”（Granovetter，1973）。

在格氏看来，强关系是群体内部的纽带，由此获得的信息重复性高。而弱关系是群体之间的纽带，它获得的信息重复性低，充当着信息桥的角色。格氏的弱关系假设就是指弱关系发挥着提供非重复性信息的桥梁作用。使用弱关系谋求职业流动的人，正是由于了解到非重复的更有价值的信息，才获得了向上流动的机会。林南扩展和修正了弱关系假设，提出了社会资源理论（Lin，1982）。该理论的出发点是，在一个分层体系中，相同阶层的人们在权力、财富、声望等资源方面相似性高，他们之间往往是强关系；而不同阶层的人们的资源相似性低，他们之间往往是弱关系。当人们追求工具性目标时，弱关系就为阶层地位低的人提供了连接高地位人的通道，从而获得社会资源。格氏和林南的理论被大量的实证研究证明〔参见 Granovetter（1995）和边燕杰（1999）的评述〕。

（二）社会网络在再分配经济中的作用

再分配经济也是不完善的经济。不过，信息不对称并不是再分配经济的缺陷，而是它的本质特征。这是因为，再分配经济靠中央计划调控，经济信息，特别是重要信息像经济资源一样由国家控制，在国家部门中按上下级关系有序地传递。劳动力作为国家控制的经济资源，是按计划配置的，职业信息是极不对称的：国家劳动部门控制和有序地传递职业信息，工作单位接收所分配的劳动力，待业者服从分配。在这种制度安排下，对于求职者来说，自谋职业根本不可能，寻获职业信息并无直接意义。

在这种体制下，社会网络的作用是什么呢？边燕杰依据天津 1988 年的调查研究指出，社会网络在这里的作用不是传播和收集职业信息，而是待分配的择业者通过人际关系，得到工作分配主管部门和分配决策人的照顾（Bian，1994，1997）。换言之，社会网络不再是信息桥，而是人情网。人情关系的强弱与获得照顾是正相关的：人情关系强，得到照顾的可能性就大；人情关系弱，结果不得而知；没有人情关系，除偶然的例外，不会得到照顾。信息的获得只是人情关系的副产品。边燕杰为此提出了“强关系假设”，并用天津和新加坡的调查资料做了初步证明（Bian，1997；Bian & Ang，1977）。

为什么人情关系的强弱会产生上述结果呢？道理有二。一是义务问题。人情关系的实质是情意、实惠的交换。强关系往往表明这种交换已经在主客方长期存在，相互的欠情、补情心理，使得有能力的人会尽力提供帮助。二是信任问题。人情交换是违背正式组织原则的，但如果是强关系，主客双方的信任度提高，就能降低由“东窗事发”所导致的不必要麻烦。所以，在再分配经济的职业流动中，强关系应比弱关系“强”而不是“弱”。

人情关系在再分配经济中之所以发挥作用，其制度安排的前提是，资源控制者是经济实体的代理人，而不是所有者。陶志刚、朱天指出，在经济决策不是至关重要的条件下，代理人往往放弃所有者的利益而寻租或送人情（Tao & Zhu，2000）。再分配经济中的劳动力分配决策人就是这样的代理人，而人员分配和调动对于劳动部门和接收单位来说都不是至关重要的，所以人情关系就成为职业流动的调节机制了。

（三）社会网络在转型经济中的作用

转型经济是一个动态过程，其趋势是越来越偏离再分配经济，越来越趋向市场经济。近些年的许多研究证明，在进城农民工的求职和下岗职工的再就业过程中，社会网络都发挥着提供信息和信誉保证等方面的重要作用（李培，1996；彭庆恩，1996；陈阿江，1997；王汉生等，1997；王汉生、陈智霞，1998；丘海雄等，1998；李强，1999；许欣欣、李培林，1999）。但是，学术界对于社会网络作用的性质尚未形成一致的看法。在转型经济条件下，社会网络的使用频率是减少、上升还是不变，强关系和弱关系作用的性质是否发生了变化，以及它们的相对使用比例是怎样变化的呢？为了回答这些问题，首先要弄清楚转型经济动态过程的实质是什么。对此我们提出 4 种不同的论点并阐发各论点关于社会网络作用变化的假设。

第一，市场化的论点及其假设。市场化的论点认为，虽然具体情况十分复杂，但转型经济动态过程的主流是中国在不断向着市场化的方向迈进（Nee，1989）。这表现在资源配置越来越通过市场进行，而不靠行政调拨；硬预算上升，软预算下降；劳动力配置实行双向选择，职业分配机制被削弱了。与此相应的假设是，社会网络作用的性质可能发生了变化：作为信息桥的关系使用频率上升，作为人情网的关系使用频率下降。这意味着，弱关系可能逐步代替强关系作为职业流动的调节机制（市场化假设）。

第二，权力维续的论点及其假设。权力维续的论点认为，虽然市场化是经济转型的总趋势，但并不表明政治权力对资源的直接和间接控制将会削弱（Bian & Logan，1996）。相反，中央宏观调控能力的增强，公共和其他重要物品生产和流通的国家垄断，单位制在盈利企业和事业组织中的巩固，地方社团主义的上升，以及党在人事任免中的决策作用，都保证了政治权力的维续，保证了资源控制在代理人而非所有者手中（Tao & Zhu，2000）。为此，在转型经济中，经济实体的代理人作为雇主，将继续向求职者送人情。以往劳动部门的分配权被限制了，但代之而起的是成倍增长的雇主代理人。所以，社会网络在职业流动中的使用频率不但不会下降，反而会上升；不是弱关系将代替强关系，而是强关系仍将保持其优势地位（权力维续假设）。

第三，机制共存的论点及其假设。机制共存的实践基础是 20 世纪 80 年代双轨制的运行。而在 90 年代以后，机制共存的逻辑是路径依赖：市场是在经济和政治两个领域平行发展的，它们共同推动着改革的进程（Parish & Michelson，1996）。这一论点的含义是，市场规律和权力规则同时制约着资源的配置（Zhou，2000）。在劳动力市场领域，机制共存的含义是：一方面，成功的求职者需要弱关系收集职业信息以克服劳动力市场信息不对称所带来的困难；另一方面，求职者必须通过强关系与决策人进行人情交换，获得实质性的帮助。这意味着，作为信息桥的弱关系和作为人情网的强关系将共同发挥作用，强弱关系的使用比率将呈现同步增长的趋势（机制共存假设）。

第四，体制洞的论点及其假设。一个经济体制的不完善可以看成该体制存在漏洞，或称体制洞。但我们在此提出并强调的体制洞是指从再分配向市场的转型过程中出现了体制断裂，即再分配体制解体了，但市场体制不是尚未形成，就是运行无效。例如，国家劳动部门的职业分配制度取消了，但职业信息的传递渠道在市场中不是很少存在，就是所提供的信息只是无人问津的工作。求职者处于劳动力配置和流动的体制洞之中：有价值的信息无从获得，与雇主的相互信任无从建立，求职者与雇主的相互约束没有体制保证。在这种情况下，社会网络将发挥特殊的作用：作为信息的桥梁，作为信任的基础，作为人际关系约束的保证。这说明，在国家分配制度解体、劳动力市场形成和发展过程中，社会网络的作用将是重要的过渡机制。作为信息桥的弱关系将提高使用频率，而作为信任和规范约束的人情关系网络，也将提高使用频率（体制洞假设)。

二　研究設計

(一) 抽样

天津市 1999 年就业过程问卷调查(简称天津就业调查)的样本分布于中心 6 区,包括常住人口 757 户和外来人口 244 户。常住人口的样本从 12 个街、36 个居委会的住户花名册中等距随机抽取。外来人口指调查时在天津市没有常住户口但有固定或临时工作的外地流入人口,样本按每街 10 户配额和 4 个聚集地每地 29 户配额随机抽取。在抽中的户中随机选定 1 名 18—60 岁有就业经历的人作为访问对象。

(二) 主要分析指标的测量

1. 关系类别和强度

我们把职业流动者所使用的社会关系分为 3 类:(1)"相识",包括非亲非友的直接关系和各种间接关系;(2)"朋友",包括朋友和关系密切的同学、邻居、过去和现在的同事、战友、同乡、生意和项目合作伙伴等;(3)"亲属",包括核心和扩大家庭的成员、各种血缘关系、姻亲关系等。为了与以往的研究比较,我们将相识定为弱关系,将朋友和亲属定为强关系。

2. 信息和人情

这是本文的分析重点。以往研究对信息和人情两种关系资源做了区别,但没有测量。本文在中西文献中首次对此作出测量。人情在英文文献中是 influence 或 favor,包括直接为求助者安排工作、解决求职中的具体问题、向有关部门打招呼、帮助报名和递交求职申请、帮助整理申请材料等。而信息则指提供有关职位的信息,包括一般信息和比较详细的信息。由于在实际的职业流动过程中,求职者往往从社会关系那里获得了人情和信息的双重帮助,所以我们在分析中使用了 3 个类别,即"人情 + 信息"(既提供人情又提供信息)、"只是人情"、"只是信息"。

关系人及其特征。在英文文献中,关系人用 contact 表示。在本研究中，关系人是向职业流动者提供人情和信息的社会关系。①我们使用 3 个指标测量关系人的社会经济特征：（1）职务，分为党政干部、国企经理(包括国有和集体)、非国企经理/所有者、个体所有者和经理、专业技术人员、无职务者等 6 个类别；（2）单位所有制，分为国有、集体、非国有、个体等四类；（3）单位的主管部门，从高到低依次是中央、省/直辖市、区/局、街道/处、无行政级别/无上级主管部门等 5 个级别。

三　社会网络在职业流动中作用的动态分析

（一）经济体制时代的划分

职业流动包括离职和重新就业两个过程。我们的分析重点是社会网络在重新就业过程中的作用以及这种作用随着经济体制改革发生了什么变化。在千名被访者中，466 人有职业流动的经历，发生在 1956—1999 年之间，其间我国经历了 3 个经济体制时代。

1. 1956—1979 年的再分配经济时代

全国城镇无一例外地实行统一的劳动力招收和调配制度。企业招工必须向劳动部门备案并获得许可，企业之间的劳动力余缺调剂由主管产业部门和地方劳动部门协调，跨行业、跨地区的劳动力调配由国家劳动部门统一安排。企业既缺乏用人权，也不能辞退剩余劳动力。由于不存在劳动力市场，职工自谋职业基本上是不可能的。除了解决夫妻两地分居和因工作需要的工作调动之外，职工在不同组织之间的职业流动极为困难。

2. 1980—1992 年的计划为主市场为辅的双轨制时代

统分统配的用工制度逐渐受到劳动合同制的冲击，劳动用工制度不再是统分统配的一统天下。尽管国有和集体部门还不能完全自主地依据劳动合同解雇职工，但它们已拥有招聘新职工的权力。个体、私营、民营、合伙或联营、三资企业等新经济形式则拥有自由招聘、解雇职工的权力，劳动力市场已经在这些企业之间发挥作用，构成了劳动用工制度上的双轨并

---

① 在本项调查中，通过社会网络机制成功实现最后一次职业流动的被访者有 53.2% 使用了 2 个以上的关系人，平均使用了 2.95 个关系人，但仅仅收集了提供最大帮助的那位关系人的情况，即为本文所说的关系人。

存的局面。相应地，职工个人在选择工作单位和职业方面已经拥有了较大的自主权（参见袁志刚、方颖，1998：3－4、123－125；杨宜勇等，1997：114－125）。

3. 1993 年以后的市场机制占主导地位的转型经济时代

这个时代的标志是邓小平南方谈话的公开发表及经济改革的全方位发展。在劳动力市场领域，自主性的职业流动、全员劳动合同制、双向选择、多渠道就业正在从抽象的理论表述变为具体的现实。天津就业调查的466名职业流动者的最后一次流动，再分配时代占13.7%，双轨制时代占23.6%，转型时代占62.7%。这说明转型时代的职业流动比率上升，劳动力市场趋于活跃。

（二）流动机制的时代变迁

我们根据职业流动的多种途径，将流动机制划分下列3种。第一是计划分配机制，包括顶替父母、顶替亲属、单位内部招工、国家分配、组织调动。第二是市场机制，包括职业介绍机构介绍、个人直接申请和自雇。第三是社会网络机制，包括运用各种人际关系获得信息和人情达到职业流动的目的。计划分配机制和市场机制的使用是相互排斥的，但社会网络机制是一种非正式的社会机制，它既可以单独发挥作用，又往往与计划分配机制或市场机制交叉。如在再分配时代某人变换工作，形式上属于组织调动，是计划分配机制；但实际上该人往往动用人际关系，使原单位放人、新单位接收。在转型经济时代，某人直接向雇主申请工作，形式上属于市场机制，但事实上该人可能通过朋友收集职位信息，靠亲属建立与雇主的人情关系，进而受雇。表4—1的结果显示，在天津调查的职业流动者中，31.1%使用了计划分配机制，48.1%使用了市场机制，但高达76.8%者使用了社会网络机制。

从再分配到转型时代，使用计划分配机制的比率急剧下降，使用市场机制的比率迅速上升。这种此消彼长的趋势，说明了经济改革的性质，即市场机制逐步代替计划分配机制，预示着职业流动渠道选择的未来方向。但只看到这一趋势并不能了解职业流动机制演变的全部真谛。这是因为，无论在哪个时代，社会网络都是十分重要的流动机制。使用社会网络机制的比率，在3个时代分别是58%、66%和85%，说明在劳动力市场的培育和发展过程中，社会网络所发挥的作用越来越大。①

如何解释社会网络机制的持续上升趋势呢？如果在经济改革不断深化的条件下，社会网络的作用是信息桥而不是人情网，则预示着市场化假设有可能成立。如果它的作用是人情网而不是信息桥，就必须分析劳动力市场的具体过程。为此，我们将探讨关系类型、关系强度、关系资源在3个经济体制时代的变化趋势。

表4—1　　职业流动与社会网络的时代分布：天津，1999年

	流动者和网络使用者	1956—1979年再分配时代	1980—1992年双轨制时代	1993—1999年转型时代
职业流动渠道	466	64	110	292
计划分配	31.1%	73.4%	58.2%	11.6%
市场	48.1%	12.5%	28.2%	63.4%
社会网络	76.8%	57.8%	66.4%	84.9%
社会网络的类型	358	37	73	248
相识	13.1%	13.5%	15.1%	12.5%
朋友	49.7%	64.9%	42.5%	49.6%
亲属	37.2%	21.6%	42.5%	37.9%
关系资源的类型	358	37	73	248
人情+信息	39.4%	48.6%	39.7%	37.9%
人情	40.8%	27.0%	39.7%	43.1%
信息	19.8%	24.3%	20.5%	19.0%

① 自20世纪80年代以来，劳动力市场经历了一个从无到有、从少到多、从弱到强的发展过程。1996年，全国有职业介绍机构3.1万家，共有890万人在职业介绍机构的帮助下就业（杨宜勇等，1997：119）。天津市1994年进入劳动力市场招聘的单位为11447个，进场人次为896328人，达成就业意向者为269128人，占30.02%。到1998年，上述3个数字分别为31274个，2972513人和648637人，达成就业意向者的比例为21.82%（天津统计局，1999，第365页）。我们的天津调查数据印证了上述官方统计所反映的趋势，说明越来越多的人将劳动力市场作为实现其职业流动的渠道。

（三）关系类型和关系强度的时代变迁

表4—1显示，在358名使用社会网络渠道实现职业流动的被访者中，13.1%使用了相识关系，49.7%是朋友关系，37.2%靠的是亲属关系；后两项合并，计有86.9%使用了强关系。与1988年相比，强关系的使用比率上升了15.9%（Bian，1997）。

使用相识关系实现职业流动的比例在3个时代变化不大（各占13%左右），说明弱关系在提供人情和信息等关系资源时，并没有随着时代的变迁而发生显著的变化，而一直在求职者的社会关系网络中居于从属地位。与之相反，由朋友和亲属构成的强关系在不同的时代一直保持主导地位。使用朋友关系的比例从双轨制时代到转型时代的增加，和使用亲属关系比例的微弱降低，与人们社会交往圈子随着经济改革不断扩大有关。随着改革的发展，更多的人走出家庭网络去发展更广阔的朋友关系，获得更多的信息和人情，满足日益增长的职业流动和其他方面的需要。

（四）关系资源的时代变迁

表4—1的最后一部分呈现了关系资源的统计结果。网络使用者中的40.8%从关系人那里获得了"人情"，19.8%获得了"信息"，39.4%获得了"人情+信息"。随着时代的变迁，人情的比例持续上升，但信息的比例呈微弱下降的趋势。这说明，随着改革的深化，人们获得就业信息的渠道越来越多，就业信息不再紧俏，从关系人那里寻求就业信息，往往是为了证实从其他渠道获得的信息的可靠程度，或进一步了解某个职位的具体情况。

同样，由社会关系网络所提供的"人情+信息"的不断下降与上述解释相一致，这主要是由人情与信息渠道的不断分离而引发的。再分配经济时代，就业信息往往是封闭的或保密的，被严格地控制在政府或企业的代理人手中，通过等级分明的官僚机构自上而下地逐级传递。只有通过一定的人情关系才能获得关键的内部信息，也就是说信息是人情的副产品，所以"人情+信息"在社会网络关系中所占比例最高。到了经济体制改革时代，劳动力市场从无到有、从少到多、从不规范到逐步制度化，职业信息的传播也越来越开放，人情和信息逐渐分离，所以关系人提供"人情+信息"的比例下降。结果是靠社会关系网络获得人情的绝对数和相对数不断上升，到转型时代已经在关系资源中占据最重要的位置(43.1%)。这说明了人情关系对于成功实现职业流动的重要性。

为了进一步分析这一趋势，我们做了关系类型和关系资源的交互分类统计，结果见表4—2。在社会关系的资源结构中，由亲属和朋友（即强关系）所提供的人情，总的趋势是随着经济体制改革的深化而不断上升，所提供的信息略有下降。这证明了强关系假设在转型经济时代仍然成立。由相识所提供的“人情+信息”从60.0%下降到9.7%，所提供的“人情”从20%增长到67.7%，而所提供的信息的相对比例大体不变。这说明，从再分配体制到市场体制，弱关系的作用没有发生根本变化：提供人情是其主要作用，提供信息是其次要作用。这一发现与市场化假设相悖。

表4—2　关系类别与关系资源的时代分析

	人数	人情+信息	人情	信息
1956—1979年 再分配时代				
所有关系	37	18	10	9
相识	5	60.0%	20.0%	20.0%
朋友	24	41.7%	29.2%	29.2%
亲属	8	62.5%	25.0%	12.5%
Chi - Square = 1.562				
1980—1992年 双轨制时代				
所有关系	73	29	29	15
相识	11	36.4%	54.5%	9.1%
朋友	31	45.2%	38.7%	16.1%
亲属	31	35.5%	35.5%	29.0%
Chi - Square = 3.242				
1993—1999年 转型时代				
所有关系	248	94	107	47
相识	31	9.7%	67.7%	22.6%
朋友	123	45.5%	33.3%	21.1%
亲属	94	37.2%	47.9%	14.9%
Chi - Square = 17.335				

四 流动者和关系人结构地位的动态分析

随着改革的深入，人情和信息不断分离，人情关系资源比例不断上升，这是不是由职业性质决定的呢？比如，通过人情而谋取的职业是不是都在国有部门呢？是不是都发生在远离市场、级别颇高的工作组织中呢？是不是仅限于非技术工种的体力劳动呢？而人情资源提供者（关系人）的职业状况与他们所提供的资源的关系又是怎样的呢？本节将分析这些问题。

我们集中分析流动者和关系人的3种职业状况，即职务、单位所有制类型、单位的上级主管部门（简称单位级别），统称为“结构地位”。我们假定，流动后的结构地位与流动者获得的关系资源有关，而关系人的结构地位也直接影响到他们能够提供什么样的具体帮助。

（一）流动者结构地位的动态分析

我们将3种关系资源（人情、人情+信息、信息）作为因变量，将流动后的结构地位作为自变量，分析其影响作用，方法是类别变量的多元回归（Multinomial Regression），结果见表4—3。许多变量的回归系数在统计上都不显著，表明人情和信息资源的分布较广，也较平均，但有3项发现值得说明。

第一，再分配经济时代，流动到中央级主管单位的被访者获得的关系资源，更多的是人情而不是信息。从科层制的分层秩序来看，处于金字塔顶端的中央级单位是最少的，要想成功地实现向上的职业流动，只有依靠关系人的人情。因为仅仅获得关于某个职位的信息是不够的，况且在那个时代，劳动力配置信息是绝对封闭和保密的，即使获得了信息，如果不能得到强有力的决策人的照顾，也没办法实现其流动意愿。这再次证明了边燕杰的“强关系假设”。

第二，双轨制经济时代，专业技术人员和党政干部更可能从关系人那里获得“信息”而不是“人情+信息”。专业技术人员，由于从事的工作专业性强，需要较高的教育背景，在职业流动中主要靠社会网络收集有关职位的信息。由此推论，白领职业者能否通过社会网络获得信息是实现流动的关键。这与格兰诺维特的美国发现类似（Granovetter，1973，1974）。另外，党政干部需要较强的政治背景，须经严格的政审（Walder，1995），而靠人情关系不能完全解决问题，所以流动者希望得到有关职位的内部信息。这两个发现说明，知识分子政策和干部选拔政策的改革到双轨制时代已经发挥了效力。

第三，转型经济时代，流动到区/局级以下单位的被访者更能获得人情或"人情+信息"，而不是信息。反过来说，那些流动到无行政级别或无上级主管部门的被访者，更可能从关系人那里获得信息。无级别单位大多是新生的，包括个体、私营、民营、外商独资以及混合产权和模糊产权企业。中央和地方政府最近几年推行了淡化级别和取消级别的改革措施，允许成立无上级主管部门的企事业单位。这些无级别、无主管的经济实体市场化程度很高，所以到这里求职的被访者，大多是通过信息而不是人情实现流动的。这一发现部分地支持了市场化假设。

（二）关系人结构地位分布的动态分析

表4—3的结果显示，作为关系人，党政干部和国企经理的比例逐年下降；党政干部作用的衰落尤其明显。相应地，非国有企业经理和所有者的比例则从无到有、从低到高，到转型时代已经占相当大的比率；个体所有者/经理的比例已经超过党政干部。这是由两种结构变化造成的。第一种变化是国有部门的劳动力流向不断膨胀的非国有部门，他们的受雇由非国有部门的所有者和经理决定。[①] 第二种变化是国有部门内部的劳动决策权从党政干部转移到经理阶层，特别是邓小平1992年南方谈话公开发表以后，这种变化尤甚。此外值得注意的是一部分党政干部和国企经理的身份变动。20世纪80年代中期开始的经商热，诱发一些党政干部和国企经理"下海"，他们往往成为新经济形式的代理人，比如由政府委派出任三资企业的中方董事长或总经理。

---

① 1956年、1992年和1998年，天津市国有单位职工分别占全部职工总数的83.3%、72.5%和60.1%，集体单位职工分别占16.7%、24.6%和15.8%，非国有单位的职工分别占0%、2.9%和24.1%（天津市统计局，1999年，百分比根据第88页的绝对数计算）。

表 4—3　被访者结构地位对关系资源的多元回归（Multinomial Regression）

	1956—1979 年 再分配时代		1980—1992 年 双轨制时代		1993—1999 年 转型时代	
自变量：被访者流动后的	（1）	（2）	（1）	（2）	（1）	（2）
职务/职业 a						
党政干部	0.625	1.414	-0.402	-2.211	—	—
国企经理	0.499	1.983	0.318	-1.398	0.412	0.132
非国企所有者/经理	—	—	0.537	-0.780	-0.269	0.279
个体所有者/经理	—	—	0.537	-0.780	1.040	0.237
专业技术人员	-0.644	-1.092	-1.717	-3.169***	-0.226	0.586
单位所有制类型 b						
国有	-2.338	-0.081	0.166	0.003	0.090	0.137
个体	—	—	-1.803	-1.505	-1.141	0.111
非国有	—	—	—	—	0.286	1.226
单位上级主管部门 c						
中央	2.683*	0.634	-1.575	0.018	0.492	1.490!
省市	—	—	-1.518	-1.437	0.242	0.965
区、局	—	—	—	—	1.051!	0.757
街道、处	—	—	—	—	1.261***	0.742
ntercept	1.099	-0.000	2.718	2.904	0.272	-0.584
Pseudo R - Square (Nagelkerke)	0.389		0.238		0.125	
-2 Log Likelihood	27.897		53.096		151.464	
Chi - Square	15.442		17.140		28.790	
D. F.	10		16		22	
样本数	37		73		248	

注：P<0.10，*P<0.05，**P<0.01，***P<0.001（单尾检验）。

a. 参考类别是“无职务”。

b. 参考类别是“集体”。

c. 参考类别是“无上级主管部门”。

预测方程：（1）为“人情”，（2）为“人情 + 信息”。两个方程的控制变项都是“只是信息”。

表 4—4 关系人结构地位的分布

	人数	1956—1979 年 再分配时代	1980—1992 年 双轨制时代	1993—1999 年 转型时代
N	358	37	73	248
关系人的职务/职业				
党政干部	80	43.2%	31.5%	16.5%
国企经理	87	29.7%	27.4%	22.6%
非国企所有者/经理	27	—	2.7%	10.1%
个体所有者/经理	54	—	6.8%	19.8%
专业技术人员	18	10.8%	4.1%	4.4%
无职务	92	16.2%	27.4%	26.6%
Chi - Square =44.479				
D.F. =10				
关系人的单位所有制类型				
国有	201	91.9%	76.7%	44.8%
集体	51	8.1%	9.6%	16.5%
非国有	48	—	9.6%	16.5%
个体	58	—	4.1%	22.2%
Chi - Square =47.108				
D.F. =6				
关系人单位的上级主管部门				
中央	56	27.0%	17.8%	13.3%
省市	162	67.6%	61.6%	37.1%
区、局	22	—	2.7%	8.1%
街道、处	40	—	2.7%	15.3%
无级别	78	5.4%	15.1%	26.2%
Chi - Square =42.238				
D.F. =8				

表 4—4 的最后一部分呈现了关系人单位上级主管部门的时代分布。中央和市级主管部门的关系人的比例不断下降，区/局级、街道/处级和无

级别的关系人的比例则逐渐上升。上述发现说明，当劳动力配置的中央、地方控制放松，用人单位可以直接决定时，关系人就会大量出现在直接用人的级别较低的单位。

(三) 关系人作用的动态分析

在表4—5的回归分析中，自变量是关系人的结构地位，因变量是关系资源的类别。这里有3个重要发现。第一，在3个经济体制时代，同无职务的关系人相比，国企经理更可能提供人情，而不是信息；这一发现支持了权力维续假设。但是，党政干部与其他职业/职务的关系人无显著差异，这与权力维续假设相悖。两项结果的解释是，劳动力配置的权力已从党政干部转移到国企经理手中，随着经济改革的深化，国企经理在调配劳动力方面的权力越来越大，进行人情交换的资源也越来越多。如果国有企

表4—5关系人的结构地位对关系资源的多元回归（Multinomial Regression）

	1956—1979年 再分配时代		1980—1992年 双轨制时代		1993—1999年 转型时代	
自变量： 关系人	(1)	(2)	(1)	(2)	(1)	(2)
职务/职业 a						
党政干部	1.667	1.140	0.865	0.883	0.035	0.560
国企经理	1.961	2.359*	2.000**	1.135	0.708	1.061*
单位所有制类型 b						
国有	-2.258	—	17.303***	-0.328	0.123	-1.108*
单位上级主管部门 c						
中央	2.163!	0.489	-18.034***	0.769	0.495	1.987**
省市	—	—	—	0.498	0.338	1.490***
Intercept	0.256	-17.524***	0.789	-0.067	0.507**	0.058
Pseudo R-square (Nagelkerke)	0.385		0.193		0.095	
-2 Log Likelihood	22.949		39.157		74.675	

续表

	1956—1979 年 再分配时代	1980—1992 年 双轨制时代	1993—1999 年 转型时代
Chi - square	15.225	13.569	21.546
D. F.	8	10	10
样本数	37	73	248

注：! P < 0.10，* P < 0.05，* * P < 0.01，* * * P < 0.001（单尾检验）。

a. 参考类别是“无职务”。

b. 参考类别是“集体”。

c. 参考类别是“无上级主管部门”。

预测方程：(1) 为“人情”；(2) 为“人情 + 信息”。两个方程的控制变项都是“只是信息”。

业的产权明晰问题长期得不到解决，作为代理人的经理以职位安排的方式送人情的现象就可能长期存在。

第二，与集体单位相比，国有单位关系人在双轨制时代更可能提供人情，在转型经济时代更可能提供信息。这个发现与国有单位在这两个时代所占据的不同地位有关。在双轨制时代，国有单位按照统一计划招收和调配劳动力，同时也获得了一定限度的用人自主权，为进行人情交换提供了条件。但是国有单位关系人在转型时代更可能提供信息的发现令人费解。我们的猜测是，在多数国有企业效益急剧下降的情况下，流动者通过关系人所获得的信息有可能是下岗分流、再就业或内部招工方面的。从职业介绍机构得到的信息，往往供非所需，并有重复或虚假成分，所以来自关系人的内部信息就有可能发挥特殊的作用。

第三，关于关系人的单位级别的作用，有 3 个具体结果需要说明。一是再分配时代，中央部门的关系人更可能提供人情，这符合强关系假设。二是双轨制时代，中央部门的关系人更可能提供信息，这超出我们的想象。三是转型时代，中央和省市部门的关系人更可能提供“人情 + 信息”，说明关系人的主管单位级别越高，所管辖的下属单位越多，其在工作安置中所能利用的纵向和横向关系网络越大，由此使其提供“人情 + 信息”的机会增加。这个发现支持了权力维续假设。

五　结论和探讨

（一）强关系假设继续有效，弱关系假设的解释力不强

本次调查的资料证明，强关系假设不仅在再分配体制下的职业流动中发挥着作用，而且在双轨制时代和转型时代发挥着更重要的作用。再分配体制下，社会网络的作用是通过强关系影响计划分配的具体方案，使关系使用者获得符合意愿的职业。双轨制和转型时代，强关系仍然起着人情交换的作用，但它是在劳动力市场不断扩展的条件下出现的。天津资料表明，职业流动者很少单独使用一种机制，而往往使用多种渠道，将社会网络机制与另外一种机制相结合。从这个意义上说，职业流动者具有很明显的理性选择趋向。弱关系假设在本项研究中的解释力不强，并不能说明格兰诺维特的理论有误，也许与中国劳动力市场的发展受多种因素影响有关。当中国步入完全市场化的时代，我们也许会收集到支持弱关系假设的实证数据。

（二）关于市场化、权力维续、机制共存假设的结论

支持市场化假设的发现是，在职业的资格考核（比如党政干部的政治考核和技术人员的专业考核）比较严格的条件下，流动者通过社会网络所获得的是信息，而不是人情。这一情形随着劳动力配置的市场化而不断凸显，说明越是市场化，越需要信息桥的作用。但是这一结论不能概括劳动力市场发展的一般规律，因为与市场化假设相悖的权力维续假设得到了更广泛的证明。资料表明，在向市场化迈进的过程中，强关系的作用持续上升，权力对资源的控制以及依此进行的人情交换不断强化。此外，转型时代，国企经理、中央及省市部门持续提供人情资源，而不是信息资源，这也是权力维续的反映。市场和权力的机制共存是不言自明的，但两种机制又不是平行发展、无主无次的（即机制共存假设）。天津调查预示着权力维续是主线，而市场化是副线。如果这是天津市劳动力市场不够发达的原因所致，那么进一步的研究应该对市场化程度不同的多个城市进行比较分析。

（三）体制洞假设得到证明

从双轨制到转型时代，劳动力统分统配的计划体制逐步解体，劳动力市场日益强大，越来越成为职业流动的一个正式渠道。但是劳动力市场的制度化是一个漫长的过程。资料证明，使用社会网络的流动者主要是从关系人那里获得人情，单纯通过关系获得信息的频率并未显示出增加的趋势，网络的持续作用在于提供人情。此外，作为信息桥的弱关系的使用率不但没有上升，反而表现出微弱下降的势头，而作为信任和规范基础的强关系的使用频率却随着改革的不断推进而上升。这就预示着，正在完善的劳动力市场的信息机制可能比较发达，而劳资双方的信任机制、规范机制、监督机制等存在很大的漏洞，需要人情网络或强关系来补充。所以说，强关系和人情交换的上升证明了体制洞假设的成立。未来研究应该明确界定和测量体制洞，并用量化手段分析社会网络对体制洞的弥补作用。无论作用如何，一个重要的问题是，社会网络是阻碍还是促进了劳动力配置的最优化？我们将另文讨论这个问题。

第五章　社会网络资源在职业配置中的作用

本章运用天津1999年就业调查资料探讨了社会网络资源在职业配置中的具体作用。我们的主要研究发现是：（1）人力资本和政治资本较贫乏、流动前经济地位较高的人更可能使用社会网络资源实现职业流动；（2）运用社会网络资源的职业流动者比不用者的求职效率低，但前者的目标收入却高于后者；（3）流动者运用社会网络资源从国有部门流向个体、集体、新经济部门或无主管上级的市场化的经济实体；（4）社会网络资源的运用，对劳职配置的吻合程度没有显著的影响。

自格兰诺维特的经典论著（Grannovetter，1973，1974）问世以来，社会网络资源在职业配置中的作用一直成为经济社会学的一个中心课题。但是，关于这个问题的经验研究发现并没有取得一致的结论，有时甚至是相互矛盾的。一方面，一些研究发现社会网络资源促进了劳动力的合理配置，具体表现为通过个人的社会网络渠道受雇的人获得了比其他人更相配的职位，也不太可能辞职（Datcher，1983；Decker & Cornelius，1979；Wanous，1980），他们比通过其他渠道得到工作的人较少缺勤（Greaugh，1981；Taylor & Scmidt，1983），并且获得了较高的工作表现评价（Breaugh & Mann，1984；Caldwell & Spivey，1983；Swaroff，Barclay and Bass，1985）。日本学者渡边深的东京研究发现，通过强关系比弱关系渠道找到的工作在工资、职业满意度和对公司的忠诚度等方面具有更高的质量（Watanabe，1987）。

另一方面，其他一些研究发现求职方法对于劳动力的配置并未产生直接的和决定性的影响。例如，马斯丹和赫伯特发现，使用强弱关系的求职结果之间不具有纯粹的差异，求职渠道对于工资水平也没有产生显著的影响（Marsden & Hurbert，1988）；考科拉、达科尔和敦肯（Corcoran，

Datcher & Duncan，1980）及斯泰格（Staiger，1990）分别发现，运用社会网络找到的工作仅仅具有起始工资的优势，但是这种优势却随着时间的推移而减弱。考瓦第尔认为，运用社会关系的求职者仅仅在其就业的第一年有较高的工资增长和较多的晋升机会（Coverdill，1994）。总之，上述关于社会网络资源对职业配置影响的研究主要集中在关系资源对求职者工资水平的影响，并未涉及求职效率、劳职吻合与否等重要方面。

国内近年的大量研究表明，在进城农民工的求职过程和下岗职工再就业过程中，社会网络发挥着提供信息和信誉保证等方面的作用，但是这些研究并未涉及社会网络资源与劳动力配置的关系问题（李培林，1996；彭庆恩，1996；陈阿江，1997；王汉生等，1997；王汉生、陈智霞，1998；丘海雄等，1998）。这些研究所涉及的农民工和下岗职工，在中国社会分层体系中均处于较低的位置。这些研究发现似乎印证了如下观点：利用社会关系网络实现职业流动，多是个人条件不能满足职位的要求，所以才找门路，托人情。运用社会网络资源实现职业流动，甚至成了不正之风的代名词。这意味着，社会关系网络对职业配置的作用是负面的：通过人情关系，不合格的人进入了各种职位，挤掉了称职者的机会，影响了劳动力的合理配置。那么在经济体制改革的今天，社会网络资源究竟是阻碍还是促进了劳动力的合理配置呢？

本书依据天津1999年就业调查资料对这个问题进行考察和分析。首先，我们考察哪些人是通过社会关系网络实现职业流动的，他们的个人和职业特征是否不同于没有运用社会关系网络的流动者。其次，我们分析信息和人情两种社会网络资源对流动结果的作用，包括求职效率、目标收入、流动去向、与职位的吻合程度等几个方面。在结论部分，我们将根据分析结果，探讨社会网络资源在职业配置过程中的具体作用。

进入正文之前，我们对天津1999年就业调查做简短的说明。调查地点是天津市中心6区，时间为3—4月间，共调查常住人口757户，外来人口244户，每户随机抽取一名有职业经历的成年人作为受访者（18—60岁）。常住人口样本是根据多层随机程序抽取的，涉及了12个街的36个居委会。外来人口，指调查时在天津市没有常住户口但有固定或临时工作的外地流入人口，按配额（36个居委会）和集中（聚居地）两个原则抽样。在1001名受访者中，发现了466人有职业流动的经历，发生在

1956－1999 年。这是本文的分析样本（关于 1999 年天津调查的详细情况，参见边燕杰、张文宏，2001）。

一 运用社会关系网络的职业流动者

究竟是哪些人在职业流动过程中运用了社会关系网络呢？有四种不同的判断。第一种判断是，教育程度较低、专业技能较差、平均年龄较高、从事体力劳动的人，由于自身综合素质较低，需要且可能运用社会关系网络实现职业流动。与之相反，第二种判断是，拥有较高的社会经济地位、从事白领职业、有较大权力的人，拥有较丰富的社会网络资源，为实现向上流动目标，通过社会网络获取信息和人情，所以比其他人运用社会网络的机会更多。第三种是无差异判断：每个人都生活在社会网络之中，虽然其网络资源的质量按个人的地位不同而有差别，但并不妨碍他们对社会网络的运用，所以，为达到职业流动的目标，运用社会网络的几率应无明显差异。第四种判断注重能力和需求的互动关系：处于较高的社会经济地位的人们，拥有和动员关系资源的能力较强，但对关系资源的需求相对较低；相反，处于较低社会经济地位的人们，拥有和动员关系资源的能力比较低，但对关系资源的需求却相对较高。结果是，处于社会分层体系中间位置的人们，拥有和动员关系资源的能力与需求大体平衡，成功地运用社会网络而实现职业流动的几率最高。表 5—1 显示了天津就业调查的分析结果。

对判断一的证明。与判断一有关的指标是教育水平、党员身份、党政干部职务和专业技术人员。调查发现，使用社会网络实现职业流动的比例，党员低于非党员，大专以上的低于大专以下的，党政干部和专业技术人员低于体力劳动者（见相应的 T 值或 F 值）。换言之，人力资本和政治资本较贫乏的流动者更可能运用社会关系的力量实现流动；他们在人力资本和政治资本方面的欠缺，需要社会网络来弥补。这个发现支持了第一个判断，即社会网络关系的运用与流动者的社会地位是负相关，同时也否定了党员和党政干部更可能运用关系资源的流行观点。

对判断二的证明。判断一可能成立，但是判断二也不是毫无根据的。例如，平均月收入较高的人比收入较低的人更多地运用了社会网络，说明经济地位与运用社会网络是正相关，而不是负相关。道理是，社会网络的实质是人情交换，而人情交换资源的维持和动员需要一定的经济承受能力作为基础。按这个道理推断，个体所有者/经理，新经济所有者/经理，经济承受能力较高，应在职业流动过程中比其他人更多地运用了社会网络。调查资料证明了这一点（见相应的百分比及统计检验值）。

对判断三的证明。表5—1支持第三个判断的资料是，流动者的性别、年龄、流动前单位的主管/挂靠部门的行政级别，与社会网络的运用无关。不同性别和年龄的人，虽然所生活的关系网络可能不同，关系资源的质量和性质可能存在差异，但每个人都可以动员各自的关系资源，达成职业流动的目的。同理，与主管/挂靠部门的行政层次无关的结果，说明单位行政层次的高低，不构成社会网络运用的约束。

对判断四的证明。没有任何资料直接证明判断四是成立的。我们试图用教育程度作为能力和需求的指标。从初中到研究生，关系资源使用曲线符合这个判断，即出现两端低中间高的态势。但是，小学及以下教育水平的人们，关系资源的使用比例最高，与这个判断相悖。

此外，社会网络使用者的比例在1993年以后的转型经济时代高达84.9%，而在此前的两个时代，比例均低于这个水平（边燕杰、张文宏2001，表5—1）。这个结果，与中国目前劳动力市场发展的不完善有关。在劳动力的计划分配向市场调节过渡的转型时代，旧有的机制解体了，而新的符合市场需要的劳动力配置机制还没有建立起来，这就为社会网络弥补体制断裂的空隙（即体制洞）创造了条件。

表5—1 职业流动者的结构特征

	N	使用社会网络的百分比	统计检验值
性别			T=0.792
男	287	78.0	
女	179	74.9	
流动前的教育程度			F=3.973
初中及以下	209	79.4	
高中和中专	184	78.3	

续表

	N	使用社会网络的百分比	统计检验值
大专及以上	72	66.7	
流动前的政治面目			T = 2.771
中共党员	52	65.0	
非中共党员	386	79.3	
流动前的年龄			T = 0.760
35 岁以下	337	77.7	
35 岁以上	129	74.4	
流动前的工资收入（元/月）			T = 3.300
300 元以下	211	72.0	
300 元以上	111	86.5	
流动前的职务/职业			F = 2.278
党政干部	29	62.1	
国企经理	79	73.4	
新经济类型所有者/经理	6	100.0	
个体所有者/经理	34	91.2	
专业技术人员	47	70.2	
无职务	271	78.2	
流动前的单位所有制类型			F = 3.688
国有	311	75.9	
新经济	29	69.0	
集体	87	89.7	
个体	39	92.3	
流动前的主管或挂靠部门			F = 0.712
中央	54	72.2	
省/市	218	75.2	
区/局	34	76.5	

续表

	N	使用社会网络的百分比	统计检验值
街道/处	56	82.1	
无主管或挂靠部门	104	79.8	

二　求职效率与目标收入分析

社会网络资源的效果如何呢？我们首先从求职效率和目标收入两个方面分析。运用社会网络是加长还是缩短谋职时间呢？网络使用者的目标收入是较高还是较低呢？分析结果见表5—2。

1. *求职效率分析*

所谓求职效率（search efficiency），是指流动者从开始寻找新工作到获得这份工作所用的时间。长则效率低，短则效率高。调查发现，绝大多数的流动者是在一年之内完成求职过程的，但是2%的人超过了一年。为了减少远距值效应（outlier effect），我们将超过一年的按一年计算，进行多元线性回归分析。模型中的因变量是466名职业流动者的求职效率（周），最长的为12周，最短的为1周；自变量是三个不同时代的关系资源、个人特征（性别和流动前的教育程度、政治面目、年龄和年龄的平方），以及流动后的工作部门特征（所有制类别和主管/挂靠部门的行政层次）。下面分别叙述具有统计推论意义的三项发现。

第一，模型I证明，运用关系资源的流动者比不用者的求职效率低。不用关系资源，流动者平均用8周多找到和接受新工作（截距系数）；而用关系资源将增时3—11周。1980—1992年间，运用信息或人情资源，分别增加6周多；运用“人情+信息”双重资源，增加近11周。差异相当大。为什么呢？因为动员关系资源需要时间，而动员的关系资源越多所需时间越长。调查结果显示，从社会网络获得信息资源的流动者平均使用了2.96个关系人，获得人情资源的使用了2.33个关系人，获得“人情+信息”双重资源的使用了2.95个关系人，其中间接关系的比例分别为12.7%，19.9%和21.3%。使用关系人越多，间接关系越多，中介环节就越多，求职效率也就越低。加之，经济改革以来，信息和人情资源渠道是逐渐分离的，即信息和人情可能来自不同的关系人，动员两种资源，要花费额外的时间。

第二，模型Ⅰ还显示，1993 年劳动力市场开放以后，通过社会网络谋职的效率大大提高，增时幅度减少到 6 周以内。这说明，劳动力市场越开放，行政关卡越少，使用关系改变职业也不那么费时了。同时应该看到的是，社会网络的作用在三个时代的变化。再分配时代和双轨制时代，社会网络的作用主要体现在打破计划分配体制的许多限制，比如请关系人解决劳动力配额问题，促使原单位放人，要求新单位接收等（Bian，1994，1997）。而在转型时代，社会网络的功效则主要表现为对市场机制的渗透，即通过信息和人情关系增加求职者与雇主之间的了解和信任。

第三，模型Ⅱ证明，无论是哪个经济时代，单位的主管部门级别越高，谋职所需时间就越长。具体来说，与无主管部门的组织相比，中央级单位增加 12 周，省市级和区局级单位增加 4 周，街道单位略有增加。因为主管部门的级别越高，经过的科层制审批程序越复杂，这必然需要较长的时间来运作。与此相反，无上级主管/挂靠部门的企业，是市场化的产物。这些企业在劳动力配置中的自主权，表现在职位设置、招工聘任、中止和改变合同等方面具有直接的决定权，因此可以提高谋职效率。此外，模型Ⅱ还证明，流动前的教育程度、政治面目、年龄、性别和流动后的单位所有制类别对求职效率没有影响。

表 5—2　　　　求职效率与目标收入的线性回归分析

自变量	求职效率（周）		目标月收入（元）	
	模型Ⅰ	模型Ⅱ	模型Ⅰ	模型Ⅱ
	（未标准化系数）	（未标准化系数）	（未标准化系数）	（未标准化系数）
1956—1979 年 a				
信息	5.773	7.435	-1320.4	-972.6
人情	5.200	3.486	-1943.7	-1559.2
人情 + 信息	4.340	5.025	-2181.5	-1678.1
1980—1992 年 a				
信息	6.633**	7.222**	3192.9	2237.2

续表

自变量	求职效率（周）		目标月收入（元）	
	模型 I	模型 II	模型 I	模型 II
	（未标准化系数）	（未标准化系数）	（未标准化系数）	（未标准化系数）
人情	6.267***	6.207**	273.9	-594.9
人情+信息	10.716***	10.015***	-1267.5	-1537.1
1993—1999 年 a				
信息	1.412	2.173	4684.6***	2147.1**
人情	3.255**	3.140	2239.8*	-336.9
人情+信息	6.810***	5.414***	3344.2***	1763.2**
流动前教育 b				
高中		0.816		319.9
中专/技校（职高）		0.929		206.3
大专及以上		0.661		-795.0
流动前政治面目（党员=1）		-2.754		811.9
流动前年龄		0.420		271.2
流动前年龄平方		-0.004		-4.223
性别（男=1）		1.519		-784.3
求职效率				-29.5
流动后单位所有制 c				
国有		-1.839		-917.1
新经济		2.055		244.8
个体		0.895		5766.3***
流动后主管部门级别 d				
中央		12.016***		66.9
省市		4.044**		-1024.0
区/局		4.084**		168.7

续表

自变量	求职效率（周）		目标月收入（元）	
	模型Ⅰ	模型Ⅱ	模型Ⅰ	模型Ⅱ
	（未标准化系数）	（未标准化系数）	（未标准化系数）	（未标准化系数）
街道/处		1.898		2366.6***
常量/截距	8.560***	-4.845	4453.7***	164.933***
R^2	0.063***	0.142***	0.092	0.280
F 检验	3.435	3.169	5.126***	7.151***
D. F.	9	23	9	24
N	466	466	466	466

注：* P<0.05，** P<0.01，*** P<0.001（单尾检验）。

a. 参考类别分别是“该年代未使用关系网络的流动者”。

b. 参考类别是“初中及以下”。

c. 参考类别是“集体”。

d. 参考类别是“无主管或挂靠部门”。

2. 目标收入分析

所谓目标收入，是指从事某种职业可能获得的最高收入。天津就业调查的1001名被访者，从事30类职业，每个职业的最高货币工资即为本文所说的目标收入。因为未计算住房和实物补贴等非货币性的福利收入，这个目标收入仅仅反映了调查时天津市从事不同职业的被访者的最高月收入情况。资料发现，最高目标收入为每月20000元，最低为600元。从目标收入的线性回归分析模型中，我们报告有统计推论意义的两项发现。

第一，转型时代，用网络中的目标收入高于不用者，说明了关系资源的效果。具体说，获得信息的流动者的目标收入最高，获得人情的目标收入最低，获得“人情+信息”的目标收入居中。（再分配和双轨制时代，这些效果统计上不显著。）模型Ⅰ的数据表明，不用网络资源的流动者，目标收入为4454元（截距系数），用人情资源的目标收入增加2240元，用“人情+信息”资源的增加3342元，用信息资源的增加4685元。这组数据说明，虽然不用网络资源能够较快地变换工作，用关系资源可以找到一份收入较高的职业。这个结果印证了与格兰诺维特的经典发现：将近一半通过关系找到新工作的人在1969年的收入超过了MYM15000，而通过就业服务机构和广告找到新职位的人比前者低1/3，直接申请职位的人的收入则低1/5（Granovetter，1974：14）。为什么流动者不惜时间和精力去动员关系资源，就不难理解了。关于信息资源可以导致最高的目标收入，我们在“劳职吻合”一节中再作分析。

第二，关系资源的作用，在很大程度上是通过所有制和单位级别而发生的。模型Ⅱ显示，当这两组变量以及流动者特征进入回归模型之后，三类关系资源的系数成倍减少，说明关系资源的用途是为了进入某种所有制或某个级别的单位，从而谋求目标工资较高的职业。同集体所有制单位相比，流动到个体所有制企业，目标收入高出近6000元；流动到街道级企业，目标收入高出近2400元。个体的目标收入高，可能与个体业主货币收入高有关。街道级企业的目标收入高，说明这些企业可能把税后利润的大部分用于支付工人的工资，而不像中央和省市级别的国有单位，非货币收入相对较高。这就要求我们分析职业流动的去向问题。

三　职业流动去向的分析

1. 所有制类型的流动去向

表5—3的多元回归分析（Multinomial Regression），因变量是所有制类型。方程Ⅰ为“国有部门”；方程Ⅱ为“新经济部门”；方程Ⅲ为“个体部门”，比较类别均为“集体部门”。有四项结果值得报告。

第一，从关系资源的作用看，双轨制时代，接受“人情+信息”资源的被访者更可能流向国有部门，而不是流向集体部门。但这种趋势在转型时代发生了根本的变化：三种关系资源的作用都帮助流向集体，而不是国有部门。在集体和新经济部门之间，获得信息和人情资源的大多流向集体部门。在集体和个体之间，获得这两种关系资源的流向个体，而不是集体（与双轨制时代一致）。如果关系资源的运用是流动意向和结构约束双重力量的结果，那么按关系资源运用的成功率排列的所有制部门分别是：个体、集体、新经济、国有。在这个排列中，个体是流入意向高的，国有是流入意向最低的，集体是对关系资源运用的限制较少的，而新经济可能是限制较多的（如进入外资企业与人情资源的多少似乎无关联）。

第二，从个人特征来看，女性以及具有中专教育程度和中共党员身份的人，流向国有，而非集体部门；大专教育程度的流向新经济，而非集体；中专和大专以上的流向集体，而非个体。用各种教育程度的影响来排列经济部门，顺序是新经济、国有、集体、个体。这个顺序说明了新经济部门对人力资本的吸引，表明了该部门的活力。中共党员更可能流动到国有部门，表明国有部门仍然需要政治忠诚，以使改革以来有所衰弱的权力得以维续（Walder，1995；Bian & Logan，1996）。

第三，从部门流动看，国有部门的系数都是负的，说明总的趋势是流出国有，到新经济、集体和个体谋求职业。新经济部门的系数都是正的，说明总趋势是流入该部门。个体的系数也都是正的，多为统计不显著，但有一个趋势是十分明显的：当个体部门的人流动时，流向的部门却是个体。流动的总趋势是国有萎缩，新经济膨胀，个体是自我繁衍和略有增加。

第四，原在中央级主管部门工作的更多地流向国有单位，而省市级的则更多地流向新经济部门。换言之，在中央级单位工作的人更多的是在体制内流动，而在省市级单位工作的人的职业变动多数是跨体制的。

表 5—3　职业流动的单位所有制去向的多类别回归分析（Mutinomial Regression）

自变量	方程Ⅰ	方程Ⅱ	方程Ⅲ
1980—1992 年 a			
信息	0.511	-18.528	2.079*
人情	0.628	-1.036	1.642
人情+信息	2.206**	1.436	2.132
1993—1999 年 a			
信息	-1.666***	-1.132*	1.503**
人情	-1.776***	-1.041**	1.721**
人情+信息	-1.540***	-0.056	0.954
流动前教育 b			
高中	0.577	0.485	0.395
中专/技校（职高）	1.020***	0.576	-1.615**
大专及以上	0.686	1.329***	-1.994*

续表

自变量	方程Ⅰ	方程Ⅱ	方程Ⅲ
流动前政治面目（党员 =1）	0.812**	-0.851	-0.065
流动前年龄	0.152	0.277	0.064
流动前年龄平方	-0.002	-0.005*	-0.001
性别（男 =1）	-0.802***	0.268	0.009
求职效率	-0.005	0.004	-0.003
流动后单位所有制 c			
国有	-0.782*	-1.025*	-2.143***
新经济	2.723***	2.867***	1.556
个体	0.968	1.357	3.415***
流动后主管部门级别 d			
中央	1.568***	0.778	0.838
省市	0.727	1.106*	0.490
区/局	-0.472	0.804	-0.049
街道/处	-0.229	-0.201	-0.093
Intercept	-1.858	-4.915	-1.970
Pseudo R - Square		0.634	
(Nagelkerke) -2Log Likelihood		790.479	
Chi - Square		411.141	
D. F.		72	
N		466	

注：* P<0.05，** P<0.01，*** P<0.001（单尾检验）。

3个回归方程中的比较类别均是“集体”，方程Ⅰ为“国有”；方程Ⅱ为“新经济类型”；方程Ⅲ为“个体”。

a. 参考类别分别是“该年代未使用关系网络的流动者”。

b. 参考类别是“初中及以下”。

c. 参考类别是“集体”。

d. 参考类别是“无主管或挂靠部门”。

2. 单位主管部门流向的分析

在表5—4的多元回归分析模型中，因变量是单位主管或挂靠部门的级别，方程Ⅰ为“中央级”；方程Ⅱ为“省市级”；方程Ⅲ为“区局级”；方程Ⅳ为“街道/处级”，比较类别均为“无主管或挂靠部门”。有三项结果报告。

第一，使用关系资源的人更多地流向无主管部门的企业。时代差异是明显的。双轨制时代是信息资源，因为那时招工招聘的信息还不公开，主要是通过强关系获得的（边燕杰、张文宏，2001）。在转型时代，信息公开了，但是由于下岗产生的就业压力，迫使人们运用各种关系资源向无主管部门的市场化企业流动。由此也说明这些新生经济实体在吸纳劳动力方面发挥着越来越重要的作用。

第二，男性流动者、流动前具有中专学历的人、原在国有和个体就业的人，更多地流向无主管部门的企业。受国有企业效益普遍低下的影响，流动前在国有企业就业的人，多数流向了非国有企业，以解决自己的生存和发展问题，实现了跨体制的流动。而原来在个体企业工作的人，多数是以体制内流动的方式变换工作。

第三，流动前在中央、省市、区局和街道/处级主管部门工作的人更多地流向同级别单位，而不是无主管部门。对调查资料的另一项分析表明，中央、省市、区局、街道、无主管/挂靠部门就职的人，在级别内的流动比率分别是64.1%、65.2%、50.0%、52.2%、48.2%。这说明单位级别仍是重要的结构约束。

表5—4 职业流动的单位主管部门去向的多类别回归分析（Mutinomial Regression）

自变量	方程Ⅰ	方程Ⅱ	方程Ⅲ	方程Ⅳ
1980—1992年a				
信息	-1.460	-1.666*	-1.298	—
人情	-0.224	-0.533	0.152	-0.234
人情+信息	0.026	-0.674	0.062	—
1993—1999年a				
信息	—	-2.016***	-1.018	-0.543
人情	-1.224	-1.951***	-0.106	0.774

续表

自变量	方程Ⅰ	方程Ⅱ	方程Ⅲ	方程Ⅳ
人情+信息	-1.248	-1.673***	-0.550	0.384
流动前教育 b				
高中	0.960	0.294	0.073	-0.406
中专/技校（职高）	1.439*	0.640	0.741	-1.493***
大专及以上	2.640***	1.487**	1.090	-0.783
流动前政治面目（党员=1）	1.664**	0.913	0.333	-1.397
流动前年龄	0.244	0.133	0.351*	0.122
流动前年龄平方	-0.004	-0.002	-0.005*	-0.375
性别（男=1）	-1.219**	-0.513	0.029	-0.375
求职效率	0.004**	-0.007	0.006	0.009
流动后单位所有制 c				
国有	0.275	-1.009*	-1.024	0.017
新经济	0.907	0.043	-0.463	0.530
个体	1.131	-1.724**	0.041	-0.468
流动后主管部门级别 d				
中央	23.028***	21.378***	22.194***	—
省市	0.437	2.793***	2.165***	1.045*
区/局	—	1.137	3.020***	0.963
街道/处	1.494	1.179*	2.076***	2.588***
Intercept	-5.579*	-1.020	-6.973	-2.854
Pseudo R-Square		0.660		
(Nagelkerke)		866.094		
-2 Log lokelihood		452.670		
Chi-Square D. F.		96		
N		466		

注：* P<0.05，** P<0.01，*** P<0.001（单尾检验）。

4个回归方程中的比较类别均是“无主管或挂靠部门”，方程Ⅰ为“中央级”，方程Ⅱ为“省市级”，方程Ⅲ为“区/局级”，方程Ⅳ为“街道/处级”。

a. 参考类别分别是“该年代未使用关系网络的流动者”。

b. 参考类别是“初中及以下”。

c. 参考类别是“集体”。

d. 参考类别是“无主管或挂靠部门”。

四 劳动力与职业的吻合程度的分析

运用社会网络机制能否实现劳动力配置的最优化呢？优化配置就是实现职遇其人、人尽其才、才尽其用。我们这里分析的是职遇其人的过程以及社会网络资源的作用。职遇其人，就是职位由符合条件的劳动力来填充，即职位的要求与入职者的条件相吻合，简称“劳职吻合”。劳职吻合的反面是“劳职脱节”。由于雇主对职位的要求是多方面的，测量劳职吻合的程度不是没有困难的。但是，人力资本理论告诉我们，教育培训和工作经验是两个最重要的入职条件。

我们在天津调查中询问了有关劳职吻合程度的问题，概括为 3 种情况。第一，如果流动者入职前的教育程度和工作经验与雇主的要求一致，这种流动结果属于“劳职吻合”。第二，如果流动者入职前的教育程度和工作经验与雇主的要求不一致，这种流动结果属于“劳职脱节”。第三，如果雇主对于谋职者的教育程度和工作经验没有明确和具体的要求，其职位是无明确要求的职位，那么劳职吻合的程度也无从谈起，我们将这种情况界定为“劳职无关”。为此，职位吻合程度变量有 3 个类别，即劳职吻合、劳职脱节和劳职无关。

在三种流动结果中，劳职吻合是比较理想和比较优化的职业配置结果。所以，我们在回归分析中将劳职吻合作为比较基准，分别与劳职脱节和劳职无关进行比较。表 5—5 显示的三个模型反映了我们的分析步骤。第一步，分析关系资源在职业配置中的作用。第二步，在控制关系资源变量的条件下，分析个人特征变量对职业配置的影响。第三步，在控制以上变量的条件下，分析所有制和主管部门的结构约束变量的影响。我们分别叙述和解释这三步的分析结果。

1. 关系资源的作用（模型Ⅰ的结果）

有两个发现。第一，在劳职吻合和劳职无关之间，关系资源的作用是帮助流动者进入劳职无关的职位，而不是劳职吻合的职位，并且在三个经济时代都是同样的结果（虽然具体的关系资源的作用大小在三个时代发生了变化）。第二，在劳职脱节与劳职吻合之间，关系资源无显著作用。换言之，关系资源对进入这两种职位的作用大小都是一样的。前一个发现说明，当职位没有明确要求时，社会网络资源就将发挥作用；后一个发现说明，社会网络的作用不是负面的，因为既没有降低劳职吻合程度，又没有提高劳职脱离程度。

为什么当职位没有明确要求时社会网络资源的作用就凸现出来了呢？我们认为，信息和人情资源的作用性质是截然不同的。通过社会网络得到信息资源，求职者就可以较为详细地了解没有明确要求的职位的情况，并且将个人的能力和经验介绍给雇主。所以，信息资源主要是帮助人力资本和政治资本较高的申请者。对这一解释，表 5—5 的模型Ⅱ提供了证明：当教育和党员身份进入模型之后，信息资源的系数不再显著，说明它的作用是以教育程度和党员身份为条件的。人情资源的作用就不完全这样。通过人情交换，各种背景的人们都可以进入没有明确要求的职位，虽然低教育程度和无政治资本的人更可能从这方面努力。由于下岗造成的就业压力，背景较好、地位较高的人，也会通过人情关系寻找职业。这意味着，即使当教育和党员身份等变量进入模型之后，人情资源的影响依然存在。分析结果确实如此（见模型Ⅱ“人情”系数）。

2. 个人特征变量的影响

年龄的系数是负的：年轻人多进入无明确要求的职位，年老一些的人多进入吻合职位。中共党员和中专以上教育程度的被访者更可能找到劳职吻合的职位，而不是劳职无关和劳职脱节的职位。这个发现表明，一方面，政治资本在职业配置上仍然起着正面作用；另一方面，教育程度是提高优化配置的力量。中专以上学历，标志着人们受过系统性的专业训练，又有从事技术工作的经验，从而使其在职业流动中更容易找到与本身条件相吻合的理想职业。这个趋势代表着中国未来劳动力流动和配置的方向。

3. 单位结构特征的影响

所有制类型无任何影响，说明所有制改革并不能单方面提高职业配置的合理化。但是主管部门的影响是非常明显的。具体地说，与无主管部门相比，进入区局级以上单位的被访者更可能找到吻合职位，而不是劳职无关的职位。这个发现的意义在于，一般来说，区局级以上的职位在教育程度和工作经验方面大多有明确的规定和要求，而对街道/处级及其以下（包括无主管部门）的职位的要求则不那么严格和具体。这说明单位主管部门的行政级别的意义，不仅体现在职业的社会声望方面，而且表现在对求职者的教育背景和工作经验的具体规定方面。

五　结论与讨论

依据天津1999年就业调查，我们探讨和分析了社会网络资源在劳动力配置中的作用，现将研究结论概括如下：

第一，运用社会网络资源，是一个费时费力的过程，所以降低了求职效率。运用关系资源的流动者，大约多用了3—11周的时间完成职业流动。这时发现有两个不同的暗示。其一，如果流入的职位是早已存在的，那么问题的实质是减少求职困难，创造更加充分的信息渠道，使更多的人在更短的时间内完成职业流动的过程。其二，有些流入的职位并非事先存在，只是由于社会网络资源的使用而创造出来的，而创造职位是一个过程，所以才增加了职业流动的时间。在这种情况下，社会网络是减少失业或增加就业的社会稳定机制。

第二，运用社会网络资源，虽然降低了求职效率，但提高了求职者的目标收入：当个人条件和职业背景一致的前提下，运用社会网络资源进入的职业，比未用网络资源进入的职业，目标收入平均每月高出1700—2000多元。从求职者的角度看，运用社会网络获得职业信息，是一个理性行为。

表5—5　职业配置结果的多类别回归分析（Mutinomial Regression）

自变量	模型Ⅰ		模型Ⅱ		模型Ⅲ	
	（1）	（2）	（1）	（2）	（1）	（2）
1956—1979年a						
信息	2.148*	0.750	1.687	0.107	1.820	0.227
人情	-0.377	-0.859	-0.674	-1.068	-0.394	-0.909
人情+信息	-0.021	-0.348	0.107	-0.508	0.167	-0.387

续表

自变量	模型Ⅰ		模型Ⅱ		模型Ⅲ	
	(1)	(2)	(1)	(2)	(1)	(2)
1980—1992 年 a						
信息	0.251	0.345	0.327	0.039	0.173	-0.068
人情	0.790	0.271	0.518	0.073	0.467	-0.004
人情 + 信息	1.718***	0.750	1.557***	0.366	1.649**	0.432
1993—1999 年 a						
信息	1.404***	0.568	0.847	0.165	0.602	-0.108
人情	1.059***	0.432	0.801*	0.233	0.601	-0.120
人情 + 信息	0.062	0.135	-0.083	0.045	-0.112	-0.119
流动前教育 b						
高中			-0.652*	-0.233	-0.549	-0.092
中专/技校（职高）			-1.035***	-1.135***	-0.975***	-0.934***
大专及以上			-2.156***	-1.996***	-1.827***	-1.694***
流动前政治面目（党员 =1）			-0.891**	-0.019	-0.808*	0.085
流动前年龄			-0.298***	-0.018	-0.266***	-0.005
流动前年龄平方			0.004***	0.000	0.004***	-0.000
性别（男 =1）			-0.133	-0.255	-0.213	-0.301
求职效率			0.008	0.003	0.019	0.009
流动后单位所有制 c						
国有					0.150	-0.059
新经济					-0.538	-0.381
个体					-0.164	0.285

续表

自变量	模型Ⅰ		模型Ⅱ		模型Ⅲ	
	(1)	(2)	(1)	(2)	(1)	(2)
流动后主管部门级别 d						
中央					-2.211***	-0.911
省市					-1.024**	-0.331
区/局					-1.169**	-0.055
街道/处					-0.333	0.550
Intercept	-0.539**	0.348	5.202***	1.721	5.538***	1.711
Pseudo R - Square	0.068		0.227		0.268	
(Nagelkerke)						
-2 Log lokelihood	71.298		874.060		864.087	
Chi - Square	28.817		103.969		125.844	
D. F.	18		34		68	
N	466		466		466	

注：* P<0.05，* * P<0.01，* * * P<0.001（单尾检验）。

在3个预测模型中，比较类别均是“理想配置的职业”，方程Ⅰ为“无明确要求的职业”；方程Ⅱ为“非理想配置的职业”。

a. 参考类别分别是“该年代未使用关系网络的流动者”。

b. 参考类别是“初中及以下”。

c. 参考类别是“集体”。

d. 参考类别是“无主管或挂靠部门”。

第三，运用社会网络资源，帮助求职者流出国有部门，流向个体、集体、新经济部门，流向无政府主管的市场化的经济实体。这种趋势在1993年以后的转型时代最为明显，说明社会网络的作用是与经济改革的主流相一致的。

第四，社会网络资源的运用，对劳动力与职位的吻合配置没有正面的或负面的影响：不促进劳职吻合的优化配置，也不促进劳职脱节的非优化配置。但是，调查发现，许多职位是没有明确要求的，社会网络资源的运用，帮助两种人进入这些职位。第一种人是人力资本和政治资本都较高的流动者，他们通过社会网络获得信息资源，克服了劳动力市场信息不对称的困难，在新经济和个体部门找到无明确要求的、但目标收入又极高的职位。第二种人是各种背景的流动者，他们通过社会网络获得人情资源，结果是流入各类无明确要求的职位。可以想见，这些职位中的一部分，是由于人情网络而创造出来的。果真如此，人情网络是减少待业和失业，促进下岗分流的有效机制。这最后一点，有待进一步验证。

第六章　城市居民社会网络的阶层构成[①]

一　研究主题与文献回顾

作为探讨社会结构的两种不同范式，社会网络分析和阶级阶层分析是相互对立、相互替代抑或是相互补充、相互完善的，学术界一直存在着争论（Mitchell，1969：1－50，1973：15－36；Blau，1982：273－279）。社会阶级阶层被界定为人们在不同位置上的分布。这种位置研究方法将社会描述为由相互隔离或断裂的、彼此不联系的、具有不同利益和拥有不同资源的群体组成的结构。阶级分析将财产、权威和技能视为不同的资源，并用它们来界定当代资本主义社会的阶级界限（Wright，1997）。与此相比较，以网络分析为代表的关系研究方法，集中分析建立在阶级类别基础上的个人和群体之间的正式或非正式的社会联系，其焦点在于确认社会关系的模式，评估社会网络位置内部和之间社会联系的程度。社会网络分析强调资源调用——这是阶级封闭的一种关键机制——的动态过程。与阶级阶层分析相比，社会网络分析是一种更具包容性的研究策略，它超越了孤立的位置分析，转向探讨位置之间的社会关系和社会距离（Bian et al.，2003）。借用米切尔（1973：15－36）和布劳（1982：273－179）的说法，笔者也认为网络分析和阶级阶层分析并不是相互对立和相互替代的研究范式，而是相互补充和相互完善的两种各具优势的理论模型。

本章将运用2000年夏天在北京城区进行的大规模调查资料，从阶级

① 本章修改自发表于《社会学研究》2004年第6期上的同名论文（张文宏、李沛良、阮丹青）。

阶层的视角出发，首次探讨中国城市居民社会网络的阶层构成模式。通过对北京城市居民社会网络构成的阶层趋同性、阶层异质性和跨越阶层界限的网络选择等主要指标的描述，我们将概述阶层地位影响城市居民社会网络构成的一般模式。在与西方社会学家的相关研究发现进行比较的基础上，我们主要运用“社会交往的机会与限制理论”解释北京调查的有关发现。

在社会学界，从阶级阶层的视角分析人们的社会网络构成模式的成果并不多见。造成这一状况的原因，一方面可能与社会网络分析者所倡导的“反对类别分析”的坚定立场有关（Wellman，1988）；另一方面可能是阶级阶层研究者忽视了社会网络分析者的有关成果。在西方社会学家仅有的几项研究中，研究者均是将关系密切的朋友网络作为分析的焦点（例如，Laumann，1966，1973；Goldthorpe，1987；Wright and Cho，1992：85－102；Wright，1997）。劳曼（1966）在其经典研究中发现，无论是任何阶级的成员，各个层次上的男性最可能从自己或邻近阶级的成员中选择亲密朋友，这个趋势在两个极端（即顶层阶级和底层阶级）表现得最为明显。但是阶级内部选择的趋势在中间阶级中则比较微弱。大体来说，跨越体力与非体力阶级界限的朋友选择在1/4左右。后来，劳曼的上述发现在另一项研究中（Laumann，1973）再次被证实。这个发现被概述为同质性原理，即两个人在地位、态度、信仰和行为方面越类似，越可能形成密切或一致的关系。根据这种理论，占据类似社会经济地位的人通过有价值物品（包括信息与情感交流）和服务的互惠交换促进了密切关系的形成。此外，占据类似社会、经济和政治位置的人享有相似的社会价值观，他们面临着类似的问题，并对他人产生相同的期待，因此也将采取相近的行为。这些共享的价值、问题和期待，为其共同利益提供了基础。此外，劳曼在其1966年的研究中还证实了“声望性假设”：不管自己的职业地位或阶级身份如何，人们有时倾向于与较高职业地位或阶级身份的人建立密切的社会关系（Laumann，1966：53）。

以阶级分析见长的社会分层研究者也在其主要的研究旨趣之外关注到阶级地位对社会网络的影响。例如，当代新韦伯主义的代表人物戈德索普（1987：179－180）对1972年英国社会流动调查资料的分析发现，各阶级之休闲伙伴的群内选择倾向尤其明显。服务阶级（service class，即行政管理人员、专业技术人员、大雇主和企业经理及主管）、中间阶级和工人阶级的自我选择比例在36%到65%之间；新马克思主义的领军人物赖特（Wright and Cho，1992：85－102；Wright，1997）对于西方4国朋友网络阶级渗透性研究的主要发现是：第一，所有权界限最不容易跨越，意味着拥有生产资料所有权的雇主和无产权的雇员不可能在社会交往中成为好友。第二，专业技能界限比较容易渗透，说明是否拥有专业技能的专业人士与非专业人士有可能成为关系密切的朋友；第三，权威界限最容易渗透，表明是否拥有管理决策权并不构成社会交往的障碍。所有权界限最不容易跨越的发现，与传统马克思主义的关于阶级剥削和阶级利益的理论预测完全吻合。但是，关于专业技能和权威界限渗透性的研究发现，则与布丢的阶级惯习（habitus）理论（Bourdieu，1984，1987）及社会交往的机会结构论点（Laumann，1966，1973）一致。

在华人社会，熊瑞梅等（1992：107－138）较早涉及阶级阶层对社会网络结构特征的影响这个主题。她对台湾地区小资本阶级社会资源状况的研究表明，小资本阶级与受雇阶级的网络中均拥有差别不大的受雇阶级网络资源，表明台湾在劳动力市场的经济行动中不存在明显的阶级樊篱。受赖特有关研究的影响，台湾社会学者从各职业阶层间的社会网络来探讨阶级结构及其相关的阶级界限。研究发现，专业技术管理与佐理人员、工人、农民，其最好朋友绝大多数均为与本人同阶级者，这显示出友谊网络所具有的高度封闭性和群内选择倾向（孙青山、黄毅志，1997：57－101）。一项关于台湾地区社会流动、社会网络与阶级意识的研究发现，工人阶级不仅很可能在本阶级内部建立密切的关系网络，而且对工人阶级有较强的认同感（黄毅志，1999：42－73）。另外一项关于台湾跨越社会群体结构性社会资本的比较分析指出，就跨越社会界限的交往关系来说，在以族群、性别、文化资本和社会阶级四种社会类别中，以跨越社会阶级的交往关系所占的比例最高（53.3%），其次为文化资本、族群和性别。其中向上实现阶级跨越的占66.6%，向下跨越的占33.4%，这反映出劳曼等发现的社会网络建构的声望性原则或“上攀”效应也存在于台湾社会（陈东升、陈端容，2001：

459 - 511）。

最近几年，边燕杰将研究的视角集中于中国城市各阶层的社会网络资本和关系资本。边燕杰（2001：275 - 296）对中国四城市居民饮食网络（networks of social eating）的研究发现，大量非家庭关系和工作关系进入城市居民的日常饮食网络，饮食伙伴（eating partners）的选择集中于干部、专业人员和工人的社会阶层内部，这些现象说明饮食伙伴的选择受到明显的阶层差异的支配，意味着中国的关系资源不太可能跨越阶级界限被动员。边燕杰（2003）在其最新研究中按照产权、管理权、专业技能三重标准将城市居民分为行政领导、经理、专业技术、办事人员、技术工人、雇主、自雇和非技术工人8个阶层。他对1999年中国五城市居民拜年网的分析显示，雇主和自雇阶层与领导层、经理层和知识层的联系很可能是暂时性和交易性的，是一种非社会性的交往，随时可以中断，很难转化为稳定的网络联系和社会资本，所以没有包括在具有较高情感和行为投入的核心“拜年网”中。阶级阶层地位限制了人们自由地拓展社会网络和积累社会资本。边燕杰等（Bian et al.，2003）对1999年调查资料的进一步分析发现，相同职业的城市居民家庭之间更可能相互拜年，说明了网络构建的阶层内选择倾向。而不同职业的家庭之间的互访则显示出阶级界限的跨越效应。尤其明显的是，在工人与其他阶层之间存在着重要的区隔倾向。在非工人阶层内部，存在着专业技术人员与行政管理人员、经理人员之间的隔离，行政官员与经济行动者（如企业主、公司法人等）之间也存在着界限明显的阶层樊篱。

总结以上国内外有关阶级阶层影响社会网络构成的阶层模式的研究，可以发现：第一，无论是在密度较高和规模较小的朋友网络和社交网络中，还是在密度较低和规模较大且具有一定工具性功能的饮食网络和拜年网络中，发挥中心作用的主要是同质性原则，即阶级阶层地位相同或类似的人最有可能成为社会网络的核心成员；第二，跨越阶级阶层界限的网络建构虽然时有发生，但是并不是一种主导趋势，主要发生在中间阶层当中。

二　研究架构、研究假设和研究设计

（一）研究架构

以往的研究表明，人们的社会特征（如教育、职业和收入与家庭背景等）直接影响到人们的阶级阶层地位（Marsden，1987：122－131；Ruan，1993）。同时，相关的研究也发现，人口特征（如性别、年龄、婚姻地位等）对人们的社会网络构成产生了不同的影响（Fischer，1982；Moore，1990：726－735；Van der Poel，1993；Ruan，1993）。为了检验阶层地位对社会网络构成的单独解释力，在具体的分析模型里，我们均把性别、年龄、婚姻地位等社会人口特征作为控制变项引入回归方程。

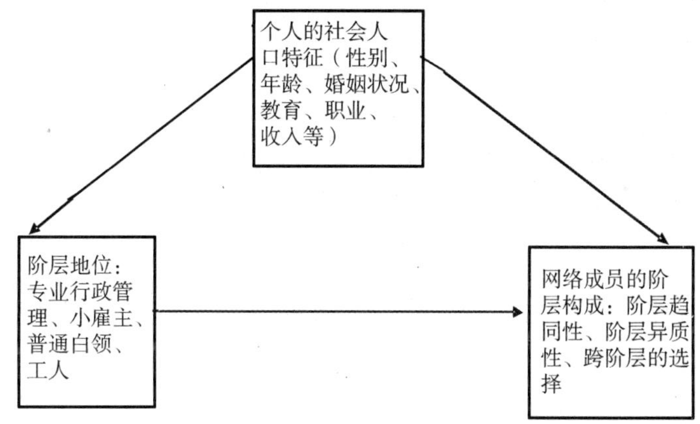

图 1　本章的研究架构

（二）研究假设

根据以上研究架构和以往的理论模型与研究发现，我们提出的中心假设是：在核心社会网络的建构过程中，同质性原理将作为关键的机制发挥主导作用。同时，在跨越阶层界限选择网络成员时，人们将遵循着社会距离原则，选择阶层地位类似的社会成员。关于网络成员的阶层构成，我们提出以下 3 个具体的研究预测：

假设 1：根据社会交往的同质性原理和社会交往的机会与限制理论

(Laumann，1973；Blau and Schwartz，1984)，社会地位结构为人们的社会交往提供了机会或限制，从而使得地位一致的群内交往比群外交往更普遍。因此，在城市居民核心社会网络的建构中，我们预测：所有阶层的成员均具有较强的阶层内选择倾向。换言之，各阶层在讨论网成员的选择过程中均显示出一种很强的自我选择趋势——简称“群内选择假设”。

假设2：按照社会交往的同质性原理和社会交往的机会与限制理论，有着近似社会地位的人们之间的社会交往比其地位差异较大的人们之间的交往更普遍，在跨阶层的讨论网成员的选择中，社会距离较近的邻近阶层的选择将高于跨越几个阶层类别的选择——简称“社会距离假设”。

假设3：按照社会交往的机会与限制理论，处于中间位置的小雇主和普通白领阶层，将比位于阶层结构顶端和底层的专业行政管理人员和工人的阶层异质性更高、阶层趋同性更低。换言之，专业行政管理阶层和工人阶层的群内选择倾向更明显，而小雇主和普通白领阶层的跨阶层选择网络成员的倾向更明显——简称“中间阶层的跨越效应假设”。

（三）资料来源和抽样设计

本文的资料来自2000年7—8月在北京城市地区进行的大规模问卷调查。抽样程序如下：第一，首先按照概率比例抽样方法（probabilities proportional to size，PPS）从北京市中心和近郊8个区抽取12个街道作为初级抽样单位（PSU）。第二，根据PPS方法从每个被抽中的街道选取4个居民委员会。第三，从被抽中的48个居委会中按照简单随机原则获得1677个住宅地址作为调查样本，再从被选中的住宅中按照随机数表选择被访户。第四，在选定的被访户中，由访问员按照基什网格法（Kish Grid）选择合适的被访者，最终成功访问了1004位18岁以上的在职或退休的城市居民。从表6—1可以看到，除了年龄分布以外，样本和总体在性别、婚姻状况、教育、职业和工作单位所有制等指标的分布比较接近，说明本次调查具有相当的代表性。

表 6—1　　　　样本基本资料与北京市统计资料的对比

指标	样本/%	总体/%	指标	样本/%	总体/%
性别 1			教育程度 3		
女	53.5	50.1	小学及以下	13.2	20.8
男	46.5	49.9	初中	27.7	32.4
N	1004	6579000	高中/中专/技校	33.3	26.3
			大学专科以上	25.8	20.5
			N	1003	8972
年龄 2			职业 2		
18—29 岁	10.5	29.2	国家机关党群组织事业单位负责人	6.2	6.5
30—39 岁	18.3	32.7	专业技术及辅助人员	32.8	19.9
40—49 岁	28.9	27.2	办事人员和有关人员	13.4	12.3
50—59 岁	15.7	8.7	商业服务业人员	11.0	27.6
60 岁以上	26.6	2.3	生产运输设备操作人员	36.6	33.7
N	1002	679849	N	936	599307
婚姻状况 3			单位的所有制类别 4		
未婚	9.8	18.7	国有	81.2	78.5
已婚	83.4	74.7	集体	11.3	14.2
丧偶	5.3	5.1	个体/私有/三资	7.5	7.3
离异/分居	1.5	1.5	N	932	4563000
N	1004	8022			

1. 资料来源：北京市统计局编，2001，《北京统计年鉴：2001》，第 70 页。中国统计出版社。性别比例以调查所涉及的北京城市 8 区常住户籍人口的绝对数计算得出。

2. 资料来源：北京市第五次人口普查办公室、北京市统计局编，2002，《北京市 2000 年人口普查资料》，第 850—876 页。该相对数根据北京市 2000 年人口普查之 10% 抽样调查资料中 15 岁及其以上的各职业人口的分年龄组的绝对数（剔除 15—17 岁的人口）计算，农业户籍的在职者也包括在内。职业的总体数也来自该抽样调查，同样也包括了农业户籍的在职者。

3. 资料来源：国家统计局人口和社会科技统计司编，《中国人口统计年鉴：2001》，第 47—49 页，中国统计出版社 2001。表中相对数根据 1999 年北京城市地区人口变动抽样调查资料计算得出，教育获得和婚姻状况都是6岁以上人口的数字。

4. 资料来源：段柄仁、张明义主编，2001，《北京年鉴：2001》，第589页，北京年鉴社。

（四）主要指标的操作化测量

社会网络：北京城市居民社会网络调查的提名问题（name generator）直接取自美国综合社会调查中的一个问题："大多数人时常会和他人讨论重要的问题。在过去半年内，你和谁讨论过对你来说是重要的问题呢？"（Burt，1984：293－339）为了与国内外同类研究进行比较，该调查沿袭了最多提名5名讨论网成员的惯例。除了询问被访者与每个被提名的讨论网成员的关系密切程度、关系类别、认识时间和交往频率以外，还追问了每位讨论网成员的性别、年龄、教育水平和职业等资料。

1. 因变项：社会网络的结构指标

（1）阶层异质性，首先将网络成员的阶层地位分为专业行政管理、普通白领、小雇主和工人4个阶层，然后按照异质性指数（IQV）的标准公式计算（李沛良，2001：53）。在异质性的计算中，排除了网络规模小于2的个案。

（2）阶层趋同性，指社会网的核心人物（即自我）与其他社会网络成员在阶层地位方面的类似性。趋同性的计算排除了网络规模为0的个案（阮丹青等，1990：157－176；Ruan 1993；张文宏等，1999：108－118）。

（3）网络成员的阶层地位，分为专业行政管理、小雇主、普通白领和工人4个阶层。

2. 自变项：阶层地位

结合新马克思主义和新韦伯主义及结构功能主义的阶层分类和社会分层标准，以职业分类为基础，结合生产资料的占有关系、人们在正式组织中的权威关系、所掌握的专业技能以及教育获得、收入等指标，笔者初步将中国城市居民划分为如下几个阶层：

（1）专业行政管理阶层[①]：包括国家机关、党群组织、国有和集体企

① 由于中国大陆的国有和集体企事业单位的负责人同时享有与国家级党群机关管理人员相应的行政级别及其待遇，在对于组织资源的调动和支配、对于经济资源的调配和文化资源的拥有以及经济收入等方面更接近行政管理人员而不是新兴的雇主阶层，所以我们将其归于前者而不是后者。

事业单位科级以上行政管理人员，大中型企业厂长或经理，接受过大专以上正规教育且从事专业技术工作的人员，如工程师、医生、护士、律师、会计师和大中小学专职教师等。(2)小雇主阶层：主要包括私营/民营、中外合资合作企业的所有者或法人，雇工或不雇工的公司或企业的所有者，包括个体工商户、家庭小业主以及自我雇用者。(3) 普通白领阶层：包括国家机关、党群组织和事业单位没有行政职务的一般科员、文员、在公司或企业工作的职员、商业服务业的非体力职员（如银行职员、商品推销人员）等。(4)工人阶层，从事体力劳动的技术工人、半技术工人和非技术工人。按照上述划分阶层的操作性标准，在938名有效被访者中，专业行政管理阶层占32.8%，普通白领阶层占16.1%，小雇主阶层占3.8%，工人阶层占47.2%。在回归分析中，将阶层变项编码为4个虚拟变项，通常以工人阶层作为参考类别。

3. 控制变项：性别、年龄和婚姻

我们在分析中将性别、年龄和婚姻地位作为控制变项，以考察阶层地位对于网络构成变项的独立影响。

三　研究结果与发现

1. “群内选择假设”的有关发现

表6—2用交互分类方法对自我和网络成员的阶层地位进行了分析，从中可以发现各阶层之讨论网成员的阶层构成的观察频数与期望频数及其百分比分布。观察频数分布即在样本中实际归属于某一阶层的个案数。观察频数的百分比即根据表6—2第一部分的实际归属于某一阶层的个案数除以行总数得出，比如专业行政管理阶层的观察频数72.1% =295/409。期望频数根据某一阶层的列频数合计与样本总和的比例计算得出，即表6—2第二部分下端的百分比，比如专业行政管理阶层的期望频数43.2% =465/1077。从表6—2第一部分观察频数分布和第二部分观察频数的百分比分布可以发现，除小雇主阶层外，专业行政管理阶层、普通白领阶层和工人阶层在自己阶层内选择讨论网成员的比例都是各阶层组别中最高的。按照观察频数的比例，分别达到了72.1%、47.1%和57.5%。但是，小雇主阶层的阶层内选择比例仅仅为7.0%，他们选择专业行政管理阶层和普通白领阶层的比例则高达58.1%和23.3%。

表 6—2　　自我与网络成员的阶层地位的交互分类表

自我的阶层地位	网络成员的阶层地位				
	专业行政管理	小雇主	普通白领	工人	合计 N
	观察频数分布				
专业行政管理	295	10	42	62	409
小雇主	25	3	10	5	183
普通白领	45	7	86	45	43
工人	100	16	72	254	442
合计	465	36	210	366	1077
	百分比分布/%				
专业行政管理	72.1	2.4	10.3	15.2	
小雇主	58.1	7.0	23.3	11.6	
普通白领	24.6	3.8	47.0	24.6	
工人	22.6	3.6	16.3	57.5	
期望频数	43.2	19.5	3.3	34.0	

注：该结果以自我所提出的网络成员为分析单位。

Pearson X2 = 359.34，D. F. = 9，P < 0.000，Lambda = 0.319（网络成员的阶层地位作为因变项）。

仅仅从交互标的频数分布并不能很好地发现阶层地位对网络成员选择的真实影响，因为交互表的横向或纵向百分比受制于行列合计的分布，没有可比性，而对数线性模型（loglinear model）可以较好地解决这一问题（彭玉生，2001：324－331）。从表 6—3 自我与网络成员阶层地位的对数线性分析的结果也可以发现，任何阶层地位的人在建立自己的密切讨论网时，均显示出一种非常明显的阶层内选择趋势。对数优比（log odds ratio）更直观地表明讨论网成员选择的阶层封闭效应。表 6—3 参数（即对角线部分）不仅表明各阶层在所属阶层内部选择网络成员的观察频数与期望频数的比率均大于 1，而且该比率也大大高于选择其他阶层的参数值。这个趋势在居于上层地位的专业行政管理阶层和位居下层的工人阶层中更明显。表 6—3 的结果证实了假设 1，即所有阶层的成员在选择讨论网成员时均具有较强的阶层内聚集倾向或明显的自我选择趋势。这在一定程度上反映了社会交往中的阶层隔离和阶层封闭倾向。

表 6—3 自我与网络成员阶层地位的对数线性分析：饱和模型

自我的阶层地位	网络成员的阶层地位			
	专业行政管理	小雇主	普通白领	工人
专业行政管理	0.850（2.34）	-0.235（1.05）	-0.463（0.63）	-0.152（0.86）
小雇主	0.288（1.33）	0.466（1.59）	0.008（1.01）	-0.762（0.47）
普通白领	-0.571（0.56）	-0.132（0.88）	0.714（1.43）	-0.011（0.99）
工人	-0.567（0.57）	-0.259（1.07）	-0.099（1.00）	0.925（2.52）
与独立模型的比较	对数似然比 X2	D. F.	BIC	
独立模型	1306.99	9	1261.96	
饱和模型	0	0	0	

注：该分析以自我所提出的讨论网成员为单位，N＝1077。参数为观察频数与期望频数的对数优比（log odds ratio），括号内为转换以后的观察频数与期望频数的比率。

2. 跨越阶层界限的网络成员选择——“社会距离假设”的经验发现

从表 6—3 的结果还可以发现，除了网络成员的阶层内选择这一主要倾向以外，阶层地位邻近的社会成员之间的选择是另一种趋向。从经过对数转换的观察频数与期望频数的比率来看，除了选择自己阶层内的成员以外，专业行政管理人员依次选择小雇主、工人和普通白领（参见表 6—3 第 1 行的对数优比），小雇主依次选择专业行政管理人员、普通白领和工人（参见表 6—3 第 2 行的对数优比），普通白领依次选择工人、小雇主和专业行政管理人员（参见表 6—3 第 3 行的对数优比），工人则依次选择小雇主、普通白领和专业行政管理人员（参见表 6—3 第 3 行的对数优比）。上述结果基本上说明，阶层地位越接近、社会距离越小的成员越可能成为核心社会网络的成员。此外，作为中间阶层和处于地位爬升阶段的小雇主，在对两个邻近阶层的选择中，选择地位较高的专业行政管理人员的几率明显大于选择地位较低的普通白领，选择前者的几率比后者高 32%（1.33－1.01），显示出小雇主在选择核心的密切网络成员时有一种明显的“上攀”倾向。这组结果大致上验证了假设 2 的预测。

3. “中间阶层的跨越效应假设”的相关发现

从表 6—4 模型 2 的结果可以发现阶层地位对网络成员阶层异质性的具

体影响。在控制了性别、婚姻状况和年龄①等人口特征以后，小雇主和普通白领阶层的阶层异质性指数比工人阶层高5.5%和8.9%。按照阶层异质性指数的高低次序，依次是普通白领、小雇主、专业行政管理人员和工人。尽管小雇主的阶层异质性指数高于工人阶层在统计学上并不显著，但是上述结果与假设3的预测方向一致。这个结果部分基本支持了假设3。模型2比模型1的削减误差比例有所提高，说明阶层地位对于网络异质性产生了独立的影响，但是模型2的削减误差比例并不十分理想（3.7%）。

表6.4　　阶层异质性的回归分析

自变项	模型1	模型2
常数项	0.395（0.047）***	0.365（0.049）***
男性	-0.026（0.025）	-0.023（0.026）
已婚者1	0.056（0.035）	0.049（0.035）
年龄	-0.004（0.001）***	0.004（0.001）***
阶层地位2		
专业行政管理		0.038（0.029）
小雇主		0.055（0.069）
普通白领		0.089（0.037）*
R2	0.024	0.031
F - Test	8.33***	5.24***
D.F.	3	6
N	938	938

注：系数为非标准化的回归系数（β），括号内为标准误。

+P<0.10；*P<0.05；**P<0.01；***P<0.001（单侧检验）。

1. 参考类别为未婚者和离婚、分居及丧偶者。

2. 参考类别为工人阶层。

表6—5是阶层地位影响网络成员阶层趋同性的回归分析结果。阶层

① 在原始的分析中，我们还将年龄平方作为控制变项输入回归方程，结果显示年龄平方对于网络构成的各指标的影响基本上不显著，因此在最终的分析中，我们将年龄平方剔除，以使回归模型更简练。

异质性是反映网络成员（不包括自我）之间阶层地位多元化的一个指标，而阶层趋同性则从另外一个角度描述了自我与网络成员在阶层地位方面的一致性程度。从表6—5模型2的结果可以看到，在控制了性别、婚姻状况和年龄等人口特征以后，专业行政管理阶层比工人阶层选择自我阶层的人数多0.68人（P<0.001），在一个平均仅为3.1人的小规模讨论网中，上述数字的差异非常明显。相反，小雇主阶层则比工人阶层选择同阶层的人数少0.66人（P<0.01）。普通白领阶层虽然也比工人阶层选择同阶层的人数少0.003人，但是在统计学意义上并不显著。该方程的削减误差比例达到11.3%，具有相当强的解释力。模型2比模型1的削减误差比例增加了8%，说明阶层地位对网络构成的阶层趋同性选择具有明显的独立影响。上述结果与假设3所预测的方向一致，即作为中间阶层的小雇主和普通白领的阶层趋同性指数低于顶层的专业行政管理人员和底层的工人阶层。由于普通白领的阶层趋同性指数在统计学上不显著，该结果仅仅部分证实了假设3。

表6—5　　　　阶层趋同性的回归分析

	模型1	模型2
常数项	1.394（0.142）***	0.097（0.346）
男性	-0.019（0.076）	-0.015（0.074）
已婚者1	0.322（0.105）*	0.037（0.117）
年龄	-0.014（0.003）***	0.050（0.016）**
阶层地位2		
专业行政管理	0.682（0.084）***	
小雇主		-0.659（0.198）**
普通白领		-0.003（0.107）
R2	0.033	0.113
F-Test	11.46***	21.15***
D. F.	3	6
N	935	935

注：系数为非标准化的回归系数（β），括号内为标准误。+P<0.10；*P<0.05；**P<0.01；***P<0.001（单侧检验）。

1. 参考类别为未婚者和离婚、分居及丧偶者。

2. 参考类别为工人阶层。

四 结论与讨论

关于阶层结构影响网络成员阶层地位构成的主要发现是：

(1)各阶层在选择讨论网成员时的群内选择或自我选择倾向非常明显。

(2)阶层地位邻近、社会距离较小的人们成为讨论网成员的可能性较大。

(3)处于阶层结构顶端和底端的专业行政管理人员和工人的阶级异质性指数较低，位于中间阶层的小雇主和普通白领的阶层异质性指数较高，普通白领的阶层异质性指数明显高于工人。同工人阶层相比，专业行政管理阶层的群内选择倾向更明显，小雇主的阶层趋同性指数最低。

我们的上述发现再次验证了西方社会学家提出的“同质性原理”(Laumann，1966，1973；Blau，1977)，即群体内的交往比群体外的交往要普遍的多。各阶层在建立和发展密度和信任度较高的社会网络时，选择与自己阶层地位相同或类似的成员，并不是人们具有一种“自恋”的心理倾向，而是由于人们在宏观社会结构中占据着相同或类似的社会、经济和政治地位，而阶层地位是社会、经济和政治地位的综合反映。这说明在人们的内心深处或隐或显地存在着一条“阶层界限”。在建立和维持社会网络的过程中，各阶层中间普遍存在的自我选择倾向实际上也反映了阶层樊篱的客观存在，这种樊篱在某种程度上造成了阶层之间的相互隔离和自我封闭。当然，从一定意义上说，群体内部成员的相互选择在某种程度上有助于阶层的内聚与整合，有助于人们形成自觉的阶层意识。

阶层地位邻近的人更有可能成为讨论网成员的发现，实际上是社会交往同质性原理的扩展。任何人都不太可能仅仅在自己阶层内选择讨论网的成员，当人们一定要跳出自己的小圈子建立社会网络时，那些与自己阶层地位邻近的潜在成员成为他们的首选。在我们的分析模型中，如果按照权威、职业声望、教育获得和收入等指标来测量，阶层地位大致上是按照专业行政管理、小雇主、普通白领和工人的顺序自上而下排列的（张文红，

2003：99－102）。因此，也就不难理解为什么会产生“专业行政管理阶层在选择讨论网成员时倾向于与其地位距离较小的小雇主和普通白领阶层而非地位距离较大的工人阶层，普通白领阶层倾向于与自己阶层地位距离较小的小雇主阶层而非工人阶层”这种现象了。

我们的结果也再次验证了劳曼三十多年以前的发现，即“阶层内选择的趋势在中间阶层特别是文员和小业主中比较微弱”（Laumann，1966：30）。无论按照什么标准来界定中国当代社会的中间阶层，小雇主和普通白领都属于广义的中间阶层（张宛丽，2002：249－271）。小雇主和普通白领两个阶层的阶层异质性较高，其实也反映了这两个阶层的自我隔离倾向不像专业行政管理阶层那样明显。同工人阶层相比，普通白领的阶层异质性较高，小雇主的阶层趋同性指数较低，从两个不同的侧面说明，这两个处在中间地位的阶层，试图通过与各阶层的交往来扩展自己的社会网络，为将来有机会提升自己的阶层地位打好社会关系的基础，这种需要对于阶层地位相对不稳定的小雇主阶层而言尤其迫切。一方面，小雇主作为一个正在崛起的新兴阶层，虽然拥有生产资料的所有权和雇佣劳动的支配权，但是它并不像专业行政管理阶层那样拥有中国当代社会的综合地位优势，后者控制着社会的大部分行政组织资源、政治组织资源和文化技术资源（陆学艺，2002）。小雇主的复杂社会来源也使这个阶层长期处于边缘的游离状态。最近几年中国经济和社会结构的剧烈变迁，虽然使小雇主阶层的社会和政治地位有了一定的改善，但是并没有改变其社会声望较低、在社会结构中仍然处于边缘状态的现实。小雇主希望通过与占据社会上层位置的专业行政管理人员的交往，扩展自己的社会网络，提高自己的声望，进而达到调动社会资源、实现自己的工具性或情感性行动的目标①。另一方面，小雇主阶层的规模相对较小。在我们的样本中，小雇主阶层仅占3.7%。布劳（1977）曾经指出，在一个地区的阶层结构中，如果各阶层的规模存在着很大的差异，那么人们同其所属阶层的成员交往的机会将随着阶层规模的不同而产生差异。小雇主相对较小的阶层规模促使该阶层的成员跳出自己的小圈子来建立社会网络，这是阶层规模效应的表现。

同时，专业行政管理阶层比工人阶层的群内选择倾向更明显的事实，

---

① 北京城市居民的讨论网兼具工具性、情感性、社交性的功能（张文红，2003：141）。

印证了前者试图通过阻止其他阶层的侵入，以保护其作为上层精英的既得利益。专业行政管理阶层当中存在着类似韦伯所说的“社会封闭”。在韦伯看来，社会封闭是现代资本主义社会某些社会集团惯用的一种手段，它们试图通过把奖酬和机会限制在适当人选的范围内的手段，最终达到使自身奖酬最大化的目标。帕金（1974）则进一步发挥了韦伯的社会封闭概念。在帕金看来，统治阶层通过排他来维持和增强自身的特权，而那些被排挤的阶层因不能采取“排他”策略转而采取“内固”手段，这两种机制的共同作用促成了社会封闭现象（Parkin，1974）。吉登斯（1973）也认为，社会封闭是阶层形成的基本条件。作为中国当代社会上层精英阶层的专业行政管理人员，控制着中国社会的多数经济、政治和文化资源，他们在与其他阶级阶层的社会交往中，往往坚守着明确的界限，从而防止可能的资源流失和既得利益受到损害。占据上层地位的专业行政管理人员在社会交往中也往往表现出主导性的角色。各阶层在选择讨论网成员时所具有的非常明显的自我选择倾向，证明了西方学者在友谊关系和一般社会交往中得出的同质性原理（Laumann，1966，1973；Blau，1956：290－295，1977）在不同文化和制度背景下具有某种普遍意义。

概言之，在中国城市居民社会网络成员的选择过程中，发挥中心作用的机制主要是同质性原理，声望原则或“上攀效应”仅仅表现在小雇主阶层中。与此相一致，阶层内部的选择是中国城市居民构建和维持社会网络的主要倾向。社会网络成员选择过程中的阶层界限在某种程度上成为人们社会交往的障碍，小雇主与其他阶层的社会渗透性较强。中国城市居民社会网络成员选择的阶层模式与中国宏观社会结构的现状一致。

第七章　城市居民社会网络资本的阶层差异[①]

本章采取了在社会网络领域长久被忽视的阶层分析的视角研究中国城市居民的社会网络结构特征。通过对2000年北京城市居民社会网络调查资料的定量分析，我们发现，阶层地位对城市居民的社会网络资源产生了重要的影响，主要表现在专业行政管理阶层的网络规模大于工人阶层，前者的关系种类比后者更多元化。专业行政管理阶层和普通白领阶层比工人阶层拥有更明显的“结构洞”社会资本，前两个阶层与网络成员的交往频率低于后者。专业行政管理阶层的社会网络在性别、年龄和职业异质性方面高于工人阶层。总之，占据高层阶层位置的专业行政管理人员比工人拥有更丰富的社会网络资本。社会网络结构特征的差异主要体现在专业行政管理阶层和工人阶层之间，可能与中国阶层结构的不充分分化有关。

一　研究问题与文献评述

本章研究的中心主题是分析当代中国城市各阶层的社会网络资本，研究阶层地位对城市居民社会网络结构特征的可能影响。本研究将涉及以下具体问题：不同阶层的成员在社会网络的规模、关系种类、交往频率和异质性等网络结构特征方面是否存在着差别？如果存在，那么，造成这些差异的原因是什么？我们将运用社会资本理论和社会结构的机会与限制理论，解释阶层地位对中国城市居民的社会网络结构特征的可能作用。

① 本章内容发表于《社会学研究》2005年第5期。

也许与社会网络分析者所倡导的“反对类别分析”的坚定立场有关（Wellman，1988：19－61；Scott，2000），也许同阶级阶层研究者忽视社会网络分析者的研究成果相联系，从阶级阶层的视角分析人们的社会网络结构，或从社会网络的角度研究社会分层的成果并不多见。在西方社会学家的几项相关研究中，多数研究者将朋友网络作为其焦点。例如戈德索普（1987：152－182）对1972年英国社会流动调查资料的分析发现，亲属在工人阶级的交往模式中发挥着比在高级专业行政管理人员中更大的作用；在休闲网络的规模方面，各阶级之间不存在明显的差异；虽然各阶级的朋友规模存在着明显的差别，但是与朋友的关系维持时间则基本一致。在休闲网络中，工人阶级的网络成员之间彼此认识的比例高于高级专业行政管理人员（前者为77%，后者仅为35%），但是，在朋友网络中，成员之间彼此认识的比例却恰好相反（高级专业行政管理人员的比例是39%，工人阶级是17%）。因此，在选择休闲伙伴和维持朋友关系两个方面，工人阶级不可能建立更广泛的、更松散的联系网络（Goldthorpe，1987：180－184）。范·德·普尔（Van der Poel，1993：71）对荷兰社会支持网的研究发现，服务阶级（service class）、小业主的网络规模大于常规非体力劳动者和工人阶级，但是各阶级之间在亲属关系比例方面不存在显著的差别。总之，各阶级之间网络规模的差别主要表现在非亲属关系方面。

在华人社会，熊瑞梅等（1992）较早涉及阶级阶层对社会网络结构特征的影响这个主题。她对台湾小资本阶级社会资源状况的研究发现，由雇主和自营作业者构成的小资本阶级，在创业时所触及的社会资源地位总和，与其他受雇者相比，拥有较丰富较有价值的资源，且拥有较多老板级的关系。换言之，小资本阶级比受雇阶级拥有较丰富的社会网络资源。

边燕杰及其同事（边燕杰、李煜，2000）最近运用定位方法（position generator）从社会分层的视角研究了中国城市家庭的社会网络资本和关系资本。他们的研究发现是，按照网络规模、网络差异和网络密度等指标来测量，具有网络优势的阶层依次是经济专业人员、管理人员、行政文秘人员、私营业主和文化专业人员，没有网络优势的是商业服务业员工、产业工人和个体户。受赖特（1997）影响，边燕杰（2004）在其最新研究中按照产权、管理权和专业技能三个标准将城市居民分为行政领导、经理、专业技术、办事人员、技术工人、雇主、自雇和非技术工人8个阶层。通过对1999年中国5城市社会网络调查资料的定量分析，他揭示了行政领导、经理和专业技术阶层的社会资本总量高于非技术工人，其次是办事人员和技术工人，社会资本总量最低的是雇主、自雇者和非技术工人。前三个阶层拥有相对优势的社会网络资本。行政领导阶层的网络规模、与领导层、经理层和知识层的纽带关系均明显高于非技术工人阶层。相反，雇主和自雇阶层则缺乏网络优势，虽然他们的网络规模大于非技术工人，但是其网顶低、网差小，尤其缺乏与领导层、经理层和知识层的纽带联系，这是雇主和自雇阶层社会资本总量不高的根本原因。上述结果说明，阶层地位是人与人之间社会资本总量差异的一个关键因素。

综观上述有关阶级阶层与社会网络的理论模型与经验研究，有几个特点：第一，有关阶级阶层对社会网络结构特征影响的发现并不完全一致，有些甚至是相互矛盾的；第二，多数研究是针对关系较密切的朋友网络进行的。针对网络密度较高和规模较小的朋友网络的研究发现，在以其他提名问题（name generator，如"重要问题讨论网"、"社会支持网"、"信息传播网络"和"求职网"等）等为主题的社会网络研究中，不一定能够得出相似的结论；第三，阶级阶层与个人或家庭社会网络和社会资本的关系是一个受到忽视的重要领域，关于华人社会特别是中国大陆的相关研究尤其如此。

二　研究假设和研究设计

（一）研究假设

概述以往关于个人社会网络研究与阶级阶层地位分析的文献以及上面的研究架构，我们认为，人们的社会网络结构取决于其在社会网络中的结构位置，后者又决定于他们在社会经济结构中所处的不同位置。而阶层地位是人们社会经济特征的综合反映，表现为不同阶层的成员在社会经济结构中占据不同的位置。这些高低不等的阶层结构位置直接影响了社会成员在拥有财富、地位和社会声望等个人资源方面的不平等，后者进而构成了其社会交往的机会或限制，或是成为其社会交往的成本或代价，最终表现在不同阶层的成员在拥有社会资源或社会资本（亦即本文所研究的社会网络结构特征）方面表现出一定的差异。我们的中心假设是：占据不同阶层位置的人具有不同的社会网络结构特征。根据目前中国社会阶层结构不充分分化的现状，我们预测阶层地位对社会网络的影响主要表现在阶层结构的两极。我们的具体研究假设如下：

1. 社会网络资本的差异性假设

根据社会资本理论（Lin，1982：13-145，2001），在一个分层的社会结构中，越是位居或接近社会金字塔顶端的社会成员，其控制和涉取社会资源的能力越强。因此，在中国社会阶层结构中位居上层的专业行政管理人员将比位居下层的工人拥有较大的网络规模和关系种类，位于中间阶层的普通白领和小雇主则与工人的差别不大。

2. “结构洞”的社会资本及交往频率假设

根据博特的“结构洞”命题，社会网络规模与交往频率呈现负相关关系，与网络中的“结构洞”社会资本正相关（Burt，2001：31-56）。因此，我们预测：同工人阶层相比，专业行政管理阶层和普通白领阶层的交往频率更低，但是前者网络中陌生成员的规模更小。

3. 网络异质性假设

与假设1相联系，社会网络资本相对丰富的阶层，其网络构成也往往表现出多元化的倾向。因此，我们假定，按照性别、年龄、教育和职业等异质性指标来测量，专业行政管理人员的社会网络资本将比工人阶层更丰富。

（二）资料来源和抽样设计

本章的资料来自2000年7—8月在北京城市地区进行的大规模问卷调查。抽样步骤如下：第一，按照概率比例抽样方法（probabilities proportional to size，PPS）从北京市中心和近郊8个区抽取12个街道作为初级抽样单位（PSU）。第二，根据PPS方法从每个被抽中的街道选取4个居民委员会。第三，从被抽中的48个居委会中按照简单随机原则获得1677个住宅地址作为调查样本。第四，从被选中的住宅中按照随机数表选择被访户。在选定的被访户中，由访问员按照基什网格法（Kish Grid）选择合适的被访者，最终成功访问了 1004 位 18 岁以上的在职或退休的城市居民。除了年龄分布以外，样本和总体在性别、婚姻状况、教育、职业和工作单位所有制等指标的分布比较接近，说明本次调查具有相当的代表性（张文宏、李沛良、阮丹青，2004）。

（三）主要指标的操作化测量

社会网络：北京城市居民社会网络调查的提名问题（name generator）直接取自美国综合社会调查（GSS）中的一个问题："大多数人时常会和他人讨论重要的问题。在过去半年内，你和谁讨论过对你来说是重要的问题呢?"（Burt，1984）为了与国内外同类研究进行比较，该调查沿袭了最多提名 5 名讨论网成员的惯例。除了询问被访者与每个被提名的讨论网成员的关系密切程度、关系类别、认识时间和交往频率以外，还追问了每位讨论网成员的性别、年龄、教育水平和职业等资料。

1. 依变项：社会网络的结构指标

（1）网络规模（size of network）指的是与自我（ego，即被访者）在过去半年讨论过重要问题的总人数，并不仅仅限于自我所提到的前 5 个讨论网成员的人数。在进一步的分析中，我们还分别测量了亲属网络的规模和非亲属网络的规模。

（2）与网络规模相关的一个概念是关系种类（numbers of role relationship）。相关的研究从未涉及关系种类的分析，本研究首次对社会网络的关系种类进行了探索。我们首先将角色关系归类为配偶、父母、子女、兄弟姐妹、其他亲属、同事、同学、邻居、好友、普通朋友和其他非亲属 11 种，然后测量自我提到的关系种类，在计算中排除了关系重叠的个案。我们还进一步测量了亲属关系种类和非亲属关系种类。

（3）陌生成员的规模（numbers of strangers in alters）和交往频率（frequency of contact）。陌生成员的规模用社会网络中彼此之间不认识的成员的总人数来测量。这个指标对博特（Burt，1992）的"结构洞"概念进行了操作化。交往频率指自我与网络成员讨论重要问题的频繁程度。原始问卷将自我与网络成员的交往频率分为"每日"、"每星期至少一次"、"每月至少一次"和"少于每月一次"以及"不一定"几个类别。本文的交往频率以自我与网络成员每日交往在整个网络中所占的百分比来测量。

(4) 异质性 (heterogeneity) 指的是一个社会网络中全体成员 (不包括自我) 在某种社会特征方面的分布状况。性别异质性和职业异质性按照异质性指数 (index of qualitative variation, IQV) 的标准公式计算 (Marsden, 1987; 阮丹青等, 1990; Ruan, 1993; 李沛良, 2001: 53)。年龄和教育异质性由网络成员间的年龄和接受正规教育年限的标准差来表示，标准差越大，说明讨论网成员的异质性越强。在异质性的计算中，排除了网络规模小于2的个案 (Marsden, 1987)。

2. 自变项

阶层地位，结合新马克思主义、新韦伯主义、结构功能主义的阶层分类和社会分层标准，以职业分类为基础，结合生产资料的占有关系、人们在正式组织中的权威关系、所掌握的专业技能以及教育获得、收入等指标 (Goldthorpe, 1987; Wright, 1997; 陆学艺, 2002)，笔者初步将中国城市居民划分为专业行政管理人员、小雇主、普通白领和工人4个阶层 (张文宏、李沛良、阮丹青, 2004)。在938名有效被访者中，专业行政管理阶层占32.8%，小雇主阶层占3.8%，普通白领阶层占16.1%，工人阶层占47.2%。在回归分析中，将阶层变项编码为4个虚拟变项 (dummy variable)，以工人阶层作为参考类别。

3. 控制变项

我们在分析中将性别、年龄、婚姻地位作为控制变项，以考察阶层地位对于网络结构特征的独立影响。在其他分析中，研究者有时将网络密度和亲属比例作为因变项 (Ruan, 1993: 45-47 和表3—6)，有时又将其作为控制变项探讨社会人口特征对网络结构指标的独立影响 (Marsden, 1987)。为了研究阶层地位对于网络结构特征的独立解释力，我们在量化分析中也将这两个指标作为控制变项纳入回归方程。以往的研究发现，社会人口特征 (如性别、年龄、婚姻地位等) 对人们的社会网络结构会产生不同的影响 (Laumann, 1966, 1973; Fischer, 1982; Van der Poel, 1993; Ruan, 1993)。同时，相关的研究也表明，网络规模和亲属关系比例对于交往频率、网络密度与网络异质性等网络结构特征产生了重要的影响 (Ruan, 1993)。因此，为了检验阶层地位对社会网络结构的独特影响，在具体的分析模型里，我们均把性别、年龄、婚姻地位、网络规模、亲属比例等变项作为控制变项引入回归方程。

三　研究结果与发现

(一) 网络规模和关系种类

在表 7—1 网络规模对社会人口特征和阶层地位的回归分析中，我们首先将自我的社会人口特征——性别、婚姻状况、年龄[①]和亲属关系比例引入回归方程，然后将阶层地位变项引入回归方程，以期发现阶层地位对网络规模影响的独特解释力。另外，由于有约 1% 的被访者提到了 10—50 个讨论网成员，为了使各自变项与因变项（网络规模）之间的关系更好地拟合线性分布，我们对网络规模变项经过对数转换以后再引入 OLS 回归模型（李沛良，2001：262－263）。

从表 7—1 模型 1 的回归分析结果中可以发现，在控制了性别、婚姻状况和年龄以后，阶层地位对于讨论网总体规模的影响仍然相当显著。统计结果显示，专业行政管理阶层的讨论网规模是工人阶层的 1.24 倍（e.217 = 1.24，P < 0.05），即前者的平均网络规模比后者大 24%。普通白领和小雇主阶层的平均网络规模虽然分别小于和大于工人阶层，但是在统计上并不具有显著的意义。上述结果说明，专业行政管理阶层的平均网络规模显著大于工人阶层。从表 7—2 模型 2 的结果可以发现，虽然专业行政管理阶层和普通白领阶层的平均亲属规模大于工人阶层，小雇主的平均亲属规模小于工人阶层，但是这些差异在统计上不显著。这个结果表明，各阶层之间在讨论网的亲属规模上不存在显著的差异。从表 7—2 模型 3 的结果可以看到，专业行政管理阶层讨论网中的非亲属规模比工人阶层多 0.298 人（P < 0.05）。普通白领阶层和小雇主阶层的非亲属规模虽然小于工人阶层，但是在统计上不具有显著的意义（见表 7—1）。

---

① 在原始的分析中，我们还将年龄平方作为控制变项输入回归方程，结果显示年龄平方对于网络构成的各指标的影响基本上不显著，因此在最终的分析中，我们将年龄平方剔除，以使回归模型更简练。

表 7—1　　网络规模和关系种类的回归分析

	网络规模（log）（1）	亲属规模（2）	非亲属规模（3）	关系种类（4）	亲属关系种类（5）	非亲属关系种类（6）
男性	-0.157 (0.093)	-0.133* (0.080)	0.010 (0.107)	-0.070 (0.065)	-0.087! (0.063)	0.026 (0.068)
已婚者 1	0.220! (0.150)	0.314** (0.128)	-0.169 (0.171)	0.179* (0.104)	0.360*** (0.100)	-0.189* (0.109)
年龄	-0.021 (0.023)	-0.033* (0.020)	0.023 (0.026)	-0.007 (0.016)	-0.013 (0.015)	0.008 (0.017)
阶层地位 2						
专业行政管理	0.217* (0.105)	0.068 (0.089)	0.298* (0.120)	0.291*** (0.073)	0.064 (0.070)	0.250*** (0.076)
普通白领	-0.055 (0.134)	0.112 (0.114)	-0.028 (0.153)	0.152! (0.093)	0.077 (0.090)	0.077 (0.098)
小雇主	0.167 (0.243)	-0.101 (0.207)	-0.017 (0.278)	-0.083 (0.168)	-0.014 (0.163)	-0.073 (0.177)
常数项	1.347** (0.531)	1.350** (0.453)	1.617** (0.607)	2.180*** (0.368)	0.797* (0.357)	1.342*** (0.388)
R2	0.015	0.024	0.019	0.029	0.022	0.035
N	934	935	935	935	935	935

注：系数为非标准化的回归系数，括号内为标准误。!P<0.10，*P<0.05，**P<0.01，***P<0.001（单侧检验）。

1. 参考类别为未婚者和离婚、分居及丧偶者。

2. 参考类别为工人阶层。

表 7—1 模型 4—6 关于关系种类回归分析的结果与模型 1—3 类似。从模型 4 可以看到，在控制了性别、婚姻状况和年龄以后，专业行政管理阶层的关系种类平均比工人阶层多 0.291 种（P<0.001），白领阶层平均比工人阶层多 0.152 种（P<0.10）。小雇主阶层虽然平均比工人阶层少 0.083 种，但是却不具有显著的统计学意义。这个结果说明，同工人阶层相比，专业行政管理阶层和普通白领阶层讨论网中的关系种类更多元化。模型 5 的结果显示，专业行政管理阶层和普通白领阶层的亲属关系种类多于工人阶层，小雇主阶层的亲属关系种类少于工人阶层，但是这些差异并不具有统计学上的显著意义，说明各阶层在讨论网的关系种类上不存在明

显的差别。从模型 6 的结果可以发现，专业行政管理阶层的非亲属关系种类平均比工人阶层多 0.25 种（$P < 0.001$）。白领阶层的非亲属关系种类多于工人阶层，小雇主阶层的非亲属关系种类少于工人阶层，但是后两项结果在统计学意义上不显著。这个结果说明，专业行政管理阶层讨论网中的非亲属关系种类较工人阶层更多元化。表 7—1 的结果验证了假设 1 的预测。

（二）“结构洞”与交往频率

表 7—2 模型 1 关于讨论网中陌生成员规模对阶层地位的回归分析结果显示，专业行政管理阶层、普通白领阶层和小雇主阶层分别比工人阶层的陌生成员规模多 0.34 人（$P < 0.001$）、0.18 人（$P < 0.10$）和 0.29 人。即专业行政管理阶层和普通白领阶层讨论网中陌生成员的规模显著大于工人阶层。该模型的削减误差比例（R2）达到 12.8%，颇具解释力。

从表 7—2 模型 2 的统计结果可以发现，专业行政管理阶层、普通白领阶层与网络成员每日交往的比例分别比工人阶层低 29.9%（$P < 0.05$）和 13.5%（$P < 0.10$）。小雇主与网络成员每日交往的比例虽然比工人阶层高 1.9%，但是在统计学意义上并不显著（见表 7—2）。表 7—2 的两项结果支持了假设 2 的预测（见表 7—2）。

表 7—2　　陌生成员规模和交往频率的回归分析

	陌生成员的规模 （1）	每日交往的百分比 （2）
男性	0.027（0.093）	-0.299（0.087）***
已婚者	-0.025（0.151）	-0.063（0.141）
年龄	0.014（0.023）	0.016（0.021）
网络规模	0.120（0.017）***	-0.081（0.015）***
亲属比例	-0.006（0.001）***	0.002（0.000）*
阶层地位		
专业行政管理	0.344（0.105）***	-0.299（0.098）**
普通白领	0.176（0.134）!	-0.135（0.125）!
小雇主	0.295（0.239）	0.019（0.222）

续表

	陌生成员的规模 (1)	每日交往的百分比 (2)
常数项	0.148 (0.530)	0.954 (0.494)*
R2	0.128	0.053
N	905	905

注：系数为非标准化的回归系数，括号内为标准误。

!P<0.10，*P<0.05，**P<0.01，***P<0.001（单侧检验）。

1. 参考类别为未婚者和离婚、分居及丧偶者。

2. 参考类别为工人阶层。

（三）网络异质性

表7—3模型1是阶层地位及社会人口特征对网络成员性别异质性影响的回归分析结果。专业行政管理阶层和普通白领阶层的性别异质性分别比工人阶层高14.4%（P<0.001）和10.1%（P<0.01）。小雇主阶层虽然比工人阶层的性别异质性高出0.9个百分点，但是不具有统计学上的显著意义。该模型的削减误差比例达到18.3%，具有相当强的解释力（见表7—3）。

表7—3　　　　网络异质性的回归分析

	性别 (1)	年龄 (2)	教育 (3)	职业 (4)
男性	-0.035 (0.028)	0.042 (0.437)	0.005 (0.129)*	-0.041 (0.029)!
已婚者1	0.037 (0.046)	0.101 (0.710)	0.094 (0.207)	-0.014 (0.048)
年龄	-0.008 (0.007)	0.017 (0.108)	0.005 (0.031)*	0.004 (0.007)
网络规模	0.016 (0.005)***	0.280 (0.077)***	0.110 (0.023)***	0.026 (0.005)***
亲属比例	0.004 (0.000)***	0.097 (0.005)***	0.013 (0.002)***	0.00012 (0.000)
阶层地位2				
专业行政管理	0.144 (0.032)***	0.916 (0.492)*	-0.247 (0.145)*	0.072 (0.033)*
普通白领	0.101 (0.041)**	0.759 (0.631)	0.222 (0.185)	0.060 (0.042)!
小雇主	0.009 (0.073)	-0.449 (1.146)	-0.286 (0.331)	0.104 (0.075)!
常数项	0.347 (0.162)*	1.575 (2.479)	0.148 (0.726)	0.435 (0.167)**

续表

	性别 (1)	年龄 (2)	教育 (3)	职业 (4)
R2	0.183	0.303	0.130	0.059
N	905	896	887	905

注：系数为非标准化的回归系数，括号内为标准误。

! P<0.10，*P<0.05，**P<0.01，***P<0.001（单侧检验）。

1. 参考类别为未婚者和离婚、分居及丧偶者。

2. 参考类别为工人阶层。

从表7—3模型2的结果可以发现，专业行政管理阶层比工人阶层的年龄异质性高0.92年（P<0.05）。普通白领阶层比工人阶层的年龄异质性高0.76年，小雇主阶层则比工人阶层的年龄异质性低0.45年，后两项结果在统计学意义上不显著。该结果显示专业行政管理阶层的年龄异质性高于工人阶层。该模型的削减误差比例达28.9%，说明该模型的解释力相当强。

表7—3模型3的结果表明，专业行政管理阶层的教育异质性比工人阶层低0.25年（P<0.05）。普通白领阶层比工人阶层的教育异质性高0.22年，小雇主阶层比工人阶层的教育异质性低0.29年，但是后两项结果在统计学意义上并不显著。该模型的削减误差比例达13%，说明具有相当强的解释力。

表7—3模型4报告的是阶层地位影响职业异质性的回归分析结果。专业行政管理阶层、普通白领阶层和小雇主阶层的职业异质性分别比工人阶层高7.2%（P<0.01）、6%（P<0.10）和10.4%（P<0.10）。该模型的解释力达到5.9%。如果按照性别、年龄和职业等指标来测量网络异质性，那么专业行政管理阶层明显比工人阶层拥有更丰富的社会网络资本。除教育异质性以外，专业行政管理阶层的性别、年龄和职业异质性指数均高于工人阶层，这个结果基本上证实了假设3的预测（见表7—3）。

四　结论与讨论

本部分将从理论上对阶层地位影响网络规模、关系种类、陌生成员规模、交往频率和网络异质性等网络结构特征的发现进行总结和讨论。

(一) 网络规模和关系种类

通过阶层地位影响城市居民社会网络规模和关系种类的实证分析，我们的主要发现和结论可以概括为：(1) 专业行政管理阶层的网络规模和关系种类、非亲属规模和非亲属关系种类大于工人阶层。(2) 各阶层之间在亲属规模、亲属关系种类方面没有显著的差异。

那么，是什么原因导致了上述结果呢？网络规模在社会网络研究中多次被用作测量人们社会资源或社会资本丰富与否的一个重要指标。以往的研究揭示，无论是在工具性网络还是情感性网络中，规模越大预示着社会资本越丰富（Fischer，1982；Wellman，1979；Van der Poel，1993）。根据社会交往的机会与限制理论（Blau，1977）和社会资本理论（Lin，1982：131－145，2001）交往机会受到人们在社会经济等级结构中所占据的高低不同的阶层位置的限制。在我们的分析中，处在较高阶层位置的成员即专业行政管理阶层的成员，由于其在阶层结构的等级制中位居最上层，无论是与相同阶层地位或较低阶层地位的成员的接触机会均明显多于其他阶层的成员。同时，处在上层地位的专业行政管理阶层的成员，由于占据着优势的结构位置，在社会交往中所遇到的障碍或限制相对较少；而处在较低结构位置上的工人阶层，其交往机会少于其他阶层的成员，所受到的限制和约束相对较多。这种交往机会与限制的交互作用，造成了占据上层地位的专业行政管理成员同处在较低阶层地位的工人阶层相比，自然拥有较大的网络规模和较多元化的角色关系种类。

处于中间结构位置的小雇主，是当代中国一个正处于创业和爬升阶段的阶层，他们在当代中国阶层结构中处于一种矛盾的模糊位置，借用赖特(1978）的说法，他们处在一种“矛盾的阶级位置”上。同工人阶层相比，他们拥有支配生产资料和雇用他人劳动的权力。同专业行政管理阶层相比，他们控制经济资源、文化技术资源和其他社会资源的能力又相对较弱。在生产经营活动中，他们只能在占据主导地位的大中型国有企业以及享有种种优惠政策的外资企业的夹缝中寻求生存和发展。中国社会经济转型时期的小雇主的来源比较复杂，既有原来的农民和城市无业、待业者(包括20世纪80年代中后期返城的原下乡知青)，也有改革开放以后下海经商的原国家干部、国有企业负责人和专业技术人员。第四次中国私营企业抽样调查的资料表明，私营企业主在创办企业前有43.4%是企事业单位干部，17.4%是个体工商户，14.2%是工人和服务业员工，10.5%是专业技术人员，9.3%是农民（张厚义，2002：199－247）。他们的工作通常是“全天候”的，其用于社会交往的闲暇时间相对较少。他们的交往范围有可能限于与其有商业关系的相对狭小的圈子内。因此，在讨论对他们而言的重要问题时，很可能提到更少的网络成员和较少的关系种类。这个发现与边燕杰用定位法研究中国城市家庭社会网络资本的结论类似（边燕杰、李煜，2000；Bian，2001：275—296），但是与熊瑞梅关于台湾小资本阶层之社会资源研究的发现正好相反（熊瑞梅、黄毅志，1992）。[①]

网络的总体规模从一个方面测量了一个人所拥有的社会资源或社会资本丰富与否的程度。传统的社会网络研究还将网络规模分解为非亲属规模和亲属规模两部分，进一步分析个人或群体在这两种网络子规模方面的差异。按照关系的来源划分，非亲属关系是一种获致性关系，是通过自己后天的努力和投资（包括时间、金钱和感情的投入）而形成和维持的。亲属关系则是先赋性的关系，主要是通过血缘纽带而产生和维续的。阶层地位的差异必然影响人们和不同角色关系的网络成员的交往机会。同工人阶层相比，处于上层地位的专业行政管理阶层，由于所接受的正规教育普遍较高、经历过较多的职业升迁，因此在学校、工作单位和社交等场合与家庭关系之外的各种非亲属打交道的机会较多，因此有更多的机会与各种非亲属讨论对他们而言的重要问题。这有可能使得其讨论网中包括更多的非亲属成员和非亲属关系种类。相对而言，工人阶层的教育获得是4个阶层中最低的，所经历的职业升迁或变动也是4个阶层中最少的，因此造成他/她们在学校或不同性质的工作单位等场所建立社会网络的机会较少。与各种非亲属交往机会的多寡是造成专业行政管理阶层讨论网中的非亲属规模和非亲属关系种类大于工人阶层的主要原因。

---

① 造成这个差异的可能原因有二：第一，资本主义发展的制度化历史的差异。台湾私有企业的发展至少有40年的历史（截至调查进行时），而大陆私营企业的发展仅有20年的历史。第二，测量方法的差异。熊的亲密网络是通过“最近半年内您与谁曾经发生过抒情（诉苦、告知重大私事）行动”，而北京项目所使用的提名问题是“在过去半年，您与谁讨论过对您来说重要的问题?”。使用不同的提名问题，有可能导致不同甚至完全相反的结果。

普通白领阶层、小雇主阶层与工人阶层在非亲属规模和非亲属关系种类上没有显著的差别，一方面可能是他们面对着基本相同的社会交往的机会与限制条件所致；另一方面可能与中国阶层结构分化的程度不足有关，主要体现在处于上层和下层的专业行政管理人员和工人阶层之间。

为什么各阶层之间在亲属网络规模上并不存在显著的差别呢？可能的解释是，在一个小规模的核心讨论网中，人们是否选择某人或某种角色关系作为社会网络的成员，取决于自我与该人的关系是否密切，以及对该人的信任问题，因为对自我而言重要的问题也许涉及个人隐私。在中国人的传统观念中，家庭和亲属关系一直处在自我社会网络的中心（费孝通，1998，1949）。这个发现也印证了科尔曼（1990）所说的亲属社会网络的封闭性，有利于保证规范的维持和信任的巩固，从而使众多的家庭保持持久的团结力。以血缘关系为纽带联结起来的亲属之间，存在一种强制推行的信任，为履行义务与实践期待提供了某种约束和保证。这就不难理解为什么在我们的研究中各阶层之间在讨论网的亲属规模和亲属关系种类方面不存在意义重大的差别了。

关于阶层地位影响讨论网规模与关系种类的基本一致的研究发现，与网络规模与关系种类两个指标之间具有较强的正相关关系有关，① 虽然关系种类比网络规模所包含的信息更丰富。专业行政管理阶层在讨论网中所提出的关系种类（包括亲属种类和非亲属种类）较多，是他/她们较多的交往机会和较广的交往范围造成的。相反，工人阶层较少的关系种类，与后者的交往机会较少和交往范围狭小有关。在一个包括工具性、情感性和社交性功能的混合性讨论网中，前者以关系种类为标志的较丰富的社会资本为他/她们达成工具性目标提供了积极的条件。后者相对单一和贫乏的社会资本有可能使其在工具性行动中处于不利的境地。

（二）“结构洞”与交往频率

与此相关的研究发现是：（1）专业行政管理阶层和普通白领阶层讨论网中陌生成员的规模大于工人阶层。（2）专业行政管理阶层和普通白

① 网络规模与关系种类的 Pearson 相关系数高达 0.54（$P<0.01$，双侧检验）。

领阶层与网络成员每日交往的比例低于工人阶层。

一方面，交往机会较多、交往限制较少、交往范围较大的人的讨论网成员之间互不认识的比例较高。专业行政管理阶层网络成员中的陌生人规模大于工人阶层的结果，直接与前者比后者的讨论网规模更大的事实相关。另一方面，由于每个网络成员的自我社会角色不同，在与自我的沟通中可能发挥不同的作用。专业行政管理人员和普通白领有可能与不同的人讨论不同的问题，而工人阶层则可能与某一两个“关系密切”的亲友讨论所有的问题。比如对于专业行政管理人员而言，他可能与同事研究与自己利益攸关的单位的发展和壮大，与朋友一起休闲、参加社交活动，与亲属讨论情感问题、家庭事务。换言之，专业行政管理阶层和普通白领阶层讨论网中陌生成员规模大于工人阶层的事实，意味着前者在社会网络中占据着“结构洞”优势，无论对于传递有价值的信息、还是施加实质性的影响，无论对于情感性问题的解决，抑或工具性行动目标的实现，都比工人阶层处于更有利的位置。

至于工人阶层与网络成员的交往频率高于专业行政管理阶层和普通白领阶层，可能与工人阶层讨论网中的亲属比例较高有关（专业行政管理阶层、普通白领阶层、小雇主阶层和工人阶层的亲属比例分别为 40.0%、40.7%、38.0% 和 42.3%）。较高的亲属比例意味着配偶、子女等核心家庭成员最有可能进入一个人的讨论网。在典型的核心家庭中，多数家庭成员是居住在一起的，因此增加了每天见面和交往的机会。

（二）网络异质性

关于网络异质性，我们得出了如下 4 个结论：（1）专业行政管理阶层和普通白领阶层的性别异质性高于工人阶层。小雇主阶层与工人的性别异质性没有差别。（2）专业行政管理阶层的年龄异质性高于工人阶层。普通白领阶层、小雇主阶层与工人阶层的年龄异质性没有显著的区别。（3）专业行政管理阶层的教育异质性比工人阶层低，普通白领阶层比工人阶层的教育异质性高。小雇主阶层的教育异质性与工人阶层相比没有显著差别。（4）专业行政管理阶层、普通白领阶层和小雇主阶层的职业异质性均高于工人阶层。

作为网络多元化的一个重要指标，某个人或群体的异质性指数越高，表示某个人或群体在一定程度上是属于不同的社会圈子的。同时，异质性指数越高，标志着一个人或群体的社会资源越丰富，特别是实现工具性目标时尤其明显。专业行政管理阶层和普通白领阶层的性别异质性高于工人阶层，说明前者在选择网络成员时，较少受到性别限制，他们对网络成员的选择在性别方面更接近于样本的性别异质性指标。造成上述结果的直接原因与专业行政管理阶层、普通白领阶层具有较多的交往机会和较广的交往圈子有关。一般而言，在一个规模足够大的社会网络中，成员之间的性别分布更接近于随机概率。工人阶层较低的性别异质性，表明他/她们更可能将其讨论重要问题的对象囿于性别相同的群体之内。

年龄不仅表示人的生命周期的一个特定阶段，在某种程度上也是人力资本的一个重要指标，因为年龄通常与工作年限、工作经验和资历正相关。因此年龄在某种程度上也代表了一个人的社会地位，特别在职业升迁、职业流动中重视资历的当代中国社会更为突出。专业行政管理阶层的年龄异质性较高，表明他们的讨论网成员中包括了各种社会地位和社会资历的人，从一个方面说明了该阶层社会交往的相对“开放”性。工人阶层较低的年龄异质性则意味着他们经常在自己的小圈子内讨论重要问题，其社会网络相对“封闭”。

工人阶层的教育异质性高于专业行政管理阶层的结果，可以从两方面来解释。一方面，工人阶层期望与不同教育层次的人交往来提高自己的社会地位，或是达成自己的工具性目标。因为在当代中国社会，拥有较高的正规教育学位是晋升上层阶层（比如专业行政管理阶层）的一个必备条件（Walder，1995）。另一方面，虽然专业行政管理阶层的交往机会和交往多于工人阶层，但是主要局限在拥有相同或类似教育水平的圈子内。在我们的样本中，教育获得直接与阶层地位相关（$Eta=0.550$，$P<0.001$），专业行政管理阶层的教育异质性较低，也许说明了他们的交往有可能囿于本阶层的范围内。

同工人阶层相比，其他三个阶层的职业异质性均高于工人阶层。专业行政管理阶层、普通白领阶层较高的职业异质性与他们较大的网络规模相关（二者的讨论网规模分别为3.52和3.05）。在一个较大规模的社会网络中，自然可能包括从事各种职业的人。而较小的网络规模包括各种职业成员的可能性较小。但是平均网络规模小于工人阶层的小雇主阶层（二者的网络规模分别为2.95和2.86），其职业异质性却比工人阶层高。可能的原因是，作为一个处在爬升阶段的新兴阶层，小雇主的社会地位、政治地位相对较低，一方面通过结交各种职业地位的人特别是地位较高的政府官员、专业技术人士来提高自己的社会地位。另一方面希望与政治资源和经济资源控制者建立联系来发展和扩张自己的实业，达到自己的工具性目标。

阶层地位对以讨论网为主题的人们的社会网络资本产生了重要的影响，这种影响主要表现在阶层结构的两极：专业行政管理阶层的总体网络规模及非亲属网络规模大于工人阶层，前者的关系种类及非亲属关系种类比后者更多元化。小雇主和工人阶层的总体网络规模和关系种类与工人阶级相比不存在显著的差别。专业行政管理阶层和普通白领阶层讨论网中"结构洞"数量多于工人阶层，专业行政管理和普通白领阶层与网络成员每日交往的比例低于工人阶层。专业行政管理阶层的性别、年龄和职业异质性高于工人阶级。总之，占据优势地位的专业行政管理阶层比工人阶层拥有更丰富、更有价值的社会网络资本。

不可否认，中国社会在过去的20年发生了深刻的变化。高等教育招生考试的重新恢复，不仅改变了许多青年学子的命运，也从国家政策的宏观角度发出了重视人力资本和文化资本的信号。城市就业制度的逐步改革，促进了各阶级、阶层的分化和组合。劳动人事制度的不断完善，为人们在空间、职业、单位和行业之间的流动创造了有利的条件。这些变化，在某种程度上促进了城市社会结构的解组、分化和重新整合。中国社会是否分化成界限明显的几个阶级或阶层，至少就我们的资料而言，这种分化还不十分明显。从社会网络研究的角度来看，中国城市社会阶层结构的分化主要体现在专业行政管理阶层和工人阶层两个极端。

我们的实证研究结果表明，社会资本理论和社会结构的机会与限制理论对于中国城市居民社会网络的结构特征提供了最好的解释，不同阶层的人们的网络结构差异主要是因其所占据的社会位置所形成的交往机会或限制造成的，我们的结果证明地位较高的阶层拥有更丰富的社会网络资本。

第八章　阶层地位对城市居民社会网络性质的影响[①]

一　文献检讨与研究问题

自博特（1984）在美国综合社会调查项目（General Social Survey Project，GSS）中首次运用“重要问题的讨论网”的提名法（name generator）研究自我中心网络（ego - center networks）以来，“重要问题的讨论网”成为社会网络分析者经常涉猎的重要领域之一。中外社会学家围绕着这个主题进行了一系列的调查项目并出版了一批成果（如 Burt，1986，1990；Marsden，1987，1990；Blau and Ruan，1990；Blau，Ruan and Ardelt，1991；Moore，1990；阮丹青等，1990；Ruan，1993a，1993b，1998，2001；Ruan et al.，1997；张文宏，1999；张文宏、阮丹青、潘允康，1999a，1999b；Ruan and Zhang，2000，2001；Straits，2000；Lee et al.，2001；陈膺强、李沛良，2002）。这些以“重要问题的讨论网”为提名法的研究成果，无疑从一个侧面对理解社会网络的特征作出了一定的贡献。阮丹青（1998）曾运用天津 1993 年社会网络调查的数据就 GSS 的讨论网提名问题与荷兰社会学家关于工具性、情感性和社交陪伴性网络的 10 个提名问题的重合性进行了实证分析，发现以讨论重要问题为提名工具的测量方法能够确定 10 个社会支持提名问题的多数网络成员。换言之，讨论网的提名问题在很大程度上能够用来测量中国城市居民的核心社会支持网络，但是她并没有就讨论网的性质作出明确的判断。以往关于重要问题讨论网的研究，也从未涉及社会网络

---

① 本章内容发表于《社会》2005 年第 4 期。

的性质和内容，因此也就无从对讨论网的性质作出基本的判断。

以往以“重要问题的讨论网”为主题的社会网络研究重点分析网络规模、网络密度、异质性与趋同性等结构指标及其网络的关系构成（Marsden，1987，1990；阮丹青等，1990；Ruan，1993a，1993b；张文宏，1999；张文宏、阮丹青、潘允康，1999a，1999b），并不能全面地把握城市居民社会网络的全貌。似乎以往的研究多注重从网络的结构特征和关系构成方面来理解一种社会网络的特质，而关于重要问题的内容和性质则是过去所有以讨论网为测量工具的社会网络研究所忽视的。社会网络分析在某种程度上招致批评，在一定程度上也与它忽视对网络内容或网络性质的研究有关。某些批评者非难社会网络分析仅仅是一种方法论，缺乏对实质问题的应有重视；另外一些研究者则避开了它的独特术语和技术，仅仅在隐喻的意义上使用社会网络的概念；还有一些社会网络分析者和实践者，将网络分析误解为许多专业术语和测量技术的一个混合体；一些人把它硬化为一种方法论，而另外一些人则把它软化为一种隐喻；还有一些人嘲笑社会网络分析并没有什么新东西，只不过是“新瓶装旧酒”（Wellman，1988：19－20）。对社会网络分析的最经常和最激烈的批评，认为它是由“没有理论的方法”构成的（Berkowitz，1988：492）。甚至有学者认为“网络分析，它拥有一套强有力的描述社会结构的技术，尽管前景可观，但是却没有多少理论。网络社会学的方法论很精致，但它明显不是理论”（Turner，1986：288）。针对上述尖锐的批评，我们试图通过对北京城市居民重要问题讨论网内容的分析，理解北京城市居民乃至中国城市居民讨论网的实质，在此基础上对于中国城市居民讨论网的性质作出初步的判断①。

我们所关注的问题是，不同阶层地位的城市居民是否在所讨论的重要问题的内容方面存在着本质的差别？换言之，阶层地位较高的人是否专注于讨论工具性问题，阶层地位较低的成员是否更倾向于讨论情感性问题？如果不同阶层的城市居民的讨论网确实存在着明显的差别，那么造成其差别的主要原因又是什么呢？本章试图通过对北京城市居民社会网络调查资

① 由于本章是以重要问题的讨论网作为社会网络的提名法，除非特指，社会网与讨论网具有相同的含义，且可以相互替代。

料的分析来回答上述问题。

二 研究设计、资料来源与分析方法

（一）资料来源和抽样设计

本章的资料来自 2000 年 7—8 月在北京城市地区进行的大规模问卷调查。抽样程序如下：第一，首先按照概率比例抽样方法（probabilities proportional to size，PPS）从北京市中心和近郊 8 个区随机抽取 12 个街道作为初级抽样单位（PSU）。第二，根据 PPS 方法从每个被抽中的街道选取 4 个居民委员会。第三，从被抽中的 48 个居委会中按照简单随机原则获得 1677 个住宅地址作为调查样本，再从被选中的住宅中按照随机数表选择被访户。第四，在选定的被访户中，由访问员按照基什网格法（Kish Grid）选择合适的被访者，最终成功访问了 1004 位 18 岁以上的在职或退休的城市居民。从样本与统计资料的比较中可以看到，除了年龄分布以外，样本和总体在性别、婚姻状况、教育、职业和工作单位所有制等指标的分布比较接近，说明本次调查具有相当的代表性（张文宏、李沛良、阮丹青，2004）。

（二）主要指标的操作化测量

社会网络：北京城市居民社会网络调查的提名问题直接取自美国综合社会调查中的一个问题："大多数人时常会和他人讨论重要的问题。在过去半年内，您和谁讨论过对您来说是重要的问题呢？请您告诉我这些人的姓名或简称。"（Burt，1984）以重要问题的讨论为主题所确定的所有人构成了被访者的社会网络。

1. 因变项：社会网络的性质

社会网络的性质：对于网络性质的判断，我们可以列出种种不同的标准。最常见的划分标准是将网络划分为工具性的和情感性的（Lin，1986，1990，1992，1999）或是工具性、情感性和混合性的（Hwang，1987）。黄光国（1987）认为情感性关系是一种稳定而持久的关系，这种关系的主要功能是满足关爱、温情、安全和归属等方面的需要；工具性关系是为了达到功利性的目标而建立的；混合性关系介于两者之间。林南（1999）

在建构其社会资本的网络理论模型时，采用了二维的标准。他将工具性网络的性质界定为旨在获得不为行动者本身拥有的资源（包括财富、地位和声望），而将情感性网络的本质界定为维持已被行动者所占有的资源。

原始问卷中被访者与其网络成员讨论的重要问题包括事业、金钱、投资、感情、子女、老年父母、住房、时事、健康、医疗、饮食、衣着、娱乐、体育、宗教、人生目标等方面。借鉴前人对网络性质划分的不同标准，我们根据自我与网络成员讨论的重要问题的内容，将讨论网区分为工具性、情感性、社交性和混合性 4 种。其中工具性问题包括事业、投资、金钱、住房和健康与医疗等；情感性问题包括感情、子女、老年父母、亲友聚会、宗教和人生目标等；社交性问题包括时事新闻、饮食、衣着、娱乐、体育等话题。混合性问题涉及上述 3 种问题中的 2 种或 3 种，比如工具性与情感性问题的混合、工具性与社交性和情感性问题的混合等。

2. 自变项：阶层地位

结合新马克思主义和新韦伯主义及结构功能主义的阶级分类和社会分层标准，以职业分类为基础，结合生产资料的占有关系、人们在正式组织中的权威关系、所掌握的专业技能以及教育获得、收入等指标，笔者初步将中国城市居民划分为如下 4 个阶层：（1）专业行政管理阶层；（2）小雇主阶层；（3）普通白领阶层；（4）工人阶层，从事体力劳动的技术工人、半技术工人和非技术工人。按照上述划分阶层的操作性标准，在 938 名有效被访者中，专业行政管理阶层占 32.8%，小雇主阶层占 3.8%，普通白领阶层占 16.1%，工人阶层占 47.2%。在回归分析中，将阶层变项编码为 4 个虚拟变项，以工人阶层作为参考类别（张文宏、李沛良、阮丹青，2004）。

3. 控制变项

我们在分析中将性别、年龄、婚姻地位、工作状况、职业流动状况、政治身份作为控制变项，以考察阶层地位对于网络性质的独立影响。

（三）分析方法

在分析阶层地位对网络性质的影响时，我们采用多类别对数比率回归（multinomial logistic regression）的统计方法（Powers and Xie, 1999；彭玉生，2001：308－319）。多项对数比率回归是简单对数比率回归的扩展，由一组对数比率方程构成。如果把多类别变项中的一类作为基准类（baseline category），那么就形成了基准比较模型（baseline category contrast）。具体做法是先选择基准类，然后，将它的几率与其他各类的几率对比。例如，在网络性质的回归分析中，我们通常将混合型网络作为基准类，研究一组自变项 X 如何影响人们选择混合型网络（P_j）作为网络成员的影响，用 P_1、P_2、P_3 表示选择工具型网络、情感性网络和社交型网络的几率，那么由此形成的多项对数比率回归方程就是：

$$\log(p_1/p_j) = \alpha_1 + \beta_1 X$$

$$\log(p_2/p_j) = \alpha_2 + \beta_2 X$$

$$\log(p_3/p_j) = \alpha_3 + \beta_3 X$$

三 研究结果与发现

（一）讨论网的性质

从表8—1的统计结果可以发现，北京城市居民与讨论网成员谈论单纯工具性问题的占26.1%，交流单纯情感性问题的占6.2%，单纯沟通社交性问题的占3.8%，而兼具工具性、情感性和社交性功能的混合性问题则高达63.9%。另外，从被访者与每一位网络成员所讨论的重要问题的内容来看，社会网络的性质主要表现在工具性内容方面的差异。被访者与前三位成员在讨论工具性问题方面基本没有差异，而到第四个成员讨论工具性问题的比例急剧上升（45%），到第五个成员该比例上升为74.8%。以前关于朋友网络之活动内容的相关研究发现，共度休闲时光通常是为了增进参与者的情感或友谊（Goldthorpe，1987）。在此意义上，如果我们可以将社交性问题与情感性问题合并，那么很明显，北京城市居民与其网络成员讨论的问题主要与混合性问题和工具性问题有关。换言之，北京城市居民的讨论网是一种兼具工具性和情感性功能的混合型的社会网络。

表 8—1 重要问题的内容

重要问题的内容	样本总体	第一个成员	第二个成员	第三个成员	第四个成员	第五个成员
工具性	26.1%	12.2%	13.4%	13.8%	45.0%	74.8%
情感性	6.2%	6.0%	6.2%	6.5%	3.9%	1.5%
社交性	3.8%	2.3%	4.9%	5.6%	3.1%	1.1%
混合性	63.9%	79.4%	75.5%	74.1%	48.1%	22.6%
N	950	947	872	537	387	456

（二）阶层地位对讨论网性质的影响

关于阶层地位对社会网络性质的影响，由于是一种探索性的实证研究，因此我们不准备提出具体的研究假设，在研究策略上采用地毯式的搜索方式，以免有挂一漏万之憾，因此拟将所有可能的影响因素纳入回归方程。这些影响因素不仅包括性别、婚姻状况、年龄等社会人口特征，还包括了就业身份、职业流动状况、政治地位和单位的所有制类别等变项。在回归分析中，这些影响因素作为控制变项纳入回归方程。

表 8—2 是阶层地位及社会人口特征影响重要问题内容的多类别对数比率回归的统计结果。从表 8—2 模型 1 的统计结果可以发现，专业行政管理阶层、普通白领阶层和小雇主阶层在与网络成员讨论工具性还是混合性的问题方面，与工人阶层相比不存在显著的差异。

表 8—2 模型 1 的其他有意义的发现是，男性与网络成员讨论工具性而非混合性问题的比率是女性的 1.65 倍（$e-0.501=1.65$，$P<0.05$）。换言之，男性更可能与网络成员讨论单纯的工具性问题，而女性更可能讨论混合性问题；18—29 岁的青年人和 30—49 岁的中年人与网络成员讨论工具性而非混合性问题的几率仅仅是 50 岁以上被访者的 26.9%（$e-1.314=0.269$，$P<0.05$）和 52.8%（$e-0.638=0.528$，$P<0.05$），即中青年人更可能与网络成员讨论混合性问题，50 岁以上

的准老年人和老年人更可能讨论工具性问题；中共党员与网络成员讨论工具性而非混合性问题的几率是非中共党员的63.7%（e－0.451＝0.637，P＜0.05），即中共党员更可能与网络成员讨论工具性问题，非中共党员更可能讨论混合性问题；另外，在国家机关事业单位和国有企业工作的人与网络成员讨论工具性而非混合性问题的几率分别是在其他单位工作的被访者的49.1%（e－0.711＝0.491，P＜0.05）和59.9%（e－0.512＝0.599，P＜0.05），即在国家机关和企事业单位工作的人更可能讨论混合性问题，在集体或非公有制单位工作的人更可能讨论工具性问题。

表8—2模型2的结果表明，阶层地位对重要问题内容的独立影响表现在专业行政管理阶层、普通白领阶层和工人阶层在讨论情感性还是混合性问题的选择上有一定的差别。在控制了性别、婚姻状况、年龄、就业状况、职业流动状态、政治身份和单位所有制类别等社会人口特征以后，专业行政管理阶层和普通白领阶层与网络成员讨论情感性而非混合性问题的概率分别是工人阶层的47.6%（e－0.742＝0.476，P＜0.01）和46.9%（e－0.756＝0.469，P＜0.05）。即专业行政管理阶层和普通白领阶层与其网络成员更可能讨论混合性问题而非情感性问题，而工人阶层与其网络成员更可能讨论情感性问题而非混合性问题。小雇主阶层与网络成员讨论情感性而非混合性问题的概率是工人阶层的1.05倍（e－0.052＝1.05），但是在统计上不显著。说明小雇主阶层和工人阶层相比，在与网络成员讨论情感性还是混合性问题方面，不存在显著的差别。此外，男性同女性相比更可能与网络成员讨论混合性问题而非情感性问题（男性与网络成员讨论情感性而非混合性问题仅仅是女性的48.9%［e－0.716＝0.489，P＜0.01］）。

表8—2模型3的结果显示，专业行政管理阶层、普通白领阶层和小雇主阶层在讨论社交性还是混合性问题的选择比率仅仅是工人阶层的79.6%（e－0.228＝0.796）、86.7%（e－0.143＝0.867）和52.9%（e－0.636＝0.529），但是在统计学意义上并不显著，这意味着专业行政管理阶层、普通白领阶层和小雇主阶层在讨论社交性还是混合性问题上同工人阶层相比不存在显著的差异。

表 8—2　本人阶层地位及社会人口特征与重要问题内容的多类别对数比率回归分析

	重要问题内容		
	(1) 工具性/混合性	(2) 情感性/混合性	(3) 社交性/混合性
Intercept	0.773 * (0.470)	-1.336 * * (0.499)	-1.205 * * (0.404)
男性	0.501 * (0.255)	-0.716 * * (0.250)	0.061 (0.193)
已婚者 1	-0.272 (0.401)	0.083 (0.408)	-0.208 (0.307)
年龄组 2: 18—29 岁	-1.314 * (0.746)	-0.868 (0.764)	-0.051 (0.453)
30—49 岁	-0.638 * (0.326)	-0.036 (0.303)	-0.168 (0.260)
目前在业者 3	-0.361 (0.388)	-0.078 (0.296)	0.216 (0.246)
职业流动者 4	0.185 (0.399)	0.111 (0.362)	0.182 (0.281)
中共党员 5	-0.451 * (0.309)	-0.057 (0.286)	0.148 (0.255)
单位所有制 6: 国家机关/ 事业单位	-0.711 * (0.382)	0.331 (0.370)	0.066 (0.300)
国有企业	-0.512 * (0.382)	0.151 (0.322)	0.048 (0.264)
阶层地位 7 专业行政管理	-0.089 (0.320)	-0.742 * * (0.313)	-0.228 (0.243)
普通白领	-0.399 (0.419)	-0.756 * (0.362)	-0.143 (0.273)
小雇主	-0.173 (0.600)	0.052 (0.589)	-0.636 (0.274)
Pseudo R2 (Nagelkerke)	0.068	0.068	0.068
-2Log Likelihood	916.252	916.252	916.252
X2	53.881 *	53.881 *	53.881 *
D. F.	36	36	36
N	881	881	881

注：系数为非标准化的回归系数，括号内为标准误。* $P<0.05$，* * $P<0.01$（单侧检验）。

1. 参考类别为未婚者和离婚、分居及丧偶者。
2. 参考类别为 50 岁以上者。

3. 参考类别为非在业者，包括退休者、失业下岗者及家务工作和学生等。
4. 参考类别为非职业流动者。
5. 参考类别为非中共党员。
6. 参考类别为集体企事业和个体、私营及民营、外资企业单位。
7. 参考类别为工人阶层。

续表 8—2 本人阶层地位及社会人口特征与重要问题内容的多类别对数比率回归分析

	重要问题内容		
	(4) 工具性/情感性	(5) 工具性/社交性	(6) 社交性/情感性
Intercept	0.562 (0.625)	0.432 (0.558)	0.131 (0.582)
男性	1.217*** (0.334)	0.440+ (0.294)	0.777** (0.290)
已婚者 1	-0.335 (0.529)	-0.064 (0.440)	-0.291 (0.466)
年龄组 2: 18—29 岁	-0.446 (0.993)	-1.263+ (0.817)	0.817 (0.797)
30—49 岁	-0.602 (0.413)	-0.470 (0.383)	-0.131 (0.363)
目前在业者 3	-0.283 (0.405)	-0.578+ (0.369)	0.294 (0.351)
职业流动者 4	0.074 (0.503)	0.004 (0.449)	0.070 (0.416)
中共党员 5	-0.394 (0.395)	-0.559* (0.353)	0.204 (0.333)
单位所有制 6: 国家机关/ 事业单位	-1.042 (0.495)	-0.778* (0.447)	-0.264 (0.436)
国有企业	-0.663 (0.413)	-0.560 + (0.372)	-0.103 (0.381)
阶层地位 7 专业行政管理	0.653 + (0.420)	0.139 (0.370)	0.513 + (0.363)
普通白领	0.357 (0.526)	-0.256 (0.469)	0.613 + (0.419)
小雇主	-0.225 (0.783)	0.463 (0.769)	-0.688 (0.761)
Pseudo R2 (Nagelkerke)	0.068	0.068	0.068

续表

重要问题内容			
	(4) 工具性/情感性	(5) 工具性/社交性	(6) 社交性/情感性
-2Log Likelihood	916.252	916.252	916.252
X2	53.881 *	53.881 *	53.881 *
D.F.	36	36	36
N	881	881	881

注：系数为非标准化的回归系数，括号内为标准误。+P<0.10，*P<0.05，**P<0.01，***P<0.001（单侧检验）。

1. 参考类别为未婚者和离婚、分居及丧偶者。
2. 参考类别为50岁以上者。
3. 参考类别为非在业者，包括退休者、失业下岗者及家务工作和学生等。
4. 参考类别为非职业流动者。
5. 参考类别为非中共党员。
6. 参考类别为集体企事业和个体、私营及民营、外资企业单位。
7. 参考类别为工人阶层。

续表8—2模型4的结果表明，专业行政管理阶层与网络成员讨论工具性而非情感性问题的比率是工人阶层做此选择的1.92倍（e-0.653=1.92，P<0.10），这意味着专业行政管理阶层更可能与网络成员讨论工具性问题，工人阶层更可能与网络成员讨论情感性问题。普通白领阶层和小雇主阶层做上述选择的几率分别是工人阶层的1.43倍（e-0.357=1.43）和79.8%（e-0.225=0.798），但是不具有统计学上的显著意义，说明在选择工具性或情感性问题方面，普通白领阶层和小雇主阶层与工人阶层相比不存在显著的差别。另外，男性与网络成员讨论工具性问题而非情感性问题是女性做此选择的3.38倍（e-1.217=3.38，P<0.001），说明男性更可能与网络成员讨论工具性问题，女性更可能讨论情感性问题。

续表8—2模型5的结果显示，各阶层之间在选择工具性还是社交性问题作为重要问题的讨论主题方面不存在显著的差别；男性与网络成员讨论工具性问题而非社交性的比率是女性的1.55倍（e-0.440=1.55，P<0.10），亦即男性与网络成员更可能讨论工具性问题，而女性与网络成员更可能讨论社交性问题；30岁以下的青年人与网络成员讨

论工具性问题而非社交性问题是50岁以上被访者的28.3%(e-1.263=0.283,P<0.10)，说明青年人更可能讨论工具性问题，50岁以上的准老年和老年人更可能讨论社交性问题；目前在业者与网络成员讨论工具性问题而非社交性问题的几率是非在业者的56.1%（e-0.578=0.561，P<0.10)，说明在业者更可能讨论社交性问题，而非在业者更可能讨论工具性问题；中共党员与网络成员讨论工具性问题而非社交性问题的比率是非中共党员的57.2%（e-0.559=0.572，P<0.10)，意味着中共党员更可能讨论社交性问题，非中共党员更可能讨论工具性问题；在国家机关、事业单位和国有企业工作者选择工具性问题而非社交性问题作为讨论主题的几率分别是集体和其他非公有制单位员工的45.9%（e-0.777=0.459，P<0.05）和57.1%（e-0.560=0.571，P<0.10)，说明国家机关、事业单位和国有企业的员工更可能讨论社交性问题，集体和非公有制单位员工更可能讨论工具性问题。

续表8—2模型6的结果显示，在将性别、婚姻状况、年龄、就业状况、职业流动状况、政治身份和单位所有制类别等社会人口特征纳入回归方程以后，专业行政管理阶层和普通白领阶层与网络成员讨论情感性而非混合性问题的概率分别是工人阶层的1.67倍（e-0.513=1.67，P<0.10）和1.85倍（e-0.613.=1.85，P<0.10)，即专业行政管理阶层和普通白领阶层与其网络成员更可能讨论社交性问题而非情感性问题，而工人阶层与其网络成员更可能讨论情感性问题而非社交性问题。小雇主阶层与网络成员讨论社交性而非混合性问题的概率是工人阶层的50.3%(e-0.688=0.503)，但是在统计上不显著，说明小雇主阶层和工人阶层相比，在与网络成员讨论社交性还是情感性问题方面，不存在显著的差别。此外，我们还发现，男性与网络成员讨论社交性而非情感性问题的比率是女性的2.18倍（e-0.777=2.18，P<0.01)，亦即男性与网络成员更可能讨论社交性问题，而女性与网络成员更可能讨论情感性问题。

四 结论与讨论

关于阶层地位对讨论网重要问题的内容的影响，我们得到如下3个主要的结论：

（一）同工人阶层相比，专业行政管理阶层和普通白领阶层与其网络成员更可能讨论混合性问题而非单纯的情感性问题。

（二）专业行政管理阶层与网络成员更可能讨论工具性问题，工人阶层更可能讨论单纯的情感性问题。

（三）专业行政管理阶层、普通白领阶层和小雇主阶层在与网络成员讨论工具性还是混合性的问题、工具性还是社交性问题、社交性还是混合性问题三个方面，与工人阶层相比不存在显著的差异。

对于在阶层结构中位居上层和中间阶层的专业行政管理人员和白领人员阶层而言，包括情感性、工具性问题和社交性在内的混合性问题比单纯的情感性问题在其重要问题的序列中占据着更核心的位置。换言之，专业行政管理阶层和普通白领阶层的讨论网是混合性质的，他们很少与网络成员单纯地讨论情感性问题。虽然这两个阶层作为中国城市社会的精英成员，自身拥有较丰富的教育资本和政治资本，控制着城市社会的大部分政治、经济和文化技术资源（陆学艺，2002；张宛丽，2002），但是专业行政管理阶层为了巩固自己的既有阶层地位和既有资本，普通白领阶层（或专业行政管理阶层中不拥有正式权威位置的那部分专业人员）为了提升自己的阶层地位、扩大自己现有的社会、经济和政治资本，依靠自己在阶层结构中所占据的有利位置，与自己所属阶层或邻近阶层的成员交换信息、参加有利于培养感情或有助于达成工具性目标的聚会、聚餐、联谊等社交活动。由于占据着优势的阶层位置，专业行政管理阶层的交往机会较多，因此拥有较大的社会网络规模和多元化的角色关系。以往的研究表明（Wellman and Wortley，1990），不同的角色关系提供不同的社会支持角色。专业行政管理人员和普通白领人员相对较大的网络规模和更多元化的角色关系为专业行政管理阶层获得情感支持、工具性帮助和社交陪伴等提供了保证。而工人阶层的讨论网中多数是与自己阶层地位相当的成员，他们所占据的类似位置使得其所拥有的社会资源、经济资源和政治资源基本相同，即使他们希望通过与网络成员的交流和讨论而解决实质性的工具问题，但是就其网络成员所控制的各种资源而言，这个目标也很难实现。对于工人阶层来说，他们与网络成员更偏重于讨论情感性问题有可能是这个阶层较注重人际交往的情感特征的表现，是他们受到传统价值观念的影响更深刻的反映；也许是他们所属的密切小圈子无法为其混合性的问题提供实质帮助退而求其次的无奈选择。

同样，由于专业行政管理阶层的讨论网中互不相识的成员规模多于工人阶层，亦即前者占据着将网络成员隔离开来的“结构洞”位置，这种有利的战略位置为其获得非冗余的有价值信息，向不太熟悉和关系不太密切的网络成员施加不同的影响，或是为了自身的利益在两个陌生的网络成员之间的交易中讨价还价提供了便利（Burt，1992）。专业行政管理阶层由于拥有较大的网络规模、拥有较多的非剩余的角色关系、较多的“结构洞”位置和相对较低的网络密度，为其社会资本的积累创造了条件，从而也为其在工具性行动中取得成功奠定了基础。

有意思的发现是，在不以情感性问题作为多类别回归分析的参照指标的所有统计结果中，在讨论工具性还是混合性问题、工具性还是社交性问题、社交性还是混合性问题三个方面，专业行政管理阶层、普通白领阶层和小雇主阶层与工人阶层相比都不存在明显的差别，这说明各阶层之间在讨论重要问题的内容方面，主要的差别在于是否同网络成员讨论与情感相关的问题。如前所述，北京城市居民的讨论网是一个以包含工具性、情感性、社交性等功能的综合性的混合网络。工具性和社交性问题包含在混合性内容之中，是混合性内容的题中应有之义。从社会行动的理性选择理论来看，与网络成员的交往可能只是达到其工具性行动目标或增强情感密度的一种手段，并不是目的本身。对于讲究关系运作和网络建构“艺术”的中国城市市民而言，在特殊主义的人际交往中，特别是在与家庭成员之外的人的互动中，往往运用深思熟虑的策略来达到其真正的行动目标。就北京城市居民的讨论网来看，与网络成员交往的工具性目的有可能掩盖在社交性或情感性功能的外表之下，或是工具性目的融合在混合性功能之中，从而使得人们在对其讨论网的性质做出判断时，很难在工具性还是混合性、工具性或社交性及社交性还是混合性的两极作出准确的取舍。其他学者关于中国城市市民求职过程的研究表明，当人们没有直接的强关系可以寻求实质性帮助时，求职者通常会通过与帮助者和求助者双方关系都密切的中间人获得最终的帮助（Bian，1997）。边燕杰的上述研究结果实际上暗含着人们在运用社会网络实现其明确的工具性目标时，往往以人情、信任为基础建立新的关系，工具性的目标掩藏在人情、情感和信任背后。

人类学家对中国城市社会关系建构艺术的深刻观察也表明，直接的赤裸裸的功利性、工具性行动目标并不比混合性行动或隐藏在情感性或社交性交往之后的工具性行动目标更能成功地实现（Yang，1994）。

第九章　城乡居民社会支持网的比较研究①

本章运用“天津城乡居民社会网”的问卷调查资料，对市民和农民的社会支持网进行了比较研究。我们的研究发现是：（1）亲属在城乡居民的财务支持网中发挥着非常重要的作用。（2）亲属在精神支持网中的作用也是相当重要的，但不如其在财务支持网中那么重要。亲属在财务支持网和精神支持网中的作用有程度上的差别，而这个倾向在农民中表现得更明显。(3) 在亲属中，兄弟姐妹和其他亲属发挥着比父母更大的作用，特别是在财务支持网中。子女在财务和精神支持网中发挥的作用都非常小。配偶在精神支持网中发挥的作用也相当弱。（4）同事和朋友在精神支持网中的作用比其在财务支持网中更大。在农村，邻居在财务支持和精神支持两方面具有相当重要的作用。本章从文化和结构两个方面对这些研究发现进行了解释。

一　导论

社会网是指由个体间的社会关系构成的相对稳定的体系。个人的社会支持网是由具有相当密切关系和一定信任程度的人所组成的。社会支持网在规范个人的态度和行为时发挥着重要的影响，它也是个人的一种重要的社会资源。从一般意义上说，社会支持指人们从社会中所得到的、来自他人的各种帮助。财务支持和精神支持是个人社会支持的两个重要方面。本章的分析仅仅限于财务和精神领域的帮助。

---

① 本章修改自《社会学研究》1999 年第 3 期上发表的《城乡居民的社会支持网》（张文宏、阮丹青）。

社会学家长期以来认为，个人从来都不能自由地选择他们希望交往的对象。社会生活对他们施加的限制影响了其对交往对象的选择。同时，虽然文化价值观念规定了人们在社会关系中的选择倾向，但社会结构因素（例如政治和经济制度、经济发展水平及一个社会中的人口构成）对建立和维持个人间的关系具有某种影响力（Blau and Schwartz，1984；Coser，1991）。由于个人间相互交往的关系模式是最基本的社会事实之一，所以社会学自创始之时就把微观社会模式和宏观社会限制之间的联系作为社会学的一个中心关注点。跨社区的比较研究是探讨宏观社会条件对微观社会关系模式影响的最好方法之一。

一种社会角色的相对重要性和这种角色在某种支持网络中发挥独特功能的程度受到结构和文化两方面的限制。换言之，提供特殊支持的人的身份和其有效性在不同的社区受到不同社会条件的制约。西方的一些同类研究表明，亲属和朋友在个人社会支持网中发挥着非常重要的作用。在亲属当中，配偶、父母和成年子女比兄弟姐妹和其他亲属发挥的作用更大。另外，配偶提供社会支持的范围也是最广泛的，人们倾向于从配偶那里获得精神性、工具性和社交性的支持，父母和成年子女也彼此提供精神性和工具性的支持，但西方人向朋友寻求的主要是精神性的支持，邻居作为社会支持网的成员主要是由于其在地理上的邻近性。而同事在社会支持网中仅仅发挥着边际性的作用（Burt，1990；Finch，1989；Fisher，1982；Honllinger and Haller，1990；Marsden，1987；Van der Poel，1993；Wellman，1979，1992）。

韦尔曼和沃特利（1990）认为，社区关系并没有随着工业化、都市化和现代化的不断发展而普遍衰败，只是居住在不同社区的人由于社会结构的差异，在建构个人的社会关系网络时会采取不同的模式。他们的个人社区理论不仅影响了社区关系理论的发展，而且对日常生活中各种支持关系的网络结构的分析具有独到之处。阮丹青等（1990，1997）对天津城市居民“重要问题讨论网”的研究指出，亲缘关系和业缘关系在讨论网中占有重要的地位，其特征是高趋同性、高紧密性和低异质性。1993年同1986年相比，同事和亲属在讨论网构成中的重要性下降，而同学、邻居和朋友的重要性上升。边燕杰（Bian，1997）对中国城市劳动力市场的研究表明，人们更经常地利用强关系（密切关系）

而非弱关系（一般关系）去获得一份理想的工作。使用间接关系的人比使用直接关系的人更容易找到较理想的工作。蔡禾等（1997）的研究发现，人们通过何种社会关系去寻求社会支持，受到社区性质和社区居民自身特征的影响。

然而，关于中国农民社会支持网的研究或中国城乡居民社会网的比较研究，一直是一个被忽视的领域。不研究中国农民的社会网，就不能完整和系统地理解和认识中国人的微观社会结构。本章运用 1996 年“天津城乡居民社会网”问卷调查的资料，对城市和农村居民个人社会支持网的规模、网络构成模式进行了比较研究，试图发现其类似性和差异性及其造成这种类似性或差异性的结构或文化因素。

二　研究方法

1. 抽样方法

本章所用的资料来自“天津城乡居民的社会网研究”，调查地点是天津市城市中心区和农村地区，调查时间为 1996 年 11 月至 1997 年 3 月。

城市样本：天津市中心 6 区共有 123.07 万户，368.71 万人。中心 6 区共设有 101 个街道办事处、2144 个居民委员会（天津市统计局，1996：77、45）。城市样本是按以下方法抽取的：（1）从中心 6 区中的每区随机抽取 3 个街道办事处，共 18 个街道办事处。（2）从抽出的每个街道办事处中随机抽取 1 个居民委员会，共 18 个居民委员会。（3）从抽出的每个居民委员会中再按照居民户口花名册随机抽取 30 户左右的家庭。（4）在每个被抽取的家庭中，抽取 18 岁及 18 岁以上、出生日最靠近 11 月 5 日的城市居民作为本次调查的访问对象。城市地区共获得有效样本 601 个。

农村样本：天津市的农村居民分布于 4 个近郊区、3 个滨海区和 5 个县。4 个近郊区和 5 个县的农村居民为 360.43 万人，占天津市农业人口的 93.2%（天津市统计局，1996：78）。考虑到农村居民的同质性较强，加上受研究经费的限制，农村样本的抽选区域限定为 4 个近郊区中的西青区和 5 个县中的宝坻县。

表 9—1　　样本的基本特征

	农村（样本数 = 334）	城市（样本数 = 503）
性别		
男	54.5	38.8
女	45.5	61.2
婚姻状况		
未婚	4.2	7.4
已婚	94.9	85.4
丧偶	0.9	6.0
离婚	0	1.2
年龄		
18—29 岁	15.6	11.9
30—39 岁	35.6	22.1
40—49 岁	35.0	29.2
50—59 岁	9.6	19.7
60—65 岁	4.2	17.1
平均年龄	38.9 岁（标准差 =9.7）	44.7 岁（标准差 =12.3）
教育程度		
文盲或略识字	9.9	6.2
小学	32.9	9.9
初中	41.6	35.8
高中	14.4	31.0
大专	1.2	14.7
本科及以上	0	2.4
平均受教育年限	7.14 年（标准差 =2.66）	9.96 年（标准差 =3.46）

注：本章的分析只包括了 18—65 岁的样本，其中农村的样本仅包括远郊区（宝坻县）的样本，不包括近郊区（西青区）的样本。

宝坻县的人口规模、农村工业化水平、农民人均收入、县城到市区的距离，在 5 个市辖县中均属于中等。4 个近郊区都与市中心区接壤，经济社会发展程度、农民人均收入、人口规模差异不大。因此，选择西青区、宝坻县抽取农村样本具有一定的代表性（天津市统计局，1996：447－464）。农村样本的抽取程序是：（1）从西青区随机抽取3个乡（镇）、从宝坻县随机抽取4个乡（镇）。（2）从抽出的每个乡（镇）中随机抽取3个村民委员会，共21个村民委员会。（3）从抽出的每个村民委员会中再根据农民家庭户数占抽样总体的比例从户口花名册中随机抽取一定比例的户（30户左右）。（4）在每个被抽取的户中，再抽取18岁及18岁以上、出生日最靠近11月5日的农村居民作为本次调查的访问对象。农村地区共获得有效样本598个。本章的分析包括18—65岁的503个城市样本和334个农村样本（即宝坻县的样本）。样本的基本特征如表9—1所示。

2. 量表设计

问卷的第一部分是关于被访者本人的背景情况，包括性别、年龄、教育程度、婚姻状况、职业和收入等指标。第二部分所包括的个人社会支持网的11个网络问题，参考了美国和荷兰社会学家的设计方案（Burt，1984；Van der Poel，1993）。本章涉及的内容只是其中的一小部分。财务支持网成员是按照如下问题选择的："假如您需要借一大笔钱，您会向谁借"；精神支持网成员的选择标准则是下面的问题："如果您心情不好，想找人谈谈，您会找谁呢？"在访问中首先由调查员依次记下被访者针对每个问题所提到的所有人的姓名，然后再由调查员集中询问被访者所提到的前5个人的详细情况①，包括这些人的性别、年龄、教育程度、职业、单位的所有制形式、政治面目、与被访者的关系等深层次的资料。因此，被访者在上述两个问题之下提到的人分别成为本文分析"财务支持网"和"精神支持网"的网络成员。

关于被访者与社会网成员的具体关系，我们在问卷中列举了32种可能的关系②。当然，被访者与某个网络成员的关系不一定只有1种，但在我们的

---

① 为了寻求与国内外同类研究的可比性，我们在每一个网络问题中最多收集了前5个网络成员的资料。

② 这32种关系是：同事，上级，下级，生意伙伴，同学，朋友，恋爱对象，邻居，配偶，子女，父母，兄弟姐妹，配偶的父母，子女的配偶，孙子女，外孙子女，配偶的兄弟姐妹，祖父母，配偶的祖父母，外祖父母，配偶的外祖父母，叔叔姑姑，舅舅姨，配偶的叔姑舅姨，侄子女，外甥儿女，堂兄弟姐妹，表兄弟姐妹，配偶的堂表兄弟姐妹，配偶的侄子女甥儿女，同家族成员，其他远亲属和其他关系。

资料中，95%以上的被访者只提到1种与网络成员的关系。在我们的统计中，并没有对被访者提到的网络成员的多重关系做进一步处理，这里只分析了被访者提到的与网络成员的第1种关系。为了分析的简便，我们在统计过程中又把32种关系进一步归纳为9种：配偶、父母、子女、兄弟姐妹、其他亲属、同事、朋友、邻居和其他非亲属。

本章将集中分析城乡居民社会网的两个方面：网络规模和网络构成模式。网络规模指构成一个人的社会网的全体成员的数目。网络规模是测量一个人的社会资源拥有程度的一个重要指标。网络构成模式指被访者与网络成员的具体关系，通常用某种特定关系占总关系的百分比来表示某种关系的重要性。在本章的分析中，不包括年龄小于12岁的网络成员。在社会网构成的分析中，不包括网络规模为零的被访者。

三 研究发现

本部分将首先描述城乡居民财务支持网和精神支持网的一般特征，然后对城乡居民社会支持网的类似性和差异性进行比较。我们关注的主要问题是，市民和农民的社会支持网规模究竟有多大？他们向什么人寻求特定的社会支持？

表9—2描述的是财务支持网的情况。就农民的财务支持网来说，它的平均网络规模是2.1人，3.9%（13人）没有提到任何人。关于网络构成，很明显，农民更可能提到亲属而不是非亲属。如表9—2所示，平均67.7%的财务支持网是由亲属构成的，76.7%的农村被访者至少提到了1名亲属。

在亲属关系中，兄弟姐妹和其他亲属比父母和子女发挥着更大的财务支持作用，前两种关系的平均百分比高出后两者的2倍以上（27.6% + 21.9% 对 14.3% + 2.7%）。31%以上的农村被访者至少提到了1名兄弟姐妹或其他亲属，只有18.6%的被访者提到了父母。对“其他亲属”的进一步分析发现，在提到的其他亲属中，有44%比被访者年长6岁以上，有34%与被访者的年龄差距在5岁以内。在非亲属关系中，同事、朋友和邻居的构成百分比及被访者提到该关系的比例类似。

市民的财务支持网呈现出与农民类似的特征。市民的平均网络规模也是2.1人，11%的城市被访者（54人）没有提到任何财务支持网成员。像农民一样，市民也更可能提到亲属而不是非亲属作为其财务支持网的成员。在财务支持网中，平均60.5%的网络成员是亲属。兄弟姐妹和其他亲属比父母和子女发挥财务支持的功能更强（21.3% + 17.2% 对 9.3% +10.6%）。在提到的其他亲属中，有29.5%比被访者年长6岁以上，有28.4%与被访者的年龄差距在5岁以内；与农民不同，市民的同事和朋友比邻居发挥着更大的财务支持作用，这可从表9—2中这3种关系在网络构成的比例中发现。

表9—3描述的是精神支持网的情况。农民精神支持网的平均规模大于其财务支持网，平均规模为2.6人，1.5%的农民被访者（5人）没有提到任何网络成员，即其网络规模为0。亲属关系虽然在精神支持网中占有重要的位置，但它的作用不如其在财务支持网中那么明显。如表9—3所示，在精神支持网中，平均57.5%的成员是由邻居、朋友、同事和其他非亲属构成的。换言之，非亲属在农民精神支持网中的重要性大于亲属。

在亲属当中，兄弟姐妹和其他亲属发挥着比父母相对重要的精神支持作用，而子女的作用非常弱。在提到的其他亲属中，有37.2%比被访者

表9—2　　城乡居民财务支持网的构成

	农村（N=317）典型网的关系构成（平均百分比）[a]	（标准差）	被访者提到该关系的百分比	城市（N=446）典型网的关系构成（平均百分比）[a]	（标准差）	被访者提到该关系的百分比
全部亲属	67.8	（50.3）	78.6	60.5	（53.8）	74.0
配偶	1.2	（6.0）	4.1	2.1	（9.7）	5.6
亲属	66.6	（44.3）	74.5	58.4	（44.1）	68.4
父母	14.3	（32.6）	18.6	9.3	（24.5）	15.9
子女	2.7	（15.6）	3.2	10.6	（27.6）	14.8
兄弟姐妹	27.6	（40.5）	36.9	21.3	（33.8）	34.8
其他亲属	21.9	（36.4）	31.2	17.2	（30.6）	29.4
同事	8.9	（23.9）	15.5	14.9	（31.4）	21.8
朋友	11.8	（28.5）	18.0	12.0	（29.1）	17.5
邻居	9.9	（24.8）	16.7	6.9	（21.8）	11.7

续表

	农村（N=317）典型网的关系构成（平均百分比）[a]	（标准差）	被访者提到该关系的百分比	城市（N=446）典型网的关系构成（平均百分比）[a]	（标准差）	被访者提到该关系的百分比
其他非亲属	1.7	（8.7）	5.1	5.7	（19.8）	9.2
网络规模[b]	2.1	（1.4）	2.1	（1.4）		

注：a. 配偶+亲属=全部亲属；全部亲属+同事+邻居+其他非亲属=100%。

b. 农村样本=330，城市样本=500，包括那些没有提到任何网络成员的个案。该样本数与表9—4的回归分析中网络规模变项所包括的样本数一致。

表9—3　城乡居民情感支持网的构成

	农村（N=329）典型网的关系构成（平均百分比）[a]	（标准差）	被访者提到该关系的百分比	城市（N=498）典型网的关系构成（平均百分比）[a]	（标准差）	被访者提到该关系的百分比
全部亲属	42.6	（41.5）	61.7	49.5	（43.6）	63.3
配偶	10.2	（20.8）	23.7	11.8	（27.2）	22.3
亲属	32.4	（38.3）	49.8	37.7	（40.9）	53.2
父母	7.9	（21.7）	14.6	6.2	（18.9）	12.7
子女	1.9	（11.5）	3.0	9.7	（24.4）	17.5
兄弟姐妹	12.9	（26.7）	23.7	13.1	（27.3）	23.7
其他亲属	9.7	（24.4）	17.6	8.8	（20.9）	19.1
同事	10.6	（25.3）	18.5	20.0	（34.2）	31.1
朋友	19.7	（33.9）	30.4	13.3	（29.3）	21.3
邻居	25.4	（36.5）	38.3	9.7	（24.6）	16.7
其他非亲属	1.8	（8.3）	5.2	7.5	（22.6）	12.5
网络规模[b]	2.6	（1.3）		2.6	（1.4）	

注：a. 配偶+亲属=全部亲属；全部亲属+同事+邻居+其他非亲属=100%。

b. 农村样本=334，城市样本=502，包括那些没有提到任何网络成员的个案。该样本数与表9—5的回归分析中网络规模变项所包括的样本数一致。

表 9—4　城乡居民财务支持网构成的回归分析[a]（N = 763）

依变项	网络规模	配偶[b]	亲属（不含配偶）	父母	子女	兄弟姐妹	其他亲属
居住地（农村 = 1）	-0.150（-0.052）	-0.439（0.505）	-0.152（-0.062）	-0.044（-0.044）	-0.085（-0.074）*	-0.203（-0.014）	-0.001（-0.001）
网络规模	—	0.637（0.121）***	0.385（0.417）***	0.017（0.046）	0.060（0.142）***	0.167（0.266）***	0.140（0.251）***
性别（男 = 1）	0.103（0.036）	-0.300（0.379）	-0.311（-0.127）***	-0.068（-0.068）*	-0.093（-0.082）**	-0.128（-0.077）*	-0.022（-0.015）
年龄	0.075（0.616）**	0.456（0.159）**	-0.067（-0.625）**	-0.037（-0.856）***	-0.074（-1.504）***	0.088（1.204）***	-0.043（-0.662）**
年龄的平方	-0.001（-0.637）**	-0.005（0.002）**	0.001（0.559）**	0.0003（0.506）*	0.001（1.879）***	-0.001（-1.269）***	0.0004（0.640）*
教育[c] 初中	-0.156（-0.054）	-0.712（0.507）	-0.138（-0.055）	-0.064（-0.063）	-0.163（-0.141）***	0.001（0.000）	0.089（0.059）
高中	-0.117（-0.036）	-0.878（0.620）	-0.121（-0.042）	0.023（0.020）	-0.167（-0.127）**	0.022（0.011）	0.001（0.001）
大专及以上	-0.287（-0.062）	0.340（0.701）	-0.330（-0.081）	0.147（0.089）*	-0.181（-0.096）*	-0.096（-0.034）	-0.199（-0.080）
常数	0.803	13.769（3.531）***	2.164***	1.312***	1.332***	-1.484***	1.003**
R2	0.011	—	0.208	0.158	0.308	0.120	0.079

注：a. 数值是非标准化的多元回归系数，括号里的数值是标准化的回归系数。依变项是网络规模和属于特定关系范畴的网络成员的数目（如，一个调查对象提出的朋友的数目）。

b. 配偶 1 列的数值是逻辑回归的结果，括号里的数值是标准误差，X2 = 45.261，自由度 = 8，P = 0.0000。

c. 参考群体是小学及以下文化程度者。* P（0.05）；* * P（0.01）；* * * P（0.001）；* * * * P（0.0001）。

表 9—4（续）

依变项	同事	朋友	邻居	其他非亲属
居住地（农村 =1）	0.022（0.013）	0.062（0.042）	0.111（0.087）*	−0.034（−0.039）
网络规模	0.223（0.359）***	0.160（0.286）***	0.133（0.279）***	0.065（0.198）***
性别（男 =1）	0.065（0.039）	0.163（0.110）**	0.103（0.081）*	−0.007（−0.008）
年龄	0.031（0.427）	−0.002（−0.027）	0.045（0.804）***	−0.019（−0.504）*
年龄的平方	−0.0003（−0.378）	−0.00004（0.060）	−0.0005（−0.769）**	0.0001639（0.376）
教育[c] 初中	0.071（0.042）	0.124（0.081）	−0.106（−0.082）	0.071（0.079）
高中	0.143（0.074）	−0.019（−0.011）	−0.064（−0.043）	0.090（0.089）
大专及以上	0.048（0.018）	0.122（0.049）	−0.056（−0.027）	0.179（0.123）**
常数	−0.982**	−0.254	−1.074***	0.411*
R2	0.141	0.102	0.112	0.086

表 9—5　城乡居民情感支持网构成的回归分析[a]（N = 827）

依变项	网络规模	配偶[b]	亲属（不含配偶）	父母	子女	兄弟姐妹	其他亲属
居住地（农村 = 1）	-0.063（-0.022）	0.080（0.212）	-0.371（-0.154）***	-0.037（-0.040）	-0.163（-0.141）***	-0.105（-0.073）	-0.065（-0.054）
网络规模	—	0.130（0.060）*	0.346（0.404）***	0.033（0.100）**	0.088（0.215）***	0.128（0.249）***	0.097（0.226）***
性别（男 = 1）	0.170（0.060）	0.506（0.175）**	-0.216（-0.091）**	-0.040（-0.043）	-0.065（-0.057）*	-0.003（-0.002）*	-0.108（-0.091）**
年龄	0.030（0.253）	0.179（0.056）**	-0.020（-0.198）	-0.021（-0.545）*	-0.043（-0.891）***	0.042（0.687）**	0.003（0.059）
年龄的平方	-0.0004（-0.286）	-0.002（0.001）**	0.0002（0.162）	0.0001（0.259）	0.001（1.209）***	-0.001（-0.772）***	-0.0001（-0.112）
教育[c] 初中	-0.122（-0.042）	0.147（0.241）	-0.271（-0.111）**	-0.033（-0.035）	-0.164（-0.141）***	-0.080（-0.055）	0.006（0.005）
高中	-0.080（-0.025）	0.171（0.280）	-0.344（-0.126）**	-0.051（-0.048）	-0.223（-0.170）***	-0.030（-0.019）	-0.041（-0.029）
大专及以上	-0.225（-0.050）	0.687（0.350）*	-0.539（-0.139）***	0.050（0.033）	-0.228（-0.123）**	-0.190（-0.082）	-0.171（-0.088）*
常数	2.119**	-5.758（1.207）***	1.000*	0.819***	0.717***	-0.630*	0.095
R2	0.006	—	0.197	0.095	0.266	0.084	0.067

注：a. 数值是非标准化的多元回归系数，括号里的数值是标准化的回归系数。依变项是网络规模和属于特定关系范畴的网络成员的数目（如，一个调查对象提出的朋友的数目）。

b. 配偶 1 列的数值是逻辑回归的结果，括号里的数值是标准误差，X2 = 30.104，自由度 = 8，P = 0.0002。

c. 参考群体是小学及以下文化程度者。*P（0.05）；**P（0.01）；***P（0.001）；****P（0.0001）。

表 9—5（续）

依变项	同事	朋友	邻居	其他非亲属
居住地（农村=1）	-0.082（-0.043）	0.140（0.082）*	0.429（0.226）*	-0.129（-0.121）**
网络规模	0.231（0.336）***	0.134（0.220）***	0.200（0.296）***	0.067（0.176）***
性别（男=1）	0.014（0.007）	0.117（0.070）*	-0.035（-0.019）	0.031（0.030）
年龄	0.038（0.471）*	-0.057（-0.792）***	0.041（0.514）*	-0.030（-0.669）**
年龄的平方	-0.0004（-0.392）	0.001（0.787）***	-0.0004（-0.450）*	0.0003（0.487）*
教育[c]初中	0.153（0.078）	0.209（0.121）**	-0.127（-0.066）	0.013（0.012）
高中	0.239（0.109）*	0.159（0.082）	-0.090（-0.042）	0.008（0.007）
大专及以上	0.207（0.067）	0.106（0.039）	-0.154（-0.051）	0.260（0.152）***
常数	-1.171**	0.974**	-1.085**	0.765***
R2	0.133	0.081	0.159	0.119

年长 6 岁以上，有 46.1% 与被访者的年龄差距在 5 岁以内。配偶的精神支持作用令人惊奇地小。衡量一种关系是否重要，不仅要看其在网络构成中所占的百分比，还要看被访者提到该关系的比例。在本次调查中，虽然 94.9% 的农村调查对象是已婚者，并与其配偶居住在一起，但是，仅有 23.7% 提到了配偶；在非亲属当中，朋友和邻居的精神支持作用相当明显。事实上，33.9% 的农民被访者至少提到了 1 名朋友，38.3% 至少提到了 1 名邻居。

同样，市民精神支持网的平均规模也是 2.6，也大于其财务网，网络规模为 0 的被访者仅占 0.8%（4 人）。在城市，亲属和非亲属似乎发挥着同等重要的精神支持作用，因为平均 49.5% 的网络成员是亲属。配偶的作用也表现得非常弱。虽然 85.4% 的城市调查对象是已婚者且与配偶居住在一起，但仅有 22% 提到了配偶。父母、子女、兄弟姐妹和其他亲属被提到的频率类似。在提到的其他亲属中，有 29% 比被访者年长 6 岁以上，有 37.4% 与被访者的年龄差距在 5 岁以内。在非亲属当中，同事和朋友的精神支持作用更大。

从上面的描述中，我们可以发现城乡居民社会支持网模式的类似性和差异性。但是，若想确定城乡居民在社会支持网构成上是否真正存在着显著的差别，就必须把性别、年龄、教育程度等其他因素考虑进去。例如，表9—3的数字显示市民被访者比农民被访者提到了更多的亲属。但是，同农民相比，市民年龄较大，女性偏多，教育程度较高（见表9—1），所有这些因素或其中的某个因素有可能导致城乡居民社会支持网中亲属关系的比例有较大的差别。所以，只有在控制了被访者的年龄、性别和教育程度等因素以后，进行多元回归或逻辑回归分析，才能发现城乡居民社会支持网构成的真正差异。

表9—4和表9—5呈现了回归统计的结果。这两个表中的每一列代表一种回归分析。每一回归方程中的因变项是属于一种特定关系的网络成员的数目，例如被访者提到兄弟姐妹的数目。网络规模是另一个因变项。自变项是否居住在农村地区。这个变项的正系数意味着农民更可能提到某种特定关系。控制变项是年龄、性别和教育程度等指标。例如，表9—4第1行第1列的数字 -0.150 表示，在控制了性别、年龄和教育程度以后，农村财务支持网的平均规模小于城市支持网，但这种差异在统计上并不显著（$P<0.05$）。在控制了上述3个因素及网络规模的条件下，我们运用回归统计的方法对城乡居民社会支持网的构成进行了比较分析。[①]

表9—4显示城乡居民财务支持网的构成模式不存在明显的差异。唯一的例外是邻居，农民比市民更可能把邻居选作财务支持网的成员。然而，表9—5表明，虽然城乡居民在提及配偶时不存在什么差别，但市民比农民更可能在其精神支持网中提到亲属。在亲属的特定类型中，仅仅在选择子女关系时存在着差异。在非亲属关系中，农民比市民更可能提到朋友和邻居，市民比农民更可能提到其他非亲属（主要是同学）。

上述的研究发现可以归纳为如下几点：

（1）亲属在城乡居民的财务支持网中发挥着非常重要的作用。超过60%的财务支持网成员是亲属。

（2）亲属在精神支持网中的作用也相当重要，但其重要性不如其在

---

① 关于性别、年龄和教育程度如何影响个人网络模式的问题，我们将在另外的文章中专论。

财务支持网中那么明显。事实上，近 40% 的城乡居民在其精神支持网中并没有提到任何亲属或配偶。也就是说，亲属在财务支持网和精神支持网中的作用有程度上的差别，而这个倾向在农民中表现得更明显。

（3）在亲属中，兄弟姐妹和其他亲属发挥着比父母更大的作用，这种倾向特别表现在财务支持网中。子女在两种支持网中发挥的作用都非常小。配偶在精神支持网中发挥的作用也相当弱，只有不到 25% 的被访者把配偶选作精神支持网的成员。

（4）同事和朋友在精神支持网中的作用比其在财务支持网中的作用更大。在农村，邻居在财务支持和精神支持两方面具有相当重要的作用。

四　讨论

在这一部分，我们将对上述研究发现进行文化和结构两方面的解释。我们的研究发现是，亲属关系在社会支持网特别是财务支持网中发挥着重要的作用。这说明家庭这种初级社会群体在人们的社会支持网中仍然发挥着重要的作用，它的重要性并未随着宏观社会结构的巨大变迁而显著地降低，家庭关系的重要性尤其表现在与人们的日常生活密切相关的工具性支持领域。

由于家庭在中国传统文化中占据着中心位置，它一直被许多学者作为分析传统中国社会结构的一个逻辑起点。费孝通先生曾指出，中国乡土社会的基层结构是一种由社会关系构成的“差序格局”，即“社会关系是逐渐从一个一个人推出去的，是私人联系的增加，社会范围是一根根私人联系所构成的网络。”（费孝通，1947：28）他认为中国传统社会的基本社群是“小家族”，基层结构是由私人网络构成的。林耀华先生也曾说过：“我们日常交往的圈子就像是一个用有弹性的橡皮带紧紧连在一起的竹竿构成的网，这个网精心保持着平衡。拼命拉断一根橡皮带，整个网就散了。每一根紧紧连在一起的竹竿就是我们生活中所交往的个人，如抽出一根竹竿，我们也会痛苦地跌倒，整个网便立刻松弛。”（林耀华，1944：2）美国学者朗（Lang）指出：“家庭在中国比在世界上的其他任何国家都更被有意识的栽培并因而获得了更重要的地位。”（Lang，1946：9）确实，对家庭的义务和忠诚在其他社会中从未受到如此重视，有时中国人对家庭忠诚之重要性的强调甚至被置于国家之上。家庭是传统中国社会秩序得以维持的重要机制（Yang，1959）。

亲属关系在财务支持网中发挥着比较重要的作用，这与中国传统文化中对家庭义务和忠诚的强调密切相关。就从亲属中寻求财务支持的情况来说，人们往往以亲情交往的原则来处理这种经济关系。在他们看来，亲属之间的财务关系并不能按照精确的利益和市场原则来处理，利益的分割越模糊，越能维持亲属之间的良好关系。对于亲属之间财务支持的施者和惠者而言，一般不需要正式的借据和担保人，也不需要支付相应的利息，发生经济关系的基础主要是双方的信任和义务。即使寻求财务支持的一方不具有还款能力，但出于维持亲属之间良好关系的目的，往往也会提供一定程度的帮助。

除了传统文化和价值观念的影响之外，制度安排在某种程度上巩固了家庭关系在人们社会生活中的重要性。从结构层面上说，中央和地方政府的某些政策在很大程度上强化了家庭关系。例如，中央政府从20世纪50年代开始实行并基本未有变动的户籍管理制度及招工制度和地方政府近几年颁布的关于“农民工”流动的法规、条例，限制了城乡居民在空间和职业上的流动，致使家庭成员很可能长期地居住在同一个城市或乡村。计划经济体制下城市住宅的相对短缺和经济体制转轨变型时期多数市民购买商品房的能力相对不足，也使一些城市居民不能拥有自己的独立住房，只能与父母、成年子女甚至已婚子女居住在一起。在我们的调查中，城市居民有32.4%与父母或兄弟姐妹及其他亲属（不包括配偶和子女）居住在一起，农村居民有27.2%与父母或兄弟姐妹及其他亲属（不包括配偶和子女）居住在一起。简言之，中国城乡的亲属在居住上的地理邻近性，增强了他们之间在社会支持特别是工具性支持中的相互依赖性。

我们的另一个研究发现是，亲属在精神支持网和财务支持网中发挥着不同的作用。台湾学者熊瑞梅关于财务支持网和精神支持网的研究发现，亲属更倾向于提供财务帮助，而非亲属更倾向于提供精神支持，这与本文的研究发现一致（Hsung，1994）。阮丹青、弗里曼等对具有不同文化传统的中国和西方国家的社会支持网的比较研究结果也支持了我们的研究发现（Ruan et al.，1997；Freeman and Ruan，1997；Ruan，1998，1999）。

那么，亲属在精神支持网和财务支持网中发挥着不同作用的原因是什么呢？要回答这个问题，必须讨论中国家庭关系中的不平等结构。传统中国家庭制度的另一中心特征是严格按照年龄、性别和代际划分的等级制。朗指出："父权制家庭既不是孔夫子的发明，也不是中国的独一无二特征，其他文明中也拥有父亲居支配地位和关系密切的家庭结构……然而，中国家庭的独特性，也许是父权制家庭在历史上最极端的表现。"（Lang，1946：54）不同的家庭成员在社会关系结构中占据着不同的位置。在中国传统家庭中，按其重要性来说，依次是父子关系、兄弟姐妹关系、夫妻关系。这种重要性完全是按照血缘关系的亲疏远近即费孝通先生所说的"差序格局"来决定的。在传统的"五伦"中，涉及家庭的就有父子、夫妻和兄弟三对关系。这三对基本的家庭关系，不仅在维持家庭延续方面发挥着不同的作用，而且每一对关系都是不平等的，前者对后者拥有绝对的支配权。在涉及相当信任程度的个人问题时，如本文研究的"心情不好想找人谈谈"这类精神性、情感性问题时，人们往往希望找一个地位平等的交谈对象，而不至于因为地位不平等从而使拥有权力的一方控制或干涉自己的私人问题。农民更倾向于到家庭之外寻求平等的精神支持对象，并不是他们的交往范围更广泛、他们的交往观念更现代，而是他们在家庭范围内找不到足够的地位平等的交谈对象。这是不平等的家庭关系结构的直接后果。同家庭关系相比，与邻居、朋友和同事等非亲属的关系则更趋向于平等。总之，中国农村家庭关系的不平等结构影响了亲属之间的情感支持，而城市居民相对平等的家庭关系则促进了亲属之间的精神互动。这也许就是在寻求精神支持时市民更倾向于选择亲属，而农民更倾向于选择非亲属的文化原因。

至于被访者很少把他们（她们）的配偶选作精神支持的对象，也可能是由夫妻之间的不平等关系造成的。特别需要指出的是，这种结果并非由于被访者在选择精神支持网成员时，忘记了提及配偶。对"天津城乡居民社会网"项目中其他支持网的分析发现，在回答"重大生活变动问题的咨询"和"患病照顾"两个网络问题时，市民分别有49%和53%提到了配偶，农民则分别有56%和72%提到了配偶。

我们的第三个研究发现是，无论是在精神支持网还是在财务支持网中，邻居在农村的作用均比在城市更重要。对于这个发现，并不能仅仅从文化的角度来解释。我们认为，这与城乡居民不同的居住结构和居住稳定性有关。在农村社区中，以居住地形成的地缘关系是非常稳固的（李培林等，1993）。除非到城镇定居，农民极少作出迁居的决定，由此形成了相当稳固的邻里关系。此外，在一个村落社会中，除了亲属之外，其他人均可归入广义的“邻居”范畴，特别是在规模不大的乡村更是如此。与此相反，城市居民的居住稳定性则不那么强。特别是近几年来，随着住房制度改革的逐步推进，以置换或购买住房为主的迁居对一些城市居民来说似乎是习以为常的事情，由此造成了城市邻里关系的相对不稳定。另外，农村以胡同里巷式的平房为主的开放式住房结构有利于邻里之间建立密切的交往关系，而城市以公寓式单元为主的封闭式住宅结构则容易形成“老死不相往来”的邻里关系。在我们的调查中，农民居住独院平房的占98.9%，住大杂院平房的占1.1%，而城市居民居住单元式楼房的占80.2%。“守望相助”、“远亲不如近邻”等成语典型地反映了农村社区中邻里关系在社会支持中的作用。

在两种社会支持网络的构成中，均可以发现兄弟姐妹被选择的比例高于父母。对此发现，只从文化的角度进行解释既不充分，也不令人满意。因此，必须考虑到教育程度和经济收入等结构因素的影响。在财务支持领域，父母的作用不及兄弟姐妹重要，与他们的平均经济收入的相对低下直接相关。由于子辈所接受的教育程度平均高于父辈，以及他们的职业地位普遍高于父辈，造成了前者的平均经济收入高于后者。在本次调查中，城市居民45岁以下、46岁以上两个年龄组的月平均工资收入分别为517.3元和476.7元。农村居民相对应的两个年龄组的月平均收入分别为334.5元和325.1元。是否选择某人作为其财务支持网的成员，在很大程度上也取决于对方是否具有提供这种帮助的经济实力。在现代社会中，老年一代经济地位的下降必然会引起其在家庭生活中其他方面权威性的削弱。而在精神支持网中，选择兄弟姐妹的比例高于对父母的选择，与同辈群体的平均受教育年限普遍高于父辈有关。一般来说，教育程度越高的人，越可能为寻求精神支持的人提供有效的帮助及实质性的信息。

在财务支持网和精神支持网中，城市居民比农村居民提到子女的频率更高（见表9—4、表9—5的回归统计结果）。这个结果的产生与城乡居民不同的年龄结构有关。1995年天津市市内6区人口的平均年龄为37.01岁，市辖县人口的平均年龄为32.29岁（天津市统计局，1996：80）。受年龄这一自然人口特征的影响，平均年龄较大的城市居民势必在提及亲属作为自己的财务支持网成员时，会更多地提到自己的成年子女。

最后谈一下朋友在精神支持网中的作用。我们的研究发现是，农民比市民更可能在精神支持网中提到朋友，也即朋友在农民的精神支持网中发挥着更重要的作用。这种差异是否确实存在，有待于今后的进一步研究。一种可能的解释是，这与朋友关系界定的不精确性有关。与其他几种关系相比，“朋友”的界定最不明确，它往往是人们不能具体界定某种具体的社会关系时形成的一种模糊标签。无论城乡居民对“朋友”这个称谓的界定有何不同，但至少说明在大家彼此了解、相互熟悉的互识性农村社区中，作为一种单独的关系，“朋友”可能是提供精神支持的最大群体。因为在农村社区中，人们对社会角色的界定更不明确。除了亲属、邻居和少数相对不太固定的同事关系之外，其他的社会关系均可归入广义“朋友”的范畴。而在城市社区中，由于长期的工作关系而形成的同事关系实际上扮演着朋友的角色。在城市居民的选择中，同事是提供精神支持的最重要的一种非亲属关系。在该调查中回答“谁是您的最好朋友?”时，许多城市被访者提到了同事。此外，市民比农民提到了更多的其他非亲属（主要是同学），而在农村样本中，则不存在类似的情形。如果把关系密切的同学也包括在朋友的范畴内，那么，在城乡居民精神支持网的构成中，则几乎看不出有什么差异。

总之，本文对城乡居民的两种社会支持网的构成模式进行了初步的探讨和分析。我们特别考察了不同社会关系在提供社会支持时的不同作用，并对城乡居民社会支持网构成模式的类似性和差异性进行了比较研究。我们从文化和结构两个方面对这些研究发现进行了解释。希望我们的发现和解释对于理解中国社会的人际关系结构有所贡献。

第十章　农村居民的社会网①

本章是中国大陆关于农村社会网第一次系统问卷调查的初步研究成果。作者在调查统计的基础上，从社会网的规模、关系构成、紧密程度、趋同性、异质性等几个方面分析了天津农村居民人际交往网络的基本情况，指出了天津农村居民社会网是以高趋同性、低异质性、高紧密性为特征的。同传统中国农村相比，以血缘和婚姻连接起来的亲缘关系在社会网中的重要性虽然有所下降，但仍然是一种最重要的关系。业缘关系、友谊关系和地缘关系在社会网中也占有相当重要的地位。形成这一特征的主要原因既与中国农村的文化传统密切相关，又与宏观社会结构的变动趋势一致。

一　社会网研究回顾及其在当代社会学中的地位

社会网是社会结构的概念。相互交织的社会人际关系网对于社会学家来说并不陌生。社会学从创始以来，社会结构一直是社会学家关注的重点问题之一。德国社会学家齐美尔在《群体联系的网络》（1922）中第一次使用了“网络”的概念，英国人类学家拉德克利夫 - 布朗则首次提出了“社会网”的概念（1940）。

一般认为，美国社会心理学家莫雷诺 1934 年对实验性小群体的计量学研究为社会网研究奠定了基础。巴恩斯通过对一个挪威渔村的阶级体系的分析把形而上学的社会网概念转化为系统的研究（1954）。20 世纪 60

① 本章根据发表于《社会学研究》1999 年第 2 期上的《天津农村居民的社会网》（张文宏、阮丹青、潘允康）修改而成。

年代，是社会网专业研究的起步时期。到70年代中期，社会网研究成为一个新的社会学领域。该领域的著名研究包括科尔曼等（1966）关于社会网对信息传播、发明推广的影响，格兰诺维特（1973）、林南（1981）关于社会网与社会资源的关系，鲍特（1971）关于社会网的结构特征对个人观念形成和变化的影响，博特（1983）关于个体在社会网中的地位与他所拥有的权力大小的关系等。到80年代，美国社会学年会设立了社会网研究专题讨论会，两年一届的国际社会网讨论会轮流在北美和欧洲召开。该领域的专业杂志《社会网》在荷兰出版，并成立了跨学科的学术组织——国际社会网研究联系网。现在，社会网研究在规模上不断扩大，方法上也日趋成熟。初期的社会网研究方法主要是用于小群体，后来扩展到社区研究，目前已经应用到社会学的许多领域，诸如阶级阶层研究、社会流动研究、城市社会学、政治社会学以及一些边缘性学科如精神卫生学、老年学和社会工作中。

网络分析者不仅研究社会网络本身，而且研究人们的社会行为如何受到社会网络的制约。社会网是指由个体间的社会关系所构成的相对稳定的体系。这里，个体可以是个人、组织，也可以是国家；个体间的关系可以是人际关系，也可以是交流渠道、商业交换或贸易往来。从社会网研究的角度看，整个社会就是由相互交错或平行的网络所构成的一个大系统。这些客观存在的社会关系向个体施加着外在的影响。社会网的结构及其对社会行为的影响模式就是社会网的研究对象。

中国的社会网研究尚处于起步阶段。比较系统的研究是天津社会科学院分别于1986年和1993年与美国哥伦比亚大学和加利福尼亚大学合作完成的“天津城市居民职业、生活方式和社会网”与“天津城市居民社会生活网”两项课题。这两项研究均把天津城市居民作为调查主体。第一项研究分析了城市居民社会网的结构特征和关系构成模式，第二项研究则探讨了7年以后城市居民社会网模式的变迁趋势。上述两项研究为中国的社会网研究奠定了基础，且积累了进一步深入研究中国社会网的基本资料。

然而，不研究中国农村的社会网，就不能完整地理解和认识中国人的微观社会结构。中国农民的社会网具有什么样的结构特征？它由哪些人构成？这些人之间的关系又具有什么特点？回答上述几个基本问题是深入研究中国农村社会结构的基础。欧美的社会网研究也大多集中在城市社区。本章第一次通过问卷调查对农村居民社会网的规模、类型、关系构成模式、紧密程度、趋同性和异质性等进行了描述、分析和研究，探讨了中国农村微观社会结构与宏观社会结构之间的关系，最后讨论了这些特征是在什么样的特定社会环境下形成的，即影响个体行为的微观社会结构是如何为宏观社会结构所制约的。

二　研究方法

1. 抽样

本次研究的调查地点是天津市郊区和县，时间为 1996 年 11 月—1997 年 3 月。天津市共有 4 个近郊区、3 个滨海区、5 个县有农村居民。4 个近郊区和 5 个县的农村居民为 360.43 万人，占天津市农村居民人口的 93.2%（天津市统计局，1996：78）。考虑到农村居民的同质性较强，农村调查区域的选择限定为 4 个近郊区和 5 个县。

天津农村居民的社会网研究样本是按以下方式抽取的：(1)从 4 个近郊区和 5 个县随机抽取 7 个乡（镇）；(2)从抽出的每个乡（镇）中随机抽取 3 个村民委员会，共 21 个村民委员会；(3)从抽出的每个村民委员会中再根据农民家庭户数占抽样总体的比例从户口花名册中随机抽取一定比例的户（30 户左右），(4)在每个被抽取的户中，再抽取 18 岁及 18 岁以上、出生日最靠近 11 月 5 日的在职或退休的家庭成员作为本次调查的访问对象，共获得有效样本 598 个。

2. 调查问卷及内容

调查问卷一开始是关于调查对象本人的基本情况，包括性别、年龄、教育程度、婚姻状况、职业、收入等。以下问题作为社会网成员的选择标准：“在最近的半年中，您与谁讨论过对您来说重要的问题?” 至于什么问题是“重要问题”则由调查对象自行界定。我们把问题集中于调查对象所提到的前 5 个人，还进一步询问了这些社会网成员的性别、年龄、教育程度、职业、工作单位所有制、政治面目、与调查对象的关系、与调查对象的认识时间等背景资料。因此，与调查对象讨论过重要问题的人即成为本章分析社会网的基本单位。本章中的讨论网与社会网含义相同。

关于调查对象与社会网成员的具体关系，我们在问卷中列举了 32 种可能的关系：同事，上级，下级，生意伙伴，同学，朋友，恋爱对象，邻居，配偶，子女，父母，兄弟姐妹，配偶的父母，子女的配偶，孙子女外孙子女，配偶的兄弟姐妹，祖父母，配偶的祖父母，外祖父母，配偶的外祖父母，叔叔姑姑，舅姨，配偶的叔姑舅姨，侄子女，外甥儿女，堂兄弟姐妹，表兄弟姐妹，配偶的堂表兄弟姐妹，配偶的侄子女甥儿女，同家族成员，其他远亲属和其他关系。

3. 基本概念及其变量设计

在进行分析讨论之前，有必要首先对本章所运用的社会网研究中的一些基本概念做一简单的解释，这些概念包括社会网的类型、规模、关系类型、紧密程度、趋同性和异质性。

本文所说的社会网是指具有一定信任和密切程度的重要问题讨论网。除了没有提出任何讨论对象的人以外，在每一个调查对象周围，都有一个由讨论对象组成的社会网，本章中的讨论网就是我们的分析单位。

社会网的类型

划分社会网类型的第一个基本标准是该社会网所涉及的成员是个人还是群体。人际关系网以个人为其成员，组织间的关系网以各种组织为其成员，而国际关系网则以国家或地区为其成员；第二个标准是社会网所涉及的社会关系的类型。例如，讨论网、实际帮助网、友谊网和情感支持网所涉及的关系就会有所不同。当然，各种社会网常常有一定程度的重叠性。社会网不仅由于其成员的性质以及成员间的关系有别而不同，也取决于我们所进行的研究是在什么层次上而有异。假设我们对某个农村社区进行社会网研究。如果要研究整个社区的社会网结构，就会把这个社区看成一个网络，研究其中的每个成员在何种程度和形式上相互联系；如果要研究社区成员的社会交往模式，就会分析围绕每个成员存在的社会网络的特点。研究目的的不同决定了所研究的社会网的类型不同。本文所研究的社会网是天津农村居民个人与个人之间的重要问题讨论网络。

社会网规模

指的是构成一个社会网的成员的数目。网络规模与类型是两个互相联系的概念。一个一般性朋友网的数目大于知心朋友网，情感支持网的规模往往会小于讨论网。另外，社会网规模也是测量一个人的社会资源拥有程度的一个重要指标。例如，一个农民如果有许多各种各样的朋友，那么他往往会比其他人获得更多的致富信息和实际帮助。

社会网的关系构成

指的是社会网成员间的具体关系，特别是社会网的核心人物（即本文中的调查对象）与网络成员的具体关系。社会网的关系构成通常用某种特定关系占总关系的百分比来表示。例如，某调查对象提出了5名讨论网成员，其中2人为其配偶和子女，另外3人分别为其同事、同学和朋友，那么他的讨论网的亲缘关系比例为40%，非亲缘关系比例为60%。在社会网关系构成的分析中，不包括社会网规模为零的调查对象。

社会网的紧密程度

是衡量网络成员之间相互关系程度的一个重要概念，可用两个变量来表示。一个是互不相识的讨论网成员的对数占所有成员的百分比，另一个是关系密切的成员对数所占的百分比。社会网规模小于2的个案被我们排除在紧密程度的分析之列。如果一个社会网的所有成员都只与核心人物单线联系，该社会网的紧密程度为零。如果该社会网的所有成员都相互维持密切关系的话，其紧密程度为100%。社会网的紧密程度对人们态度的形成和行为的发生发挥着重要的影响作用。一个成员关系紧密的社会网不仅对个人的发展有很大的帮助，而且对个人的行为也有较强的制约力。

社会网的趋同性

指的是社会网的核心人物与其他社会网成员在某种社会特征方面的类似性。在一般意义上，大多数人倾向于与背景相近的人交往，例如相近的年龄、教育程度、职业和居住地区等等。趋同性通常用与调查对象在某个特征方面同属一个群体的人数占全体讨论网成员的百分比来表示。所谓同属一个群体，可以是相同的性别、职业、教育程度或政治面目。① 我们把年龄趋同性界定为与调查对象年龄不超过5岁的讨论网成员所占的百分比。此外，我们还计算了比调查对象年龄相差超过5岁、比调查对象教育程度高和低的讨论网成员的百分比。一般来说，任何群体的人在社会交往中的群内选择总是多于群外选择。

---

① 讨论网成员在性别、教育程度、政治面目和职业等方面的分类与调查对象相同；但是，在讨论网成员的职业分类中还包括了学生。

社会网的异质性

指的是一个社会网中全体成员在某种社会特征方面的分布状况。每个人的社会网都有其特有的异质性。它可以在某个方面的异质性较低，而在其他方面的异质性较高。这个指标指的是从一个网络中随机抽取 2 人，这 2 人在某个方面不属于同一群体的概率。性别异质性的最大值是 50%，最小为零；年龄异质性由讨论网成员间的年龄标准差来表示，标准差越大，说明讨论网成员的异质性越强。在趋同性和异质性的计算中，均排除了社会网规模小于 2 的个案。趋同性和异质性是描述社会网特征的两个既相联系又有区别的指标。趋同性是比较核心人物与其他成员之间的相同或相异，而异质性比较的是社会网成员之间在社会特征方面的差异。

三 调查结果的初步分析

1. 天津农民讨论网的规模、紧密程度和构成内容

从表 10—1 提供的数字可以发现，天津农民讨论网的平均规模是 3.478，32.4% 的调查对象与 5 个或 5 个以上的人在最近的半年中讨论过重要问题，只有 1.7% 的人没有提出任何讨论网成员。在 91.7% 的讨论网中，所有的成员至少是相互认识。互不相识的平均百分比仅为 2.5%。在 51.2% 的讨论网中，成员完全是由关系密切的人组成的。平均 70.6% 的讨论网成员的关系是密切的。

这些讨论网是由哪些人组成的呢？表 10—1 表明，22.0% 的讨论网完全是由亲属构成的，36.1% 的讨论网则完全是由非亲属构成的、平均 55.4% 的讨论网成员是亲属。在政治面目方面，17.7% 的调查对象在其讨论网中提到了中共党员。在 9.6% 的讨论网中，中共党员的比例占 50% 以上。另外，在地域特征方面，讨论网成员居住在本村的比例高达 84.1%。

表 10—2 列出了讨论网成员与调查对象的具体关系。第一列数字提到某一特定关系的调查对象占总人数的百分比；第二列数字代表某一特定关系在一个典型讨论网中所占的百分比，即在全部讨论网中所占的平均百分比；第三列数字是某种特定的亲缘关系在总亲缘关系中所占的平均百分比；第四列数字某种特定的非亲缘关系在总非亲缘关系中所占的平均百分比。

表 10—2 的数字告诉我们，77.3% 的调查对象至少提到了 1 名亲属，

63.6%至少提到了1名非亲属；59.9%提到了自己的配偶；93.5%提到了自己的同事；93%提到了邻居。这说明在天津农村的讨论网中，亲缘关系

表10—1　天津农村讨论网的规模、紧密程度、亲缘比例及党员比例

变量名称	数值	所占百分比	平均值	标准差	样本数
社会网规模	0	1.7	3.478	1.450	598
	1	6.7			
	2	18.9			
	3	24.1			
	4	16.2			
	5	29.9			
	6—10	2.5			
互不相识关系比例	0	91.7	2.5	10.8	521
	1—25	4.8			
	26—49	1.8			
	50—100	1.7			
密切关系比例	0	15.0	70.6	18.6	521
	1—25	6.9			
	26—99	26.9			
	100	51.2			
亲缘比例	0	36.1	55.4	40.3	585
	1—25	6.8			
	26—50	15.8			
	51—99	19.3			
	100	22.0			
党员比例	0	59.5	17.7	26.3	587
	1—50	30.9			
	51—100	9.6			
居住在本村的比例	0	4.4	84.1	27.4	587
	1—50	11.4			
	51—99	15.7			
	100	68.6			

比非亲缘关系占有更重要的位置。而在亲缘关系中，配偶关系最为重要，它在亲缘关系中的比重是42.9%。兄弟姐妹关系在亲缘关系中占据第二重要的位置（16.6%）。然后才是父母（11.8%）和子女（8.8%）。在非亲缘关系中，最重要的是同事关系，它在非亲缘关系中所占的比重是35.8%，其次是朋友（33.1%）、邻居（26.3%）和同学（4.5%）。

按照平均百分比的大小，在天津农民讨论网中最重要的几种关系依次是：配偶（21.9%）、同事（16.2%）、朋友（14.3%）、邻居（11.7%）、兄弟姐妹（9.2%）、父母（7.6%）、子女（5.7%）和同学（2.7%）等①。

表 10—2 天津农村讨论网的关系构成内容

关系类型	提到该关系的被访者的百分比	特定关系在典型讨论网中的百分比		
		在所有关系中	在亲缘关系中	在非亲缘关系中
亲缘关系	77.3	55.4	100.0	
配偶	59.9	21.9	42.9	
父母	17.6	7.6	11.8	
兄弟姐妹	24.1	9.2	16.6	
子女	12.0	5.7	8.8	
其他亲属	26.9	11.0	19.9	
非亲缘关系	63.6	44.6		100.0
同事	93.5	16.2		35.8
同学	30.8	2.7		4.5
朋友	12.5	14.3		33.1
邻居	93.0	11.7		26.3
其他关系	0.3	0.07		0.3
样本数	598	585	452	372

2. 趋同性

本文中的性别、年龄、政治面目、教育程度和职业等方面的趋同性是由调查对象的群内选择比例来表示的。表 10—3 表明，平均 57.5% 的讨论网成员与调查对象同性别。只有 13.5% 的讨论网的所有成员的性别完全与调查对象相异，有 22.5% 的讨论网的所有成员的性别则完全与调查对象相同。在典型的讨论网中，52.3% 的成员与调查对象年龄接近，41.0% 与调查对象具有相同的教育程度，49% 与调查对象具有相同的职

① 其他亲属虽然在天津农民讨论网中占 11.0% 的比例，但这种关系是由配偶、兄弟姐妹、父母、子女以外的 21 种亲属关系组成的，不具有典型的特征。

业，79.3%与调查对象具有相同的政治面目。

3. 异质性

表10—4提供了天津农民讨论网在年龄、性别、政治面目、教育程度和职业各方面异质程度的统计结果。我们将典型讨论网的异质性指标与整个样本的异质性指标进行了比较分析，后者代表天津农村18岁以上在职或退休人口的异质程度，可被视为社会交往的机会结构。

表10—3　天津农村讨论网的趋同性程度

趋同性变量	数值	百分比	平均值	标准差	样本数
性别趋同性	0 1—25 26—50 51—75 76—99 100	13.5 4.3 30.3 23.7 7.7 22.5	57.5	32.3	586
年龄趋同性（正负5岁以内）	0 1—25 26—50 51—75 76—99 100	13.1 42.6 32.4 20.1 4.1 19.8	52.3	32.0	586
比调查对象年轻5岁以上	0 1—25 26—50 51—75 76—99 100	63.3 8.0 15.9 6.4 1.9 4.5	18.6	28.8	586
比调查对象年长5岁以上	0 1—25 26—50 51—75 76—99 100	51.6 9.9 20.9 8.4 2.6 10.2	27.5	34.3	578

表 10—3（续）

趋同性变量	数值	百分比	平均值	标准差	样本数
教育趋同性	0 1—25 26—50 51—75 76—99 100	28.7 11.4 27.1 13.4 4.7 14.7	41.0	34.7	578
教育程度低于调查对象	0 1—25 26—50 51—75 76—99 100	47.8 10.0 16.1 9.5 2.4 14.2	31.3	36.8	578
教育程度高于调查对象	0 1—25 26—50 51—75 76—99 100	51.6 9.9 20.9 8.4 2.6 10.2	27.5	34.3	578
职业趋同性	0 1—25 26—50 51—75 76—99 100	31.0 4.9 19.7 12.3 3.2 38.9	49.0	40.0	587
政治面目趋同性	0 1—25 26—50 51—75 76—99 100	6.6 2.4 9.9 15.8 9.0 56.3	79.3	29.7	587

首先看年龄异质性。天津农民讨论网的年龄异质性是相当低的。在17.9%的讨论网中，成员的年龄完全相同。而在82.1%讨论网中，成员的年龄标准差仅在1—3岁。整个讨论网的平均年龄标准差为0.685，而

样本的年龄标准差为 11. 61，前者仅为后者的 5. 9%。

表 10—4　　天津农村讨论网的异质性程度

变量名称	数值	百分比	平均值	标准差	样本数
年龄异质性（标准差）	0	17. 9	0. 685	0. 545	520
	1—3	82. 1			
性别异质性（最大值）	0	31. 6	0. 30	0. 207	548
	0. 32	10. 0			
	0. 38	8. 6			
	0. 44—0. 50	50. 2			
政治面目异质性（最大值）	0	60. 3	0. 164	0. 207	547
	0. 32	10. 8			
	0. 38	7. 3			
	0. 44—0. 50	21. 6			
教育程度异质性	0	22. 2	0. 393	0. 232	531
	0. 32	8. 3			
	0. 38	5. 1			
	0. 44—0. 50	37. 5			
	0. 51—0. 80	26. 9			
职业异质性	0	37. 5	0. 319	0. 264	544
	0. 32	6. 4			
	0. 38	5. 1			
	0. 44—0. 50	30. 4			
	0. 51—0. 80	21. 8			

再看性别异质性。性别异质性的最大值是 0. 50，这正是样本的性别异质性的数值。即从纯概率的角度出发，若从一个群体中随机抽取一人，男、女被抽中的可能性都是 50%。然而，天津农村讨论网的平均性别异质性数值为 0. 30，仅为样本数值的 60%。大约 1/3（31. 6%）的讨论网是由同性成员组成的，其性别异质性为零。

讨论网的政治面目异质性平均值占样本数值的 46.5%。在一般意义上，党员调查对象倾向于与党员交往，非党员调查对象倾向于与非党员交往。但是，尽管只有 14.5% 的调查对象是中共党员，党员在农村讨论网中的平均百分比却达 17.7%（参见表 10—1）。

教育程度异质性数值是 0.393，职业异质性数值是 0.319。教育程度和职业异质性的最大理论数值是 1，即讨论网成员之间的教育程度和职业是完全不同的。表 10—4 的结果表明，天津农民讨论网在教育程度和职业方面的分化较低，这是因为许多成员是调查对象的同事，而同事的教育程度是大致相近的。

需要特别指出的是，由于亲属特别是配偶在天津农民的讨论网中占有最重要的地位，从而增加了社会网的异质性。因为调查对象的配偶必然是与本人性别相异的讨论网成员；而父母子女的年龄与调查对象的年龄自然会有一定的差距。如果一个调查对象在选择讨论网成员的过程中以是否是亲属为其主要的选择标准，那么群内选择的倾向就会降至其次。其结果必然是，被选择的讨论网成员更可能来自不同的群体，如不同性别、不同教育程度、不同职业等等。假如我们只计算非亲属的讨论网成员之间的异质性或是调查对象与非亲属讨论对象的趋同性，我们所得到的异质性指标将会大大低于在全体讨论对象基础上得到的数值，而我们所获得的趋同性指标的数值则会比表 10—3 中的数值更高。

总之，天津农民讨论网倾向于与相同性别、相同职业、相同教育程度和年龄相近的人讨论重要问题。而这些讨论对象之间的关系也是相当密切的。在这种很明显的群内选择趋势下，天津农民讨论网的异质性是相当低的。超过一半的讨论对象是亲属，配偶、兄弟姐妹、同事和邻居在讨论网中所占的比例也高过统计上的概率预测。

四　结论与讨论

天津农村居民的讨论网是以高趋同性、高紧密性和低异质性为特点的。对于一个涉及一定程度的信任和密切关系的讨论网来说，这些特点的形成一定有其深层次的社会结构原因。这种从微观层次上观察到的社会结构是否与宏观社会结构的变动一致？无数目的各异的个体互动如何整合成一种共同的结构变动趋势？本章将从社会网研究的角度对此进行初步的解释。

亲缘关系虽然在农村的社会网中依然占据主导地位，但在整个社会网关系构成中的重要性却有所下降。把亲缘、地缘关系作为中国传统农村的基本社会网络结构来分析，说不上是什么最新的发现。在有关的经典著作和重要文献中，这种分析到处可见。费孝通先生曾指出，中国乡土社会的基层结构是一种“差序格局”，即“社会关系是逐渐从一个一个人推出去的，是私人联系的增加，社会关系是一根根私人联系所构成的网络”（费孝通，1947/1985：28）。林耀华先生形象地指出，“我们日常交往的圈子就像是一个用有弹性的橡皮带紧紧连在一起的竹竿构成的网，这个网精心保持着平衡。拼命拉断一根橡皮带，整个网就散了。每一根紧紧连在一起的竹竿就是我们生活中所交往的个人，如抽出一根竹竿，我们也会痛苦地跌倒，整个网便立刻松弛”。（林耀华，1944/1989：2）美国著名的中国学专家费正清在分析“中国社会的本质”时也指出，中国的社会单元是家庭而不是个人，村子通常是由一群家庭和家庭单位组成的，他们世代相传，永远居住在那里，每个农家既是社会单位，又是经济单位（费正清，1987：17－19）。我们在这里所关心的，并不仅仅是家庭网、家族网在当代社会生活中是否依然存在，更重要的是这个网是否发生了变化、破裂？如果破裂了它的功能是怎样被替代的？它的历史遗存在社会结构的变动和转型中还具有什么样的意义？

可以说，我们的调查统计结果与前人用人类学方法的研究发现既有一致的方面，又有相异的地方。一致的方面表现在，以血缘和婚姻联系起来的亲缘关系在农村社会网中依然占据着最重要的位置。在讨论网关系的构成中，亲属关系的比例高达55.4%（见表10—1）。这个统计结果与湖北省孝感县按“国情调查数据库”统一问卷于1991年进行的农民家庭抽样调查的结果接近：在孝感县农民社会交往的主要对象中亲属的比例占64.0%，然后依次是邻居（14.3%）、朋友（8.3%）、同事（6.5%）、同乡（4.4%）、同学（1.7%）等[1]。虽然从1949年以来特别是1979年农村实行经济体制改革以来，随着中国农村的宏观经济结

① 《百县市经济社会调查：孝感卷》，中国大百科全书出版社，1992年版，第742页。

构和社会结构的巨大变迁，农民的社会网模式也发生了较大的变化，但并未动摇以家庭、家族关系为主线的亲属关系网在中国农村社会所占据的主导地位。这不仅表现在有 77.3% 的调查对象至少提到了 1 名与其有亲属关系的讨论网成员（见表 10—1），而且体现在调查对象所提到的第一个讨论网成员中有 67.3% 是其亲属。中国农村的家庭在人们的生活中仍然占据着最中心的位置。一个农民只要不发生社会身份的根本改变（如通过高考成为大学生进而成为城市居民），他的“从摇篮到墓地”过程中的绝大部分问题只能通过家庭来解决。他的住房、医疗卫生、婚姻、子女教育、娱乐与养老等方面的需要大多都是依靠家庭来获得满足的。每个人对其家庭有着城市居民所不可比拟的依附性，因为城市居民可以通过其工作单位来获得这方面的满足。农村家庭所具有的中心性和全面性的社会功能表明农村的社会专门化程度是相当低的。这就不难理解为什么农村居民当遇到重要问题的时候，首先会把亲属选作其讨论、咨询的对象。

一个尤其应该引起注意的重要发现是：在农村讨论网的亲属关系网中，按关系构成比重依次是配偶（42.9%）、兄弟姐妹（16.5%）、父母（11.8%）和子女（8.8%）。这与中国传统家庭关系网络结构的模式大不相同。人类学家雷蒙德·弗思曾认为传统“社会结构中真正的三角是由共同情操所结合的儿女和他们的父母”构成的（转引自费孝通，1981：65）。在中国传统家庭特别是传统农村家庭的几种基本关系中，纵向的亲子关系和靠亲子关系来维持的横向的兄弟姐妹关系在社会网中一直占据着举足轻重的地位，而由婚姻缔结的夫妻关系则在这个网络中居于最不重要的位置。这与传统中国农民崇尚孝道、维护大家庭中家长权威的传统观念密切相关。不仅家庭中的大事，甚至自己的重要问题都要首先征求父母的意见。因此，以血缘为纽带的纵向的亲子关系不仅重于以婚姻为基础的配偶关系，而且前者支配着后者。在本次调查中，配偶关系不仅上升到社会网构成的第一位，而且其在讨论网关系构成中超出其他关系的比重值非常明显。这种社会网构成模式的巨大变化的原因大致有以下几点：第一，农村的家庭结构发生了很大的变化。在我们的调查中，以夫妻及其未婚子女构成的所谓核心家庭占据绝对的支配地位，传统意义上的大家庭即主干家庭或联合家庭等退居次属地位。核心家庭的增多必然伴随主干家庭和联合家庭的减少。老舍在《四世同堂》和巴金在《家》中描写的几世同堂的大家庭在当前的农村十分罕见。在核心家庭中，夫妻关系必然成为家庭关系的轴心；第二，几十年的妇女解放运动，使妇女的经济和社会地位不断提高。大部分农村妇女走出家务劳动的小天地，成为农村经济社会发展中的一支不容忽视的生力军。配偶关系在农民社会网中占据突出重要的位置即是妇女地位提高的表现之一；第三，农村家庭联产承包责任制的实施，又恢复了家庭的经济功能。而农村家庭经济功能的发挥，往往是以核心家庭而不是大家庭为单位的。即使在由几个家庭联合经营的经济实体中，也是以独立的小家庭作为基本的核算单位的。在家庭重大事物的决策上，夫妻具有几乎平等的发言权。① 总之，夫妻关系在农村社会网中的地位上升必然伴随着以血缘为纽带的亲子关系重要性的下降。至于横向的兄弟姐妹关系重于上向的父母关系，可以这样来解释：农民日常讨论的重要问题大多是生产经营方面的，而兄弟姐妹由于教育程度普遍高于父母，所接受的信息和掌握的现代生产经营技术也多于父母，与这些人交谈更能获得实际的帮助。而与父母的讨论内容多是情感方面的，意在获得感情上的支持。亲缘关系网中配偶和兄弟姐妹关系地位的上升也说明了传统农村的家长权威正在逐渐衰落。

另外，天津农民的非亲缘关系在讨论网中的构成比重也超出了我们事先的研究预测。非亲缘关系比重的上升一方面说明农民的家庭网、家族网不再像在传统农村社会中那样占据绝对的主导地位，另一方面标志着农民的社会交往正在突破家庭、家族的固有界限，正在逐步形成真正意义上的社会网。

天津农村讨论网的高趋同性、低异质性和高紧密性是中国农村宏观社会结构的微观反映。就农民的职业来说，其自然性和既定性远远高于选择性。在所有的关于青年职业选择的问卷调查中，即使农民自身把“农民”选作理想职业的被调查者也微乎其微。因为在他们看来，农民这种职业是用不着选择的。大多数农民的子弟从少年时代起就开始介入农业劳动，学习务农的本领，通过高考的“独木桥”而改变其身份的只有极少数。农家子弟继承父业从事农耕或相关的职业既是一种命运，

① 在天津农民所讨论的重要问题中，家庭经济问题占了较大的比重。

也是社会的既定安排。尽管乡镇企业的异军突起和农村第三产业的发展吸纳了许多农业剩余劳动力，但在以村子为单位的农村社区中，他们大多从事着相同或相近的职业。在我们深入访问的天津一些农村中，有许多是从事某种单一职业的所谓“专业村”，如“制鞋专业村”、“运输专业村”、“养猪专业村”和“蔬菜专业村”等。这些专业村的形成，既是该村地域特征的反映，又是该村传统职业的历史写照，往往具有很强的示范和辐射作用。虽然同1979年以前相比，天津农民的职业发生了较大的分化，但其职业异质性指标仍然偏低。这种趋同性较高和异质性较低的职业结构，产生了同事关系在讨论网的非亲缘关系中居第一位、在整个讨论网中居第二位的结果。

就农民讨论网的地缘特征来说，其成员基本上没有超出本村的范围。平均84.1%的讨论对象居住在本村（见表10—1）。在农村社区中，地缘关系是相当稳定的。由于土地和房屋是真正固定的生产资料和生活资料，土地是不能迁移的，他所居住的房屋也是相当固定的，除非到城镇定居，农民很少作出迁居的决定。对他们来说，举家迁离世代居住的故乡是一种痛苦而艰难的抉择。即使他在乡镇企业工作，他所交往的圈子也很难超越地缘的限制。天津的大多数乡镇企业目前还是“离土不离乡”型的。在乡镇企业中，人们对“本地人”和“外地人”的区分是十分清楚的，二者之间有“我群”和“他群”的差别，这种差异甚至比本村人中务工经商者和务农者之间的差别还要大，因为农民划分“我群”和“他群”的标准，与其说是职业，不如说是生活的地域。在村落社会中，除了亲属之外，其他人大都可以归入同事、朋友和邻居的范畴。而这三种关系并未超出广义“乡亲”的界限。

总之，中国的经济和社会改革给中国农村社会结构带来了巨大的变化。天津农民社会网的变化是中国社会结构变动的微观反映。在天津农民的讨论网中，亲缘关系的重要性虽有所下降，但仍占据着主导地位，这种历史遗存在现代农村社会中依然发挥着重要的作用。随着中国农村工业化、城镇化和现代化进程的继续推进，农民的社会网模式和关系构成形式必将产生更显著的变迁。可以预见，未来中国农民社会网变化的趋势将是：规模将不断扩大、趋同性将进一步减弱、异质性将逐渐增强、紧密程度也将降低。在社会网的功能发挥方面，亲缘关系将被非亲缘关系替代。

当然，这种预测并非是结论性的，有待于未来经验研究的验证。不断追踪社会结构的变迁对社会网模式的影响，对于深入理解中国农村社会来说是很有意义的。

附录1　天津下岗职工访谈资料

一　B2127（内退）（访谈员：李影）

访谈开始时间：1998年9月23日10∶25

访谈结束时间：12∶10

访谈地点：单位办公室

1. 基本情况

（1）我是老大，没念过书。大弟弟小学毕业，现在在家种菜，还凑合，他有三个小孩。二弟弟在大队当电工，也小学毕业，一年有5000块，他有两个孩子，一个还在念书，生活凑合。三弟弟开出租车，自己买的车，在这之前也种地，后来包了鱼坑，挣了点钱，就买了辆车，花了3万块，现在一天能挣100块，他就一个孩子。还有一个姐姐，在家干农活，以前也在街道干，她家三个儿子。二姐现在开了个小卖部，是借亲戚的钱开的。才开始干，以前在纸箱厂，后来厂子不行了，就下来了，她丈夫在家干农活。三姐在家种地，以前在自行车厂，后来厂子黄了。二姐三姐都没念过书。我母亲在我们哥儿四个家里，一家住一个月。

（2）我28岁结婚。1974年生。我爱人行三。她大姐的老伴去世了，有两个孩子，都结婚了，儿子给她钱。二姐种菜。还一个弟弟，种地。她们生活得一般，离我家三十多里地。

（3）我的房子是单位分的，有自己的厕所。我也想买房，儿子大了，所以我就到厂里借钱，厂里没钱。我要买就买最便宜的，可能得1800元/平方米。

（4）家里没有存钱，都给孩子上学了。大儿子快结婚了，我想让他们旅行结婚。

(5) 我最担心的是儿子的婚事。对以后的事没准备，到时再说，没钱什么也干不了。没买保险和股票。

2. 下岗前职业变动史

(6) 我71年参加工作，之前在家干农活，刚进厂时干砖窑，是车间工人，干了三年。因为干得挺好，领导就让我学开车，开始我不爱去,自己太笨，岁数也大了，而且干砖窑是重体力，给的粮多，改成开车的就少了。后来学了8个月也学下来了，当时是脱产学的。回来就开“大解放”拉水泥，活还不累，那时我和爱人在厂里的宿舍住，有时晚上有活就叫我去，但不多。在厂里住了好几年，后来花了2000多调到现在的一间房子。后来厂里开班车的司机少，就把我调开班车，77年开始，当时有两辆班车，一个开到市里，我开到杨柳青，80年冬的一天，出了车祸，一个油车撞到我的车上了，我受了伤，脑震荡，就不再开班车。那时我都不想干了，可领导还让我留下，干采土，一直干到内退。

(7) 刚进来时，工资有35.5块，干了三年，才涨了一级工资，变成42.5块，还给50斤粮食。当司机时粮少了，但也够吃，因为当时是按工种分粮。那时我爱人身体不好，孩子还小，我一个人养四口人。

从车间到开车，当时觉得不错，很少人能上来，地位有点上升。

(8) 没技术职称，有个司机的本子，可以开大货。当时学车，单位出了800块。

(9) 也评过“先进”，不多。一般车间活累，得奖的就多，在车队，活都差不多，得奖的就少。

3. 下岗前的工作及工作单位的情况

(10) 我们单位是从94年开始下滑的，这跟国家整个形势有关。但工人收入没变化，生活基本没变化。到95年时，就不行了。主要原因是，市场疲软，乡镇企业越来越多，而且比我们的价格低，竞争不过人家，加上国家大型企业互相拖欠款，另外企业管理跟不上，94年民工招不足，产量就下去了，所以到现在越来越不好了。后来领导班子调了，民工就招足了。我们的价格高，是因为企业负担太重，管理的人多，医疗费，退休费，工资等。人家乡镇企业人少，精干，企业又年轻，没什么包袱，所以人家价低，而且他们管理灵活。我们国营企业，不能搞什么花样，只能一步一步走，没有请客送礼这么一说。

（11）内退以前，还在家里种点地。养家糊口。

（12）我们单位85年前后开始用民工。他们都干些砖窑，活累。原来的城市工人有一部分就退休了。有的不爱干的，就自动走了。正因为人少了，国家政策又允许招工，所以就用民工。那时民工都很年轻，大部分是男的。以前民工就有300多人，现在在岗的不到200人。现在民工大部分20多岁，小部分岁数大的人，干轻活。我们这行业，用民工是比较合适的。什么时候有活，就叫他们来，（民工都住在厂里），就马上来，而且没白天没黑夜地干。他们就为挣钱，因为计件工资，多干多拿。而城市工人就不行，每天就8小时。民工干得多就比城市职工挣得多。

（13）他们工作态度还可以，但产品质量很难保证，偷工减料。可又不能让他们走，走了就没人干了。以前也招过新人，但都干不了，他们没学过这个，后来就都走了。他们挣的有多有少，按轻重不等，少的有400，多的有800。

（15）民工和职工都各干各的，没纠纷。

（16）职工还都挺体谅企业。

4. 下岗情况

（17）从97年1月开始有内退的，那次减了20多人。

（18）他们都是按年龄走，女42岁，男50岁。是根据厂里人员富余情况定的，当时富余20多人，就从最老的往下排，正好排到上面的标准。要是按别的标准也不好弄。他们这些人，一般是初中毕业。按年龄好操作一些，而且是严格按这个规定走的。

（19）首先是领导班子拿出一个方案，讨论然后开会，决定，再通知到车间，其实和工人没关系，减的都是干部。剩下的干部干的活就多了，工资却没多大变化，可按工作量他们的确干得不少，原来三个人干的活现在一个人干。

（20）内退应有什么权利我不知道，不过一个月给150元。

（21）我去年内退的，是到岁数了。我不太清楚有几个人退了。

（22）厂里领导告诉我，“你50岁了，该退了”。我就退了，一般是企管部的人管的。

（23）我不知道为什么让我退。

（24）我也没提什么要求。

（25）原来我挣300多元，内退只拿150元，少了一半，主要是吃的方面节省。

（26）我来单位借过钱，准备买房子，同时领工资。

（27）每月150元，头一次是到月给的，后来就总往后拖。养老保险单位给交，医疗费给报，但现在没钱，也报不了。

（28）无培训。

5. 生活状况

（29）我退了以后，找过三四个单位都是私企，人家嫌我岁数大，就不要，所以自己就卖点菜，后来通过别人介绍，到公安局的一个三产干活，搬运东西，人家看我干活不怕苦，就留下我了。我们这不像市里选择机会多，郊区选择余地太小。

（30）困难最大是年龄。

（31）年龄和人家不能比，现在工作不好找。

（32）现在这活，收入比原来的要高，所以比较满意，就是干活累点。近期还没打算换，等不行了再换。

（33）有这可能，要是要我，我还愿意回来，不过现在这私企还行。

（34）内退对我最大的影响是收入，挣钱不好挣，现在最大的体会是找工作太难。

（35）主要是年龄，年轻就好找。

（36）没想过。

（37）在家就干活。干活就是锻炼身体。在健康上没有投资。

（38）我没有什么好朋友，比较好的朋友现在在公安局上班，男50岁，我们是邻居，平时我们没什么联系，我也不爱串门，就是他买菜时常看见我，就给我介绍活。有经济困难我不去找他，他家条件也不好，身体也不好，儿子让车给压死了，挺不幸的。我和别人没什么联系，也就没什么朋友了。

（39）已经干了这么多年，现在又让我退，心里不太舒服。前年想办个病退，可人家说我差三个月，没给办，要办了就好了。

二　天津保温器材公司 B2040（访谈员：张文评）

访谈开始时间：1999 年 8 月 19 日下午 4：00

访谈结束时间：下午 5：00

1. 基本情况

父母去世，父亲以前是百货公司干部，“文革”时受打击去世。母亲是三十年代的老党员，十年前癌症去世。哥哥是教师，姐姐是建筑公司会计，收入较丰。哥嫂每月 1000 元左右，姐姐稍低。本人 1982 年结婚，夫家两个姐姐，一个弟弟、一个妹妹。姐姐退休、弟弟妹妹都下岗了。条件不如娘家好。孩子上职校，今年年底毕业。工作面向各大宾馆分配。本人在天津上小学、中学。中学毕业后下乡。然后分配工作，干了 17 年后下岗。在社会上待了几年，分到现在的厂子。现在与婆婆住一起，是婆婆家的房子。住一个偏单。楼房，有独立的卫生设备。没有买商品房的计划，因为没有实力。单位效益不好。钱用来准备供孩子上学，赡养老人。家庭收入来源于夫妻两人的工资，每月 1000 元左右，无额外收入。主要开支用于吃饭、水电煤气、孩子、老人。有一点储蓄准备用于孩子上学、成家，给婆婆养老送终。没太考虑自己，因为自己会有退休金，退休后还可以再干些事。给孩子买了九九洪福保险。股份和其他投资没有。最担心以后孩子生病而自己又帮不上忙。所以通过保险找一些保障。

2. 下岗前职业变动史

1974 年中学毕业，在家待业一年，1975 年下乡。因为找不到工作。下乡 5 年后回城，分到韶山塑料厂，集体企业。有职工六七百人。单位倒闭后下岗，然后由原厂分到现在的保温容器厂。地位没什么变化，收入大大提高。以前才 200 多元钱，现在平均 600 元每月。下岗后基本未在家里闲着，通过亲戚朋友介绍找了好几份工作，干一点就能补贴一点家用。遇到的困难是：有时好不容易找到一份工作，不知道什么原因就被辞退。开始接受不了，因为已经努力去做了。后来想通了，这只是一种互相选择。双方都很自由。找了五六次临时工作，其中自己还租过一次柜台。一般就当售货员，卖妇女用品、玩具、食品等。社会地位无高低之分，只要凭劳动挣钱，干什么都一样。有时管考勤，当过组长，主要凭工作实力和人品、工作表现等。

基本没有参加过培训，只在检验员考试前听过课，是领导安排的，费用由厂里负担，因为是厂里的人负责培训。自己没有参加过培训。对以后工作帮助不大，因为不是一个行业。没有专业或技术职称。获得过厂级的先进工作者、五讲四美、先进三八和工会积极分子称号，后几年几乎年年能评上一两次。

4. 下岗前的工作及工作单位的情况

从92年、93年开始厂子的经营状况不太好，影响本人收入。刚开始每个月上半个月班，不给奖金，工资照发。以后发半个月工资，一两年后一点都不给了。经营状况不好因为销售不好，加上产品老化，没有更新，几次转产都因为市场调查不够没有成功。做过果茶、鞋、油、茶叶等都未成功。半年甚至几个月就下来了。因为没有学历、职称没有第二职业。下岗前单位没有农民工。

工人和工厂的纠纷，多是因为工资、奖金的分配，以前实行承包制，要求工人交钱，但有时厂方不履行劳动合同。最后也不了了之，没有解决。因为合同不是很正规，只能追回一两个月，承包解体也就没办法了。

5. 下岗情况

四五年以前就有下岗的了，分批下岗。分车间进行，最后全部下岗。所在班组有下岗的，本人是最后一批。男女比例差不多，年纪大的比年轻的多，也不看学历。也没有具体、明确的标准，岗位不需要了就下岗，如果可留可走就看组长的印象、态度如何，觉得挺合理的，就应该这样。不和职工协商，没经过职工代表大会，当时也没觉得不合理。承包方案经过职代会讨论。而且下岗时不是一定下岗，还有可能再回来。一决定，不征求其他职工意见。

不知道下岗工人的权利，让走就走呗。我是1995年下岗的。工厂最后就剩20人左右，多的时候每次差不多100人。中年较多，年纪再大的就办退休了，年轻的很少，只三四个。第一次下岗前没人通知，只说厂里没活，过几天再来，听通知。后来就没消息了。第一次让回来时反应挺大的，首先想到的是家里的生活问题不能解决了，然后就觉得应该出去找工作，也觉得挺委屈的。因为岁数大了，工作不好找了。退休也没有个说法。出去找工作反复多次也锻炼成熟了。下岗以后没找过厂领导。以前也有职工因为下岗和厂领导发生争吵，最多的是四五十岁将近退休的人。他们的目的就是办退休，但是因为有政策，够条件的才给办，不够的不给办。大多数是因为这个找厂长。爱人还在岗上。现在的收入比以前提高了。刚开始自己干的时候因为时间太短，剩下的不是钱都是货，所以也没觉得收入有多大变化。下岗以后生活就得紧点了，从吃的方面节俭，吃饱了就行了。对孩子的教育方面钱不能少给，该给多少给多少。下岗以后没有从原单位领取过补贴，也没有进行过再就业培训。下岗以后基本没在家闲着，最多在家待一个月、半个月就找到别的工作。第一个工作是在下岗以后一个月找到的，为了补贴家用，为了孩子就接受了，总在家待着也不是事。只要有人给介绍工作我就去试试，没有不想去的时候。第一个工作干了九个月，我们厂叫我回去做果茶，干了一年多又出去了。后来的工作都是通过亲戚朋友找到的。和后来这些单位没有过纠纷，把工资得结清了，干几天给几天钱。我认为只要不挑挑拣拣都能很快找到工作，挑挑拣拣是找工作最大的障碍。找工作要提前做好准备，提前联系好了，多长时间，这样快得多。和农民工相比，只要不挑不拣，城里人找工作还是容易些，住宿、吃饭、纠纷都好解决，素质也要高一些。农民工能接受的工作我不一定能接受，要是年轻的时候他们能干的我也能干，现在岁数大了就不一定了，有些工作就干不了了。农民工进城对我们有影响，比如一个工作需要两个人，农民工占一个，下岗个人就少去一个。我们现在的工作是原来的厂子给介绍的，整个一批人。下岗之后任何培训都没参加。现在是工人，工作条件还可以，一天工作六个多小时，两班倒，和大礼拜也差不多，就是不那么固定。对现在的工作挺满意的，也不累，医疗保险、养老保险都给上，住房问题不太清楚。现在没打算换工作，挺珍惜这份工作的。现在这个厂没有下岗的，农民工也有，以前多现在少了，具体有多少得问头儿。现在我和其他工作受到同等的对待，都一样，不歧视我们。原来的企业也没有了，就打算一直在这干下去了，一直到退休。下岗之后收入减少了，对家庭生活就有影响，我觉得最大的影响就在这，倒没觉得地位降低了，我可以自己出去干活，比谁也不低。据我的经验，要想找一份较好的工作，年龄要下一点，要有经历和工作经验，还要自己努力。下岗以后没有在家待着不再找工作的打算，找份工作能增加收入，在外边也挺开心的，还能锻炼身体，总在家待着也憋闷得慌，我想干到我不能动了那一天，也不是离了这就找不到了，总会有适合你的工作。业余时间有时遛遛商场，带着孩子出去玩儿，上公园，到亲戚朋友家去串串门儿。基本上不锻炼身体，我觉得干家务活就是锻炼身体，反正在家也闲不住。因为工作的关系，接触的面比较窄，我最好的朋友就是我的哥哥、姐姐、嫂子，家里这些人，还有原来厂子里的几个同事，年龄和我都差不多，有男有女，受教育程度和我差不多。我有困难需要钱的时候就找哥哥、姐姐，别人谁也不找。心情不好的时候就找我姐姐和以前的同事。我还挺顺利的，没遇到多少事情，有一些小事自己就解决了。工作也基本上是哥哥、姐姐给找的，没找别人。

5. 生活状况

现在的生活状况比下岗以前有较大提高，家里挺平常的，挺和睦的。事情谁家都会有，我就是比较乐观，一般情况下我不太计较，家里也好，同事也好，让一步不就完了吗，自己吃点亏就吃点亏，无所谓，有嘛过不去的。婆婆以前帮助照顾照顾，现在她眼睛不好，几乎失明了，但是生活能自理。我要是上早班晚上就把饭做出来，只需他们自己热热。我以前在承德下乡，这也不是一件坏事，我去了五年，就和农民一样下地干活，对人的锻炼挺大的，我现在不怕困难，迎着困难上呗。

我觉得以后会越来越好。以前上学的时候不太懂事，下乡以后，后来参加工作，现在又经历下岗又重新找到工作，二十来年了，觉得比较成熟了。现在四十了，觉得以前过得挺快的，也没有做出什么，现在岁数也大了，要想再上学接受点教育也不行了，要能倒退二十年就好了，我肯定要去参加培训。现在孩子不听话，没有这种体会，就得努力去影响他们，多教育教育，多给他讲讲。

三　天津轮胎橡胶实业公司 B2072（访谈员：张文评）

访谈开始时间：1999 年 10 月 19 日下午 12 : 30

访谈结束时间：下午 2 : 00

访谈地点：天津轮胎橡胶实业公司会议室

1. 基本情况

父母都去世了，爱人的父母也都去世了。爱人退休，每月 420 块钱，我去年12月内退，每月370元，加在一起790，每月生活没问题，就是一般百姓的生活。不跟有钱人比，比差的还好一些。家里有4个兄弟，2个姐妹，我是老大。老二在建筑公司，每月200多元；老三上山下乡回来，没有工作，自己做小买卖。老四在钢厂，效益不好，自己在工厂干，有时干半年，有时干一年。他是车工。大妹妹退休，每月400多。以前在东方电子线路板厂。二妹妹在自来水公司，敛敛水费之类的。他们都是初中毕业之后工作，我父母不识字，我家是多少辈的老工人。我1958年参加工作，在这个厂待了41年。开始是学徒工，每月17块钱，到19块，21块熬出来成为一级工，挣33块。一直到去年厂里有文件，男的55女的45一刀切都内退，到60岁再办退休。我本以为可以坚持到退休的。

我已结婚30多年。爱人在家里也是老大，两个妹妹，一个弟弟。妹妹一个上山下乡在甘肃，回来后现在拿统筹保险，每月300多元。她在甘肃建设兵团待了30多年。老妹妹在河北省插队，因病调回。大弟弟从嫩江农场回来，现在在河北区总工会。当过市劳模等。他是下乡回来后到粮店，再到粮食局，当了市人大代表。上了夜校，拿了大学的本子。他们家大妹妹初中，二妹妹高中。我的大女儿高中毕业以后到棉一，两口子都下岗了。二女儿中专，旅游学校。毕业后在饭店工作，结婚后调到微型汽车厂的一个分厂，效益不错。女儿都已结婚生子。我在天津市和平区上小学、中学，中学未毕业参加工作，然后在夜校补习，初中毕业。那时白天上班，晚上上夜校。初中毕业后就没再上。住房是爱人单位分的，平房一间。老两口住。有厨房，没有卫生间。面积为13.1平方米。在大直沽。现在没有买商品房的打算，只管好吃饭就不错了。现在没有存款，办完退休以后，每月如果有些存款，就防备生病。厂里现在已经压了两年的医药费了。去年我生了两次病，都是二女儿拿的钱。在现状下也没保证。因为企业老停产。我现在最担心的就是厂子黄。老工人对厂子的感情特别深。一生都献给轮胎厂了。我来的时候还是第一橡胶厂。58年试制第一条轮胎的时候我就在，一直到98年。对厂子有感情，不希望厂子倒。

家庭收入来源就是两个人的退休金，然后二女儿每月给100元。主要开支就是吃饭和煤水电气。以前的积蓄都花在料理双方老人的后事上了。

自己又生了两次病，积蓄全没了。单位给上了养老保险、医疗保险等，自己没有买。投资、股份等都没有。

2. 下岗前个人职业变动史

1958 年 6 月参加工作。就业之前在街道待了半年，厂里招工，就到厂里来了。没换过工作，本厂是国有单位。岗位一直在动力科，烧锅炉。后来当了工段长。技术、工作表现比较好，就升上去了。要获得提升，最重要的是责任心，得得到群众的拥护。光领导看中不行。而且技术得过硬，工人才服气。出了问题得能解决。国家环保规定，停了单位的烧煤炉后，我就去热水站，维修机器，也属于供热。是用电的，不烧煤，但原理一样。

培训每年都有，劳动局对特殊工种的培训。每年都换司炉本子。否则不能上岗。一级本子是高压锅炉。二级本子 10 吨以上，三类本子是 4 吨以下的小锅炉。我三类本子都有。培训内容主要是锅炉的构造、安全操作、事故处理、维修等。有文化考试和实际操作。单位安排都得去，否则不能上岗。培训费以前几十块钱，后两年要 200 多。培训对工作有好处。懂得维修和安全生产，对自己和他人的生命财产安全有保证。没有其他技术和专业职称。工段长的称号是 1985 年获得的。几乎年年都是厂级、公司级的先进生产者、劳动模范。对收入没有影响，以前就觉得是一种光荣。加班都想不起来要加班费。现在人们考虑钱太多了，应该加强精神文明教育。三讲还要再深入。

3. 下岗前的工作及工作单位情况

内退以前企业的经营状况时好时坏，国营企业的厂长总变对企业来说是个问题，每任厂长捞够了就走了。近两三年情况开始不好，出现停产现象。影响到工人的收入。因为厂子的效益是直接和工人的工资挂钩的。医药费开始报不了，压了三年。原因与领导班子有关，另外国家应该采取一定的优惠措施，对国营大厂给予照顾。政策上给国营企业方便。

内退前无第二职业。因为没时间，又不爱出去，每天很早到单位，扫扫地、打打水什么的。1990 年后开始使用农民工。我的车间没有民工。在压胶车间较多，因为粉尘较大，城市工人不愿意干。其实这是城市职工自己把工作机会让了出去。以前没有民工也照样干。一般民工都是男性，比较年轻。因为民工市场上人太多，企业怕年纪大的出问题。收入、劳保等都与城市工人差不多。但不属于正式工，没活了就裁走。所以危机感强，劳动态度、劳动效率都可以。比城市职工要好。因为要城市职工下岗还要有个说法，还要做工作。

现在工人考虑个人的危机较多，没有心情与别人纠纷。不影响个人利益就行。民工自己也知道好活轮不到他们，都是脏活累活，也就认了。职工与厂里的矛盾就希望厂里有一个稳定的、强有力的领导班子，别老换厂长。我在职工代表大会提案也提过。分房的时候有个别人到厂长家里去闹。厉害了厂长就给。像我就不行了，也没闹过，所以还住老婆的房子，干了几十年，房子都没分上。

4. 下岗情况

1998年12月1日开始有内退和下岗。男性较多。因为厂里本身男性就多。年龄上女的45、男的55以上，一刀切。厂里下岗的条件就看年龄。我认为不太合理，但领导也难，否则不太好掌握。厂里严格遵守了条件，除非手头有工程没结束。下岗方案经过了职工代表大会。征求了职工意见。职工代表开完会，回所在班组征求职工意见。根据协商决定。男职工30年工龄以上的给370元，以下的给350元；女职工20年工龄以上的给370元，以下的给350元。

下岗工人的权利是可以参加厂里决策，还可以征求这些人的意见。实际上也享有了这些权利。我是第一批内退。加上下岗，那一批一共下来100多人。我们车间一共17个。下岗、内退是统一开会通知的。我认为还可以为厂里效力，但没有机会了。其实我就还有两三年就退休了。但不能特殊。又不办正式退休，拿的钱差了一半，开始也想不通。有人跟领导谈条件，有些同意了，有些没同意。但我们的钱比上不足比下有余，也就接受了。内退的原因主要是岁数大了，身体不好，厂里又有规定。与厂方宣布的原因一致。原因还算站得住脚。

内退后没找领导专门谈过话。领导在见面时经常问我过得怎么样。我没有提其他要求。内退前没有职工与厂里发生冲突，因为我是第一批，之后也没有，因为附近都如此，人们的心理承受能力提高了。电视宣传也很多，人们也就平衡了。

爱人1992年退休了。大女儿和大女婿都下岗了，因为企业效益不好，很多人下岗。内退后的收入比以前少了一半，主要从吃的方面节省。好的东西少吃一些，烟抽差一些的。二女儿每月还能补一些。我每个月还要回厂一两次，主要是从卫生室拿药，洗洗澡、看看同事什么的。过去半年回去十几次。刚开始内退不踏实，总想找同事说说话。

每月从企业领 370 元补贴，从银行领，每月 14 号准能领。很准时。养老保险还有。医疗费报不了，但还能从厂里拿药。没有再就业的打算。因为年龄大了，身体又不好，没人要。没有参加过培训。

5. 再就业情况

内退后没再找工作。现在下岗职工再就业并不难，主要是自己不愿意干，脏了累了钱少了都不行，所以不好找。农民工对再就业有影响。农民就应该回农村把地种好。工人应该把厂子搞好。企业没给介绍过工作。找工作最大的困难就是自己的意识。听说厂里办了培训班，美容美发裁剪等，对找工作有帮助。有了证书时劳动局好安排。但都是针对年轻人，内退的也有再就业的，但比较少，以体力劳动为主。来了年轻人就干不了了。

家庭生活主要是量入为出，多吃青菜，少吃肉。我家是女儿来时炒几个菜，平时两口人炒芹菜、小白菜就够了。不能整天跟有钱人比。

6. 态度和取向

不太可能再回厂了，因为企业效益不好，停产好长时间。如果有机会当然愿意回去。今后也不打算再工作了，等着办正式退休。内退最大的影响就是钱少了，时间充裕了。以前一天忙忙碌碌的，现在不知道干什么。女儿的孩子不愿意看，怕担责任。现在早上起来出去遛遛，回来吃早点。帮老伴干点活。炒炒菜什么的。找工作最重要的是年龄；其次是文化层次要高一些。要有特殊的技术。爱人退休后管理了两年民工，是返聘。后来下岗的多了就不干了，是 1994 年。没事走走亲戚，我推自行车遛遛鸟市什么的，也不用花钱。业余时间早上出去遛早，沿着海河走，回来顺便在早市买菜。还逛逛鸟市、种种花养养鸟。没买健身器材等，没有钱，没有什么投资。

最好的朋友是同事和邻居。有工人和干部，都喜欢养鸟。文化程度都不高。他们的社会地位还可以，没有受歧视的。都是男性，老头。有一个棉纺一厂的干部，以前是车接车送，现在跟我学养鸟。经济困难主要靠自己的亲戚，不太靠朋友。找自己的孩子等。朋友之间借一两百元可以，多了没有。请朋友帮忙时是自己干不了的累活。修修房子什么的，年纪轻一些的上房，大一些的干下边。遇到感情问题我自己就能解决，因为我想得开。“原则问题不放过，枝节问题别纠缠。”人与人相处不能想太多。

我想说的就是国企领导一定要有力，不能总换。这样才能为企业长远着想。

四　B2344（访谈员：张欣）

访谈开始时间：1999 年 11 月 15 日 19 点 40 分

访谈结束时间：21 点 06 分

访谈地点：河西区小海地泰山里 14 门 401

父亲已去世，母亲是退休工人，不与我们同住，现在每月约有退休金 400 多元。父母均是高小毕业。共有 8 个兄弟姐妹（四男四女）。大哥原是拖拉机厂工人，现已退休。二哥是原棉纺六厂工人。我行三，现已下岗。下面一个弟弟原是毛毯厂职工，现已下岗。原单位已经不管，现在外面自己干个体。大姐不在市内居住。二姐是原构件一厂职工，现在构件一厂已倒闭，她买断了工龄，也相当于下岗。大妹妹现在街道成立的一个服装厂工作，每月约有四五百元收入。最小的妹妹在河西副食工作，月收入大约也是四五百元。受教育情况，因为出身于工人家庭，所以基本上都是初中。

我于 1980 年结婚，我爱人家兄弟姐妹 9 个。现在退休、下岗的各种情况都有。他父亲现在也去世了。母亲已退休，每月 500 元退休金。上面有四个哥哥。大哥、二哥现在都已退休，三哥原是七建工人，因为单位效益不好，所以现在外自谋生计。四哥原在机械施工公司工作，与我年龄差不多，现在也下岗了。大姐原是地毯四厂职工，现已退休。二姐原在丰原食品厂工作，单位效益不好，很早之前就下岗了。我爱人现在属于待岗。还有一个妹妹，原来在河北区某便鞋厂工作，现在也下岗了。我家里有一个女孩，现在正在上技校。

受教育程度：61—68 年上小学；68—70 年上初中。因为当时赶上“文化大革命”，所以虽然说是初中文化程度，但真正没学到什么知识，当时就是“学工、学农”。70 年一毕业就分配到四建，一直工作到今年下岗之前。

现在我们是一家三口过。房子原来是父母单位分的。因为我兄弟姐妹中那时有单位经济效益比较好的已经分了房子，所以父母就把这处房子给了我。面积大约有40平方米。各种配套设备都很齐全，现在暂时还没有购买商品房的打算。

现在家中的收入来源：我已下岗两个月，虽一直在找工作，但到目前为止还没有找到。原单位因为我已买断工龄，所以结算了八千元钱。从街道每月我能领到322元的失业保险金（但只管两年）。在现在还未找到工作的情况下，我就暂时先吃八千元买断工龄的钱。当然同时还会继续找工作。家里没有其他的额外收入。

家庭主要开支项目（月）：房租35元；煤气30元；水费15元；电费50—60元。吃饭方面，根据具体的经济情况，一般一星期改善一两次，其他没有什么大的开支。孩子上学方面，两年前一次性投资8800元。两年来共计投资约15000元。医疗看病有支出，但不好确定。由于单位不景气，手中至今压着几年前的药费报销单。娱乐方面限于现在的家庭情况，基本没有什么支出。说到储蓄，根据现在的情况来看已不能进行了。因为现在我爱人待岗。原来说单位每月给200元钱，但五月份的工资至今都还欠着。所以存钱就更谈不到了。

目前最担心房租、煤水电钱涨价。因为现在各种费用已经承付不起了。现在就只能吃买断工龄的钱。对未来可能面临的各种风险没有多做考虑。单位说买断工龄后要求自己上养老保险，但我没有能力自己上，所以也就不上了。其他保险原来单位都没上过。我想如果以后找到工作，经济有所好转，我再自费上各种保险。如果没有好转，我只能顾及到眼前情况，其他就不能多考虑了。没有为家人购买保险，也没进行其他投资。

我1970年参加工作，正式工作之前没有待业过。从参加工作就在四建，没换过单位。

刚分配工作时，在四建二分公司，是瓦工。干了两年，后转到机械。一直干到下岗前。这种更换是企业根据具体情况安排的。各方面来说，由于都是同一单位内部更换，所以没有太大变化。收入方面，干机械时比当瓦工时减少了，因为瓦工属于壮工，一级工。转为学徒后，实行年递增2元的涨工资法（一年17元，两年19元，三年21元）。工作条件方面有所好转。瓦工属于重体力，体力消耗比较大，也因此收入高些。要获得提升，最重要的是学历，其次是工作表现。

在原单位时参加过培训。这种培训是领导安排的。主要内容有两方面：一个是与工作有关的，即机械方面的；另一个是补基础知识、补文化课的。这种培训是在业余时间进行的，免费。没自费参加过其他业余培训。

没获得过技术或专业职称。

1973 年和 1974 年获得过两次厂级先进生产者荣誉称号。

四建经营状况不好。这种不好的状况是从 1990 年开始的。当时还能发工资，但奖金已没有保证了。从 1998 年 10 月开始就连基本工资也不能按月发了。福利方面都有所降低。现在连雇用的农民工的基本生活费都不能按时发，更不用说我们的各种福利了。我们的防暑降温的茶叶从三四年前就没有了。导致企业经营不好的原因主要是领导问题。领导工程质量抓得不好，尽是雇用一些质量较差的农民工，工程质量没有保证，甲方就不可能将活承包给你。没有活，就不能保证职工的基本生活费的发放。

正式工作时没有第二职业。

四建从 1978 年开始雇用农民工。整个单位雇用农民工数目不固定。一个农民工队通常有 200 多人。一般情况，有工程情况下都会有三四个农民工队，大约有六七百人，都是男性。年龄从十七八岁到四十岁都有。几乎所有工作都有农民工。一般他们就是瓦工，木工，混凝土工，抹灰，钢筋工甚至机械方面都有。比如开卷扬机，搅拌机。民工工作时间比城市工人长，收入方面由于公司与包工队有合同，所以不是很清楚。就前几年来说，他们的工资是 30 元/天。比城市工人高，保险也是公司与包工队有合同。福利方面，发放一些实物时，农民工都没有。

农民工都能吃苦，又能干，因此劳动态度比城市工人好，效率也高一些。技能方面，农民工和城市工人差不多。不同类型劳动者之间还是有冲突的。因为如果不大批使用民工，就不会产生大批下岗工人。但反过来说，农民工因为没有时间限制，所以出活多，也好管理。而城市工人就必须实行八小时工作制，所以二者也有区别。二者之间的纠纷是不可避免的，主要是工作方面的。举例子说，我们的工地上同时有三个民工队，再加上我们，沙子，水泥，卷扬机，搅拌机，好几百人都要同时用，这时就应该按顺序来。但有的人偏偏不行。这就促使队与队之间发生冲突，不和。其他纠纷没有。最后往往都是队与队之间协调商量，按照先后次序轮流使用器械。

职工与厂方没发生过纠纷。

四建是从 1996 年开始下岗的。到我下岗这批一共四批。共下岗约 300 人。男女都有。一般都是初中毕业的，40 岁左右的。我们的单位不分部门，车间。分工种，以我们这一工种来说，下岗的有 10 多个人。男女都有，基本都是初中毕业，40 多岁。

下岗条件的规定：（工人）所在班组用你，你就可以留在班组继续工作；不用你，你就要下岗。待岗三个月后，如果还没有班组要你，就要下岗。与年龄、性别都无关。但我觉得这种条件不合理。因为像 40 多岁的人正是上要养老、下要养小的最困难时期。下岗后再找工作，又因为年龄偏大很多单位不愿意要，所以很难找到工作。这样就造成了人们的极不平衡心理。人们普遍认为为单位辛苦工作了二三十年，到现在单位既不考虑你的工作情况，也不管你到底是为单位创造了多少经济效益，只看有没有地方再同意留你，如果没有，就让你下岗，这多少有些过河拆桥。所以我也觉得这样不合理。同时，我觉得厂方在处理下岗问题时没有遵守上级的一些规定。比如说，就在中央有明文规定，夫妻双方同在一个单位的，下岗只能下一个。但我家现在是一个叫解除合同，一个是待岗，待岗也没收入。现在也有夫妻双方都还在我们单位继续工作的，我觉得这就不符合条件。

下岗的方案没通过职工代表大会讨论，也没征求过职工意见。谁下岗谁不下岗都由领导决定。让你下岗你就得下岗，不许问原因，再想找领导你也找不到。

对于下岗工人应享受的权利不清楚。

我是今年 9 月份离开单位的。我是买断工龄，与企业解除合同，与下岗还有些区别。现在档案已经归入街道。我们单位现在让回家的就是两种情况：一是解除劳动合同，一是待岗。已经不存在下岗这种说法了。解除劳动合同的我是第二批，这批共有 30 多人。我们机械工种约有 10 多个人。基本上都是男性，年龄在 45 岁左右，初中文化程度。

我们以前是挂编，后来说是根据一个新的条文，要求解除合同。单位补给一定数额的钱。事先不知道要让回家。后来听说了那个条文，大家一传十，十传百。我自己看条文时觉得自己也在要解除合同的人之列，就不用个别再通知就知道要下来了。当时十分不平静，觉得30年工龄，只给8000元钱就让回家，心里极不平衡。我们十六七岁就进了建筑公司，把青春都献给了建筑公司，到现在40多岁，一身病，只给几千块钱就让解除合同。我们现在就算身体好，那难保以后没有病灾，那时也就等于没人管了。我爱人现在待岗，虽说是每月给200元钱，但也已经拖了好几个月没发了。没有收入，又没有了单位，心里实在是不平衡。

工区说是单位效益不好，要减员，还说要先从干部作起，但实际上是先从工人作起的。工人几乎都让回家了，但干部一个都没走，公司没有公开宣布过有关下岗或解除合同的事情。我们都是通过一些私下的关系、途径知道这方面事的。工区宣布的这个理由无论它本身是否站得住脚，它都要站得住脚，因为它是领导决定的，它就带有强制性。

没与领导谈过话，觉得没用。他会找出更多的理由来敷衍你，也没对上级部门反映过意见和想法。

我爱人今年合同期满，单位不再给续合同，这样等于与厂里就不再有任何关系，我爱人觉得这样不行。她们都属于这种情况的几个人就联合起来找工区，找单位。单位解决不了，再找公司，公司还解决不了，再找局里。最后签了一个无固定期合同，这发生过这样一个纠纷。

我爱人现在是待岗。亲戚中有很多下岗的（直系的前面都已介绍过），其他的如弟妹、嫂子也有下岗的。

现在每月只拿320元钱，以前每月500元钱。现在主要就靠买断工龄的8000元钱补贴。穿着方面，能不买的就不买。吃的方面不吃好的了。

与企业解除合同后就与原单位没联系了。也没有回去过。

与企业解除合同后，每月能从街道领到322元失业保险金。企业已不再给缴纳养老保险，医疗费也不能报销。企业也没组织参加过培训。一切在解除合同后与企业都无关了，所以企业也什么都不管了。

从解除合同后半个月就开始到各个劳务市场找工作，但由于年龄问题，所以一直都没找到。

找工作时最大的困难一是年龄超龄，二是没有文凭、没有学历，觉得找工作时还是朋友介绍的比较可靠。

我觉得农民比下岗工人好找工作，主要的原因有两个：一，他们家不在本市，无忧无虑；二，他们年龄较轻，身强力壮，一些重体力劳动还能从事。城市下岗工人像我们这种没有文凭就不再具有什么优势了。农民工有的可能接受的工作，像装卸，我们不一定能干。农民工进城对城市工人再就业肯定有影响。如果让他们都回农村，那下岗工人无论干什么就都会容易些，机会多一些，现在天津的市场就已经都让他们占领了。

原单位没有帮助介绍过工作，我也没自费再参加过培训，当然如果参加一些培训，肯定会对找工作有帮助。接受工作时，不会考虑面子，只要收入合理，路不太远。总之，只要是适合我们干的都可以，如果稳定更好。

现在就是靠每月从街道领的 322 元过日子。不够只能从以前的积蓄和 8000 元买断工龄的钱中抽出一些补贴。

我觉得已没有再回原单位的可能，但是如果有这种机会，还是会回去的。因为回单位后，如果有病，单位可负担一半。而如果自己干个体的话，就没有这种保障。主要是为以后健康、保险方面计划。依现在来看，就要根据自己身体的状况自谋生路了。

下岗让我感触最深的，就是没有安全感了。找工作也太难了，今后混日子也混不了了。

获得好工作的条件，一是要有学历；二是要任劳任怨、珍惜机会。

我妻子如果下岗也还会出去找工作，这主要是从经济方面考虑，如果能干的话就继续干；如果身体状况不允许了就干到哪儿算哪儿。

业余时间主要是出去找工作。工作没找到情况下，我在家做一些家务。没有心情考虑锻炼身体的事情，健康上也没有什么投资，有病就到药店买点最便宜的药吃。

朋友 1：男性，46 岁，初中，现在是大港石化化验员，初中同学。

朋友 2：男性，45 岁，初中，现在还在四建，干部，同事。

朋友 3：男性，40 岁，初中，现在是个体经营，老板，以前同事。

一般的经济困难不会找他们帮忙，只有在万不得已，走投无路时，才可能会找他们。有情感问题一般都会跟他们倾诉，这样心里才会平衡一些。现在刚下岗两个多月，心里还很不平衡，还处于比较容易激动的时期，所以觉得现在应该先稳定一下情绪，也就还未考虑请他们帮忙找工作的事。他们也主动介绍过工作给我，就是朋友3，他让我到他的单位去干。但我总觉得面子上过不去，所以没有去。他还介绍我去停车场看车，但我也没去。

现在主要就是心里特别别扭，干了30年，说让回家就得回家，而且让一个下岗还不够，竟然让两个都下岗。现在工作时，很大程度上都要靠私人关系，像我们单位，夫妻两人都还在继续工作的也有。单位在决定谁下岗谁不下岗时，根本没有贯彻中央的文件，我们心里极不平衡。

其他没什么要说的了。

五　B2275（访谈员：何川、王旭光）

原属工作单位：合成材料厂

访谈时间：1999年9月26日下午1:40—2:40

访谈地点：被访者家中

我父亲是大专学历，在外面还有工作。我母亲就一直在家没有工作。我还有两个哥哥，我大哥一月收入大约一千来块钱，我二哥少点也有七八百块钱。我和我丈夫97年结的婚，我们现在的家庭情况仅仅一般吧，还行。我现在孩子不到两岁。我中专毕业。我们现在住的房子是自己买的，但不是商品房，是单位的福利分房。目前家庭的最主要的收入是靠我丈夫的工资，主要的家庭支出都是为了孩子，其他就是用来吃饭。别的也不敢花。即使我们能够省下钱来存入银行，也是为了孩子将来上学，成长的费用。现在我最担心的事就是我一直找不到工作，所以家庭收入比较拮据。我现在还没有找工作，正准备找呢，要找也是等孩子大一点了再说。我们的孩子也没有上保险。

我是在92年开始工作的，当时我中专毕业，是学校分配的工作。到我下岗以前我一直在这个单位工作。我工作的时候一直是一名普通工人，没有获得提升。我认为在企业获得提升最主要的因素是自己的学历。由于我们单位有专项的工作，所以我在单位是参加了专职培训的，是领导安排的。主要是关于化验等方面的，是单位出的钱。但是我没有技术方面的认证，在单位事业一直是普普通通没有获得什么奖励。

我下岗的时候我们单位的经济状况还行，我认为这主要归功于厂方管理得好。我下岗以后还能按时地发工资，一系列的福利待遇也都还有。上班期间我没有第二职业，只是从事本职工作。我们企业在我没到那里以前就有找农民工的情况。至于农民工当时在我们车间里就有，大约有 10 来个吧。我们车间有 40 多个人，他们快占到一半了，男的女的都有。他们跟我们干一样的工作，还经常一起配合工作。他们和我们一样，评定工资是由工龄长短决定的。奖金和我们一样，只有工龄和我们不同，要短上几年。至于在劳动技能、效率方面，他们大多从事一些比较危险的工作。比如说我们有一些有毒的工作，大多都是由他们干的。城市的工人都不愿意干那种活。我在厂的时候从来没有和他们（农民工）发生过什么冲突。他们和厂方也比较和睦没有什么冲突。我们单位没有说真正下岗的情况，都是一些得病的、生小孩的等等。没有下岗的，没到岁数就算内退，从来没有大批下岗的情况。我生孩子下岗，不是我自己申请的，单位本身就有规定，不回来不行。一生小孩就要回家 3 年，想回去继续工作都不行。我想厂里应该有明确的规定（下岗），但即使有条文也只是厂长和几个头头自己决定的没有经过大家的民主过程，厂长决定大伙不同意也没有办法。关于下岗工人应该享受的权利，我知道的有在居委会领取失业救济金，其他的没有。我现在没在居委会领，厂里倒是给一点，这不还没到三年嘛。我觉得厂里这种让我回家三年的做法有些强硬，我不满意，我想上班上不了。我和厂方还没有谈呢，准备要谈。我们下岗的这些人倒没和厂方吵架，不让上班了就回家待着呗。吵架也没有用（即使有我没上班看不见）。我现在的工资比下岗以前少了三百多块钱。现在唯一的收入来源就靠我丈夫的工作。我与原来的企业基本上没有什么联系了，最近半年都没有回去过。我每月从企业领 280 块钱，直接从银行领。现在我还有养老保险，是企业给交的。企业没有进行再就业培训，我现在也没有再找工作。

我觉得如果民工和城市工同时找工作，民工要求的工作工资比较低，条件比较低，因为他们在工作技能等方面与城市工有一定的差距。我认为农民工进入城市对城市工人是一种巨大的冲击。比如说建筑等职业都是由民工把持，城市就因为这个原因，减少了很多的就业机会。现在好多单位雇人都只雇民工。我下岗以后 3 年到期，也不一定会要我们回去。他们说只有企业需要才会让我们回去。企业也没有为我们介绍其他工作，对回企业我不抱太大的希望，因为之前已经有先例，下岗后 3 年企业就不要了。

我现在如果找工作，首先要考虑收入的问题，不用太多四五百块钱就够了；其次要考虑离家远近的问题，主要为了照顾孩子。至于工作条件等方面，看我能干我就干，尽量干。

我丈夫工作也不太好，跟我在一个单位，工资只有五百来块钱。单位没有什么福利，就发点什么劳保之类的。现在收入只能说是凑合过，别的什么也买不了。父母也经常给我们买点东西，我们每月给每家老人五十。平常吃的用的不敢太放纵了，我认为要是供这个家庭正常运转至少需要一千块钱，这也就是一般水平，生活就不太紧了。我觉得我今后回企业的可能性已经很小了，企业要是找我回去我也可能会回去。下岗对我最大的影响就是收入降低。我觉得要想找一份好的工作必须要有学历，其次就是年龄都受限制，像我们这些岁数大一点的就不好找、再加上没有学历，如果有特殊的技能也行。找工作是性别问题也只能看找什么样的工作。我现在在家就是照顾孩子，没有时间干别的。我要是有经济困难就会向父母求助。

我们家现在这电费水费都涨了，负担加重了而工资没涨。我们的工资能发下来就不错了。跟以前比就更紧了。以后我们孩子要是上了学我就必须找个活干，也就是说从长远打算还要找一个工作。如果我要找的或我没有什么特别要求，只要能干，工资别太低就行。孩子就交给父母来带。我最担心能不能找到工作。厂里三年时间到了之后给的钱会慢慢地减下来。我也想到人才市场去找，但我担心我没有学历、年龄又太大。集体私人企业都行，能干就行。我现在就希望企业能想着我们，不要让我们从待业到真正的下岗。

六　B2116（访谈员：何川、王旭光）

访谈开始时间：1999 年 10 月 3 日 11：30

访谈结束时间：12：45

访谈地点：被访者家中

我现在的家庭状况，简单地说就是父亲过世了，只有母亲自己住着。她老人家身体方面还可以，退休金一个月有 500 多块钱。我和我妻子是 89 年结的婚，现在有两个孩子还是双胞胎，这两个孩子都上三年级。我自己是初中毕业，上完初中就直接去上班了。现在我们住的房子是我母亲的，是那一阵找单位要的房，当时单位带分房呢。这不家里有一对双胞胎，够上要房的条件了。我现在家庭基本没有收入，没有固定收入。现在我们家中最大的开销就是供着一对孩子上学，其余的只能勉强够吃饭的，这可是必需的开销，不花不行。（两个孩子家庭压力太大了）如果家里有一个人病了，这就会成为我们家中最大的问题，因为无论我、我妻子、两个孩子我们都没有任何医疗保险。要是一旦家里出了这种事情的话我都不知道该怎么办了，到那时候也许一点辙都没有。

我是八二年参加工作的，初中没有上完就顶替上岗。当时我从来没想过换单位，而且我在单位也没有任何的提升，是一个很普通、平平常常的工人。我认为要在单位获得提升必须要有学历、技术、更重要的还是和领导的关系。当时企业也没有给我们任何的培训。我下岗以前单位的经济状况还行，基本能发出工资来，那时还能有一定的保障，所以我那时也没有从事任何第二职业。至于我们单位什么时候开始找农民工的，具体时间我记不清了，反正是在我离开厂子头几年就有了。当时我们车间就有。他们在技术水平、福利待遇等方面与我们都没有区别，其他的方面也都差不多，但总之相比之下，跟咱这些人也有些不太一样的地方，其实我们也不觉得嘛，不就一块干活嘛。在我们那个单位的特殊性，我们一个人一天任务是一辆车，就围着车转，根本不许与别人交谈，纪律也不许。我记得有一回，他们和厂里有矛盾，早晨不来上班，我们下了夜班没人接班。我们知道有问题。可能是他们和厂里谈得不对，具体不太清楚，反正有这么个事。我们厂子从来没有下岗的，但内退有，我觉得那属于提前退休。也就是说比如你应该60岁退休吧，他们50岁就让你退了。我们厂里没有关于下岗职工的条件，也没有关于下岗职工所应享受的待遇的具体条文。因为我们厂子里没有下岗这么一个说法。至于说厂子里没有下岗的是不是因为都转成内退，我也不太清楚。我妻子下岗是因为单位倒闭了。下岗以前我一个月收入400多块。现在整个就没有了，一分钱也没有了。与原企业也没有了联系，企业等于和我就没有关系了，我现在仅仅是在那里挂个名，因为你不是要上那个养老保险嘛。关于这个养老保险我的理解就是他只能单位办，自己办不了，所以我现在在单位挂个名就是为了上个养老保险。别的什么待遇都没有。下岗以后我一直没找工作。我觉得我找工作最大的困难就是年龄，另外身体条件也不行了，技术方面的，学历方面的。我认为找工作私人介绍效率比较好一点，信息公司不大可靠，他们都属于营利性质的。至于农民工和城市工的优劣我认为农民工比较能吃苦，嘛都能干。他们身体好像跟咱们不一样，他们有的那些活咱都干不了。我认为那些危险的职业不一定非要农民工去干，咱自己能干就干，不一定非找谁，谁乐意干就谁干。农民工大量进城对城市的冲击是肯定有的，但它不是导致企业大量下岗的最主要的原因，最主要的原因是要从体制改革方面考虑。主要是上面政策的关系，他们把城市工都辞了，找许多农民工上岗，我想不会那样吧，应该是和政策有关系。至于具体原因我就不太清楚了。

现在在我们家里，经济都主要放在孩子身上，让孩子吃好，我们都无所谓的。主要不是因为现在困难嘛，困难嘛就只能先将就着孩子。让孩子上学呀，让他们吃好，把学上好。经济也就尽量地维持，如果这个月没有钱了就只能靠双方父母帮助一下了。就是说没有稳定的保证。我觉得我现在已经没有回到企业的可能了。如果单位让我回去，我也许会回去。如果他们说离岗挂边的都可以回去了，那我就回去。现在也不好说，也没有具体条文，也不知道是让你回去还是不让你回去，反正现在是不让回去。我现在回不去原来的单位了，我也没有什么具体的打算，就是怎么好怎么办呗。反正现在做生意也特别不好做。如果有好的工作我还是愿意干的。收入大概要有四五百元吧，至于面子方面，现在好像不是那么重要了，因为现在找工作特别不好找。我要找的工作还要比较稳定，面子方面不是主要的。我妻子也并不想在家中做家庭主妇，还是要出去打工的，因为现在不找工作就没法子活了。我所认识的朋友都是上班的。我现在 34 岁，找工作已经是有点障碍了，一般找工作的，男的一般都卡到 35 岁，虽说我不出去找吧，也就这意思。我不出去找工作，因为我在厂里还拿四百多呢，出来干一个月只能拿 300 多了。我当时出来是想干点小生意什么的，但我又认为不值得干。现在市场的钱不太好挣的。我觉得既然政策要求咱下岗就下岗呗，但我想着改革不改革和下岗又有什么关系呢。总之我不懂得什么大道理，我只觉得改革改革咱老百姓的生活应该是越来越好才对，为什么反而下岗的人却越来越多了呢？当然这只是我个人的看法，也希望你们能理解。

七 天津市棉纺织一厂 B2266（访谈员：何川、王旭光）

访谈时间：1999 年 10 月 3 日下午 3∶50—4∶55

访谈地点：被访者家中

现在孩子上学，今天考了 81 分。他的晚习班、早习班根本没钱交，早习班 3 块，晚习班 8 块，没有钱交，谁不想上课，没有钱交孩子成绩也上不去呀。

现在我没有兄弟姐妹，只有一个 8 岁的孩子。我是初中文化水平。现在的房子是姥爷借给我住的，房屋使用面积约为 11 平方米。我现在没有任何收入来源，就孩子他妈还上班，这不还没回来。我最主要的支出也没别的，也就是吃饱穿暖，顾得上温饱就行了，再就是供孩子上学，这也是一笔大的支出，想别的，别的哪敢想呀！现在最担心的事就是得病。

我 80 年参加工作的顶替母亲上岗，之后一直在那个企业工作。在企业工作想向上提升靠的是有门子有路子，要是没门子没路子那就靠钱，有钱也行，这是关键的。我在企业中从没获得过提升，一直是工人，从未参加过培训。

就是那天晚上，我姥爷病了，家里没人，都去姥爷那儿了。我一回来就听说单位领导找我，为什么大晚上在家门口等我，我见了他们说干吗，（他们说）我们来给你送解除合同。后才知道原来这份合同必须提前 30 天送到我们几个人手中，那天晚上是最后一个晚上了，要不领导们能等我那么久。可是我又想我又不是合同工我们厂又没有合同制。我们从 17 元，19 元，21 元一点点地干过来的，玩命地干活。我们上班有半天会：上早班有早晨会，下午两点半会；上中班一点上班有半截会；上晚班有总结会，干得好坏都有会。能干吗，有什么用啊。都提前去就为评定这活儿的好坏，咱们现在也没会，说你不对就不对。我们上班的那会儿，纱掉到地上马上捡起来，现在呢，纱一掉就罚钱。过去钱挣得少还捡纱，可现在钱挣多了却不捡了！我真不明白，我在厂的那时，厂的经济效益非常好，就像你说的，天津棉纺一厂是天津的龙头老大，我们厂的厂长历代都是厂长出来做纺织部的局长。我们厂是干出的名牌，世界有名的，那棉都是免检的，谁知道现在还是不是免检的呢。

那时候老工人挣钱74元钱，大家都羡慕死了，它能养活一大家子人。我想当时我们厂的经济效益好是因为大家的积极性高，毛主席说过："工人是国家的主人。"我们作为国家的主人去爱护我们的厂子，现在我们也爱我们的厂，比如得个踢毽子冠军，足球赛得个奖我们也高兴。我们上班的时候，厂里有个大礼堂，一个月放两场电影，现在把礼堂卖了，职工的利益都没了，车间也卖了做了酒楼，医院也改了饭馆了，我也不知道他们为什么要卖，人家说这是改革的需要。谁说我们厂子的效益不行了，不行招那么多劳工，不行就停业，我们这些正式工人他不要，外地的劳工却进来了，那国家的政策呢？我们厂从87年开始招劳工，招的劳工用车接车送，这是真的，我可以做法律的证人。他们（那些民工）的待遇是不是跟我们一样我怎么会知道呢，咱这个工人只知道干活给得少了人家也不可能干呀，别的咱不知道，在我们干的时候农民工，人家就干了，回头还要求人家。人家整个就不上班了，咱也不知道怎么调节的人家又上班了。他还管人家饭呢，我们还没有饭。当时职工都没有饭居然还给他们饭。这里边细节咱也不懂。那些农民工的技术都是我们教的，刚来的时候他们嘛都不懂他们哪会接头呢。换了换了（农民工）他们换了好几批，哪儿的都有。咱不知道他们光换的意思是个嘛，后来用焊工，他们又用了几批焊工。后来人家焊工自己回家去开了一家厂子，咱也不知道人家乡镇企业那里买来的机器，干得比咱还好。他们有钱也不行，总理说了：不行，那得砸锭子。必须全给他砸了，谁知道是怎么回事。（上有政策，下有对策。）谁说这样，这是党的政策你懂得嘛叫党吗，咱就信任党。虽然说咱没加入党，但咱信任党。对嘛没有共产党就没有新中国。我长在红旗下，邓主席也让我们感到改革开放的好处。干好了报酬好，可干着干着咱下岗了。咱接受这个，为了改革的需要嘛。怨言肯定是有的，我们希望党也好、国家也好也管管我们，岁数大了，身体不好，给咱安排个什么工作也行。

企业开始有下岗是从94、95年起的。下岗我们厂子从来也没有的，我们一线根本没有下岗的。就是因为得病，这个病是怎么得的，因为我们工作了，光站着，巡回。上个班8个小时，那路程够走两趟劝业场。有多少华里多少公里都没法算了。后来捞纱都站着，后来得病了，当时国家还真好，管治病给看病。当时都觉得党好，我去过国民党的展览，人家都不管给治病。后来到我们那会儿，告诉我是双期到满。我不知道什么叫双期，我上班没有订合同，他们怎么订的合同我们也不知道，就那会儿我们工作时说让订合同，我也不知道为什么要订，他们就说人家都订你也跟着吧。我们当时哪懂这些合同，你说他们骗人不对。改革那么多年了，你明白嘛叫下岗吗，嘛叫签合同，嘛叫法律意识。那阵我们哪懂得法律，我们只知道别闹腾，安分守己过日子。那时，开着门也没有人偷东西。我也不清楚到我下岗时有几批下岗的。那国家有明确规定，厂里有下岗职工不许招农民工。可他们为什么用，我们对他们非常的不满意。我们没有功劳还有苦劳，我们劳动是用我们的汗水，有劳动就有报酬。现在做苦力不得钱，没辙了。现在完了岁数大了，青春没有了，我把我最美丽的青春奉献给了厂子，可现在有病了，厂子不要了。这还国有企业，不是一个人说了算的地方。人家上海纺织企业也有几百万职工下岗，但他们有一定的政策。但为什么他们当初没有给我们拿出个规定来。

我下岗后天天找工作，找了一个送纯净水的工作。但是赶上夏天活多的时候才有得干，活一少就没戏了。人家今天不用了就跟你结钱，我找的活一天都 7 元、10 元。干一段以后他们就不要了。我们知道天津市有一家厂子和康师傅集团合作，下岗职工可以到顶新集团工作，就是有点苦，有点累。咱不怕苦，17 块钱都挣过哪能怕累嘛，咱能吃饭就行。我前一段听说居委会能给下岗职工贷款，有一家就得到银行贷款，把房子问题解决了还在楼底下改了一间小卖部。我觉得这个事情才能体现出党、政府的关怀。我希望党也好，政府也好就业中心也好，能真正地把再就业的位置让给我们下岗职工。为什么只招外地民工不要我们，又不是我们下岗职工干不了。并不是咱特别苛刻嫌活脏，谁也不嫌活脏，还有嫌钱扎手的。(不可理解)。你看现在农民有许多卖菜的，我们也想卖菜谁不想干。前一段居委会有一个活动，选择职业干嘛都光荣，说要发三轮，给喇叭交 200 元押金。后来又要送奶，我也想送，半夜两点给人家送也可以。我问人家为什么不用我们，他们说就是不要你们怎么样！我也不敢说外地人对咱就业有什么冲击，反正你看现在的报纸就招外地工，我们不也能干么。我自下岗以来干过许多工作，人家老板说为嘛只用外地工不用你们，我可以让他们干 12 个小时甚至 18 个小时，我要让你们干 10 个小时你们就有怨言了。可是我说了，随着改革开放的进行，国家法律的健全，以后就不能这样。而老板说：正因为这样我才不用你们。我用农民让他干 24 小时他也干，叫你们干24小时你们行吗？我们当时也说：行呀。可咱岁数大了也有家庭负担、孩子。为什么管他吃和住，他们工资少。而且让他们干一宿他们就干一宿。咱要干活总有个钟点。

要是原来企业招我们回去我们太高兴了，我父一辈就子一辈。当时我妈妈就跟我说：我把工作交给你了，你好好干，这是铁饭碗子。没想到现在我没有饭碗子了。找我回去我不就更高兴了嘛。经历了找工作之后，我最大的体会就是：第一，我没有文凭；第二，我岁数大了；第三，干我们这个工作留下了腱壳炎。捞纱老弯腰，我的腰间盘突出了。我现在也没有多大要求，也不嫌什么，能吃饱喝足就行。我现在感到特别累，下岗对我家庭影响特别大。你没看见嘛我老婆早上7点多上班现在还没下班呢，为什么，计件，一个信封给一分钱。不就为了多挣嘛，家里有孩子。手干成那样，不也要干嘛。不就为了孩子上学嘛。没有跟老板提过我累早下班，恨不得老加班，加班可以多挣点。我也恨不得去干，人家不要男的。让我卸火车我也能干。孩子上学没钱，不交自习费，老师不给辅导，孩子学不好不能怪孩子。你说有困难找亲戚，可根本没用，哪能富得了嘛。我认为你跟我提商品房的事太奢侈了。现在为了供孩子上学，咱倾家荡产卖血也要让他上。我有个想法，我想卖个肾，给孩子送美国去。要不孩子将来长大了骂我这个爹，只生我不养我。我对孩子说：你好好学，将来我养不了你。孩子说：爸，我将来养你。我又说：我17岁顶替上岗的时候跟我妈说：妈，将来我养你。可现在我妈跟我说：靠你养我，现在还不是我养你嘛。你下岗呀，我有养老金呢，你有什么。我怪孩子不会说英语，孩子说人家一年交4万，你呢？咱没办法，只能自己掉眼泪。当初门口卖果仁的现在家有一百多万，要知道这样我当初也卖大果仁去。咱就是说说咱自己的故事，没别的。我也希望自己的孩子有出息，可是那要用钱呀。

我最想说的是："一、党也好，组织也好。真正能体恤我们的生活。二、我希望企业别招劳工（农民工）。三、谁要给我找活都行，咱不怕苦也不怕累，只要能养活这个家就行。不管让我付出多大的代价，本来我们就活不下去了，只要政府能给个出路就行。为党干了二十几年，没别的要求，只希望党能记着我们这些处在社会最底层迫切需要帮助的人。希望你们能帮我们往上反映一下。那就多谢你们了。"

八 217 B4250（访谈员：顾振家）

访谈开始时间：1999 年 11 月 9 日 20∶08

访谈结束时间：21∶28

访谈地点：被访者家中

我叫冯惠云，今年 41 岁，我丈夫 40 岁。我们有一个儿子，88 年出生，现在正在土城小学念初中。我是初中文化水平，他（丈夫）也一样。我们俩的工作经历嘛，我是 79 年参加的工作，他比我晚一年。我们从一开始就在天津工作。现在，两口子都没有工作，家里一点收入都没有。

我是 1958 年出生，在我 30 岁的时候结的婚，也就是 1988 年。你问我家的情况？我们家有亲姐妹七个。我是最小的。她们现在有下岗的，也有退休的。大姨，二姨退休了；大舅，二舅下岗。二舅和我在一个单位工作，二舅母也一样。他们和我一起办的下岗。我母亲原是地毯厂的，父亲是土木厂的，是做木材的，也就是木材厂，都是文盲。他们工作的时候工资水平也比较低，一个月 50 多块钱（每人每月）。

我丈夫兄弟六个，老大去世了。他们兄弟几个有初中的，也有小学的，就是没有大学生。

你问我的教育经历？我是 1965 年在利民道小学上课，中学是在爱国道小学上的。现在家里就我们 3 口人。住的房子是我婆婆的，居住面积大概有 35 个平方，条件比较差，没有独立的卫生设备，只有卫生间，没有洗澡的地方。现在穷得孩子马上都要退学了，哪还有钱买房子。现在我们家的全部收入就靠街道每个月发的基本生活费 300 多元，其他哪儿还有收入。家里的主要的收支项目就是油盐酱醋，米面和水电费。像油就比较贵，每个月花在这上面就有 150 块钱。差不多。

我现在最担心的就是国家不给钱了。白天中午我还在说呢，这 300 块钱够嘛，光吃喝还不够呢，还要供孩子上学。像我孩子上学，一个月光辅导费就五块多。我们孩子和别的孩子不一样，知道吗，我从来不给零花钱。我就对孩子说，咱吃饭，要吃饱穿暖还要实惠。你看我这 300 多，一天只是晚上开一次火，做新的。一顿一炒，油也贵呀。

对以后有嘛准备？你看我这只手，下楼不到十分钟就被别人给砍了，就算是给别人拉架吧。你说我没钱，我还能做嘛准备？这只手缝了十几针，筋都完了。原先给孩子买了一份人身保险，现在我们一下岗哪还有钱投保？前几天给人家打电话，说要退保，人家说还不能退，退就要扣钱。像保险费一年2000多，他说要扣38%，就是说一千要扣380块。谁能料到是这个结果？

现在不想上了，这2000多现在能在家里起多大的用处啊！再说现在工作也不好找。

我初中毕业以后就在家里待着呢，有两年的时间吧，高中也没去上。一个是家里没有钱，另一个是我们大小没有母亲，因为当时她已经去世了，婆婆年纪又大，没有人照顾，我就在家里照顾她。后来街道招工，我就在79年前后进四建上班。刚开始我在机械组工作，后来因为生孩子嘛，连同照顾孩子，就在家里待了一段时间。到后来再去上班的时候，他们就把我调到零活组了。原先在机械组的时候，我是开卷扬机的，在零活组我就只干点零活。

收入没有多大的变化。以前只按电钮，工作不累，后来虽然工作累点，但空闲的时间比较多，这样我就能有出更多的时间去照顾孩子。这次位置的变动也是我主动要求的。个人要岗位提升，这社会你问我靠什么，现在实干的在厂里不吃香。

在进入企业之前根本就没什么培训。只要一按电钮就可以了，这两分钟就学会了。在入厂工作以后，先给我们以学工的待遇，后来又涨一级涨两级，实际待遇就是正式工，不就是上砖上料吗。

在企业干了这么多年我也没获得什么技术职称和专业职称，荣誉称号都是头头拿的，“在××领导下”就把我们的功劳全给埋没了。我告诉你，三八妇女节他们都不让我们过。你工作好，班长看见了，就发点奖金鼓励。什么荣誉称号根本到不了我们的头上。

我下岗前厂里的工资就发不下来了。我一看还是办下岗吧。这种情况是从97年开始的。我打从结婚就没了奖金，工资还是发，只是有时发不下来就要等一段时间，有时是十天，有时就是半个月。后来工资就不断地压低，像劳保我都不知道到哪儿去了。医药费报销早就没了，我住院动手术的钱还没给报呢。这种情况你要说不普遍吧，几乎家家都这样，天津市哪有几家企业效益好的！当时我工作的时候也没干第二职业。

我刚进厂工作的时候就有民工，像文安的，都是瓦工，都是干一些重体力活。我们组当时倒没有。他们和我们没有什么差别，只不过他们是跟着民工头过来的，他们的工资是一年结算一次，而这样一来，民工头就可以从中扣除一部分。同时，他们基本上就没有什么福利。但他们工作态度端正，而且厂领导也便于管理。我们（城市工）和他们也没什么冲突，人家干人家的，咱干咱的，吵嘛架嘛。厂方领导和职工的纠纷我倒是没有听说过。

我们企业打98年就有人下岗，我下岗不是第二批就是第三批。我们组下岗的情况我不清楚。当时我正在住院，办理下岗的手续是我丈夫帮我办的。

下岗的时候，人家（厂方）也没说硬要我们下岗，都是自愿的。但你不办，什么也不给你。不给钱我吃嘛？我一想，不办，没工资，合同到了，不签合同，人家就不给你的钱。下岗这么重大的事肯定通过职代会讨论了。这也算是自愿，你说不清；自愿吧，必须办下岗，否则没钱。我对下岗工人的权利不清楚。下岗前，厂领导也没找我谈过话。

我们厂98年就有人下岗，我当时想我可不干。可后来受伤住院了，又干不了活，我就想办就办吧，我也没有仔细想，现在我有点后悔了。我们厂有好多人没办。但你办了以后，街道还给你点钱。你像他们，现在在家待着，什么也没有。我告诉你，有的厂不好是效益问题，可有的就是领导闹的。

找厂方领导谈话？找他们有嘛用，现在在家的好多的没办下岗的厂里一分钱也不发。他们没钱，你又能怎么办？

关于下岗也闹过，说厂里给的钱太少。但闹不是白闹吗，反正厂里没钱。我丈夫从95年下岗，厂里的效益不好，他们哥几个都在一个单位，这下全下岗了。二嫂和二舅也下岗了。

现在和厂里的关系已经解除，回厂有嘛用，厂里根本就没有我的档案啦。

我们家一下岗，家里的收入就少了好多，没办法只有缩减一些支出，得保证吃饱啊。

现在企业根本就不管我们啦，我们全家就靠每月从街道领取322元的救济金。养老保险和医药费报销也停了。我前段时间打算自费缴养老保险金，93年厂里给我缴的，如果不继续缴的话，那以前缴的不就打“水漂”了吗？

我自己也找过工作，但没人要，年龄太大了。你说没找吧，也找了。没事的时候我就打听，但岁数过啦。现在找工作最大的困难就是年龄。现在找国家找工作还要钱。说实话，现在什么工作都很难找。我都烦了。

和农民工相比，他们最大的优势就是年轻，都不过二十岁，身强力壮。这对我们找工作影响大了。以前是富了城市的，穷了农村的。可现在是相反了。穷了城市的，富了农村的。你想一下，本来城市的就业机会就不多，他们再和我们竞争，那我们找工作的机会不就更少了吗？企业也没有帮我们找什么工作。我们下岗转到街道，他们给我们找三份工作，后来就不管了。我的手一废，也没有参加什么培训。

这次下岗对我的打击太大了，我完了。你说想吧，岁数一过，手又受伤，现在想嘛都没用。如果手没受伤还行。你看我现在，找不到工作，手又有伤。每天我就串门子。你来的时候，我正在别人家里聊天。整天无所事事，自己也无能为力。其实，我比谁都想工作。可就是找不到。

我认为要找一份好的工作，就要有高的文化水平，或者技术水平。还有就要身体健康。要不然像我这样的，肯定找不到工作的。

你说的家庭主妇我肯定做不了，你看我家的经济情况，哪还有心情去做家庭主妇。我现在就想出去找一份工作，给家里增加点收入。我想在家里办一个托儿所一样的，这样一来我既可以照顾家里又可以赚点钱。我的问题不是什么时候不工作，而是我什么时候可以工作。假如家里的情况以后有所好转我就会考虑不工作了。我现在想的就是赶快找一份工作。

当然我也有特别要好的铁姐妹。但自从下岗以后就很少来往了。她们三个人中有和我一个车间的，其他的都是别的车间。一个和我年龄差不多。现在在外地工作，收入挺不错的。前一段时间上我家来了一趟，临走的时候还一再嘱咐要我一有空就到她家去，但怎么好意思。她只要一知道我的情况就一定会帮助我。其他的和我的情况差不多。但是大家的情况都很差，整天发愁，谁有心思去串门呢。我下岗以后遇到经济困难的时候也就没有请她们帮忙。不过，在以前的时候我们经常一块聊天。

我们家的情况你也看到了，家里基本上什么都没了。孩子现在上学都困难了。全家就靠我这点钱做生活费。现在我家正因为我的手和砍伤我的人打官司，但是现在打官司要花很多的钱。其实，下岗对每个人都不好过。你像我这样的职工在企业干了一辈子，说下岗就下岗，一点情面也不讲。心里说什么也有点不平衡，可满肚子的委屈没地方说去。希望你能把我们的意见反映反映。还有，听说国家的政策又要变了。原来规定，再就业中心管我们3年，然后街道再发两年的基本的生活费。现在听说，只能管到明年6月份，你说到那个时候我们一家3口可怎么过呀。你们可就好多了，大学生一出来就可以找到一份好的工作，工资起码有1000多。我们是没什么希望了。我只希望你能把我们的情况给上面说说。

九　B2338（访谈员：张欣）

访谈开始时间：1999年11月9日20点13分

访谈结束时间：21点40分

访谈地点：河西区小海地昆仑里57号601

父亲和我同在一个单位。我父亲、爷爷祖孙三代都在轧钢一厂，母亲也是工人，在元件厂。这段时间的家庭收入，父亲还算可以，每月可达到八九百元。因为像他们工作量比较大，一星期只歇一天，这其实按比例来说也不算多。母亲每月四百多元的退休金。我前一段时间一直没拿钱。最近刚刚归入再就业服务中心，每月拿300多元钱，才拿了两个多月。如果不算这项收入的话，再加上我爱人，应该一个月是2400多元钱。还有个妹妹在上大学，花费也比较大。就说一顿饭吧，省吃俭用也得三四元钱。一天要是5元钱肯定不够。再加上学费，一开学就要交好几千。我父亲的收入现在主要就要归到我妹妹身上。父亲算是中专，母亲就是初中毕业。

我是97年10月结的婚，爱人的父亲、母亲都已退休。父亲也是冶金行业的，前一段时间应该拿700多元钱，但一直发不下来，一个月只能拿200多元钱，到现在也没给补。母亲那边有个三姨，有点傻。他母亲现在就在伺候那个三姨。三姨还有个孩子，所以他母亲的钱就全归到那边了。就我们来说，我们现在也没有能力补贴。反正尽量省，有时一个月、两个月给一两百元，给孩子买奶粉。我爱人是独生女，我们现在有一个小孩，是今年4月份才出生的，刚刚半岁。

我就上到初中，初中一毕业就进轧钢一厂了。

我现在和父母住在一起。房子是我父亲的单位，也就是我的单位轧钢一厂分的（楼房）。使用面积大概有40多平米吧。卫生间啊，这些都有。对于近期自己购买商品房，怎么说呢，我爱人的单位这次照顾我们，也确实挺困难的。而且有时两代人住在一起，肯定有代沟。各种情况加在一起吧。这次分给我们一个单元，独单，大约有20多平米。按我们现在来说，和人家好的比不了。按理说她（我爱人）能公积金贷款买房。问题是，贷款后买了房，尤其是比较好的房子，像人家夫妻俩都有比较稳定的工作，贷七八万元钱，如果手里再有三四万元钱，即使再加上装修，只要都有稳定的工作，就可以考虑贷款买房。买房后，一个人平均一个月拿出三四百元偿还贷款，再一共剩下七八百元，就可以紧点儿过日子。但我现在没有工作，所以确实不敢想。

家里没有额外收入。开支方面，从父母来说，现在已经不能指望他们再为我负担多少钱。他们现在是承上启下阶段，日子最难过。双方都有老人，现在像我爷爷得病，确实就是没办法了。像现在应该说是送医院了，但是我们送不起了。进去一次一般就得一两百，单位报销不了。个人到底能有多少钱往里填？到了里边，其实也不一定起很大作用。但你也不能眼睁睁地看着他在那儿受罪啊！我们已经在那儿守了三夜了，今天刚回来。我姑姑、姑父都在那儿。外地的也都过来了。说不好听的，也许一会儿来电话我们就又得走。就到这种程度，但医院又确实是送不起了。假如现在不多有，有10万、20万，那我们花个3万、5万元。虽然是受罪，我们也希望他活着。但是确实是达不到。这样他们（父母）手里势必还要留点钱。到时还要给爷爷看病。平时去也要花钱。从正常开销来看，像我们这种家庭已经比较俭省，光吃，连我妹妹的钱算在内，最起码也要1000元，这已经算是最少了。再除去上班坐车或是孩子有病，上趟医院打针就要不少钱。现在都只有一个孩子，亏了大人也不能亏了孩子。光奶粉钱我一个月就好几百。因为本身没有母乳，孩子就已经够吃亏了，所以也不愿再让孩子吃次的奶粉。一天就算吃一个苹果也要一元钱。再加上煤水电房租，一个月怎么样1000元钱我也不够。如果按1500元算的话，等于我爱人，我母亲的工资都放进去还要再从我父亲的工资中划出一部分。这样到目前为止，根本谈不到存钱。但挤也要挤出一点，留备给我妹妹上学用，她年年需要交钱。我爱人算很好了，因为我家两个孩子一直就比较紧，所以结婚时连冰箱都没买。结婚时买的电视现在父亲看，我们看旧的。连再换新的钱我都挤不出来。经济上确实达不到。现在我爱人身上还有个官司，打了8年，已经抗诉到高级法院，这方面已经花了不少钱。再加上每个月要给人家70元钱，从91年起到现在也不少钱了。

讲到以后的事儿，感觉最近这段时间有些麻木了，不敢想。不想以前刚下来的时候，确实不服。也觉得自己能干点什么。可是现在的再就业，从国家来说已经基本到位了。他保证3年至少在你刚下来特别迷茫时，给的钱能维持正常生活。这就很好，我很知足。但到基层，再就业就很多是说在嘴上。真正有很多地方还没落实。按说，像我们再就业，国家有政策，我们想自谋出路的话，国家现在是扶植的，政府也是。像我们没文化，是凭辛苦挣钱。没文凭，从单位出来后只能凭个人劳动赚钱，而不是凭脑子。自己也一直在找机遇，哪里有招工的就去。三四百块的工作人家介绍了，咱也去了。到那儿以后，人家问是哪儿的，我说是轧钢一厂下岗的，他们就有一种观念，大企业的人他们不用。他认为大企业的人毛病太多。如果都好好干活的话，也不一定就把企业搞成现在这个样子。认为大企业工人就是干活偷懒、耍滑、不好用。不像内退的，四五十岁的，怎么说怎么有。平心而论，我认为三四百可以去挣，但他认为你干不长。其实人家说得也有道理。年轻人心高气傲，三四百元钱你不可能看上眼。问有什么特长，我说我会开车，在原单位就开车。人家说那你更干不长了。让你搬运你干吗？我想也就别让人为难了。我也跟介绍人说，不行就等等，以后自己干。正好赶上个机会，学校门口为了方便管理，盖了两排房子。我们就趁此机会卖学生的盒饭。我本着薄利多销的原则，炒一个菜才两三元钱，又有饭又有肉，包伙一个月才160元钱（一顿3元）。利很薄，除去各项开支，一份才挣几毛钱。我们只能从成本上入手。每天早上5点就要去批发市场买菜。但工商来，税务来，别说像新闻中说的减免，像我们最起码应该照顾。像我那天看问卷提到的就和我们不一样。外流人员也在那儿干。如果说工商按规定对他们征税，我没有意见。但对下岗职工应该照顾。我们卖得比他们还便宜。但他们吃住都在那儿，干什么都方便。工商、税务方面政策是有，但没有具体文件到我手里。比如你一个月到底应交多少钱。最后说拆，又赔了两万多。所以暂时来说，我不敢干了。由于经济上的不能达到，我也没购买任何保险。但在今年 7 月，朋友又借给我两万元钱，让我炒股，也没说让我再还，但现在整体形势不好，大盘在跌，所以也被套牢了。

我是 1989 年参加工作的。是当年初中毕业后赶上年底轧一招工，所以没有待业过。上班后一直在轧一工作，没换过单位（轧一是大型国企）。

在轧一工作期间，共从事过三个岗位的工作。1989—1992 年是在空分站，干空气分离。后来由于设备不用了，就去车间轧钢。1994 年出工伤，歇了一年。95 年调到车队，到 97 年。那时就开始不景气了。就开始有下岗了。作为我来说，下岗肯定是要有人下。我们那个部门的老人因为都要养家糊口，所以都十分害怕。我当时还没结婚，没家没业，没什么负担，所以我说我先下吧。因为他们如果赶上两口子都下岗，一个月只拿 200 元钱，根本都不够孩子吃饭的钱，难度你可能很难想象。而我那时也想自己干点什么，所以我说我下吧。这样就自己走了。前两次调动都算是企业安排，第三次也不算个人争取，是开会决定让谁下。我最年轻，调过去最晚，又没有太过硬的技术，我说我下。在第二个岗位上出了工伤以后，已不能再从事运钢的重体力劳动了。车队属于技术工种，条件肯定是比轧钢时强，环境也是（无噪声）。第一个工作岗位属于三线，收入低。轧钢是一线，收入高。而车队是承包的，实行个人核算，按小时记工分挣钱，不像在车间。车间里大家拿的都一样。要获得提升，从我个人来看，最重要的是要具备工作能力。不否认有些人认为是看个人的厉害、蛮横与否。因为钢厂从整体上来看，文化素质还是比较低，什么人都有。有的人如果不对他厉害，不进行十分严格的管理，他就会偷懒、耍滑，同时相对的也是领导信任，还多少也要懂一点业务。

在职期间，自费参加过汽车驾驶的培训（业余）。当时花了 3500 多元钱。参加的原因主要因为这是我的兴趣所在。他对我调换工作岗位也还算有帮助吧。

1993 年曾得到过劳动局授予的技工三级的专业职称认定证书，企业也承认，但它对我的收入好像没有多大影响。我们厂就是上几年班，涨几年工资大家都是相等的。根据小组利润拿奖金。

没获得过奖励或荣誉称号。

轧钢一厂经营状况不好，从96年就已开始显露出问题，但总体还可以。严重是从97年开始的。97年就开始半工作半停产了。车间里就是有活就干，没活就回家。但还能开出基本工资。奖金已经很有限（比过去少很多）了。福利方面，房屋基金已经两年没上了。原因就是银行已经不给贷款了。我感觉目前的情况与乡镇企业有很大关系。还有就是当时国外进口大量钢材。它们加上运费也比国产钢材便宜。因为它们是流水线，操作工很少，劳动力工资这方面就全省了，成本低。咱们这方面基本上还是人工操作，机器设备都比较老，而且在生产过程中，像搬运、起吊各种都要花费。还有一个是乡镇企业，他们比较灵活，比如说他们可以随着市场上钢材价格的涨落决定钢材的售价，这是一种个人行为，集体行为。但国企不行，国企牵涉到很多问题，而乡镇企业是单向专项发展，且都是小批量的，所以它投资小，转向灵活。

没从事过第二职业或其他兼职。

轧钢一厂，像我们所在的车间，对于一些比较危险的岗位，从93年前后就开始雇用农民工了。像剪切就雇用了大概三四十个农民工，都是男性，十七八岁到30岁都有。当时来讲，他们在福利方面不如我们。像我们因为岗位很危险，如果出工伤，单位要全权负责。而他们如果出了什么事故，单位并不管，一切自理。收入方面他们是按吨计算。其他各种保险我想肯定是没有。

农民工都能吃苦，而像剪切这种工作不存在技术，完全靠体力，因此他们无论是态度还是效率都比城市工人要好。

不很清楚各种劳动者之间是否发生过什么纠纷。

职工与厂方好像也没有，因为轧钢一厂工人从整体水平上来讲，素质还是比较低的。因此就是有本事的就调走，没本事的才留下，厂里不限制。

轧钢一厂最早在97年有离岗挂编的。当时车间就有停产的了。但还发工资。不太清楚，从那时起到我下岗共下了几批人。我们修理组到最后20多个人都签订了下岗的协议。但现在也有又上班的，这种就和以前不同了，它相当于你在合资企业打工，签的是临时合同，但发工资。这20多个人中有男性，也有女性。多大岁数的都有，受教育程度也都大致相同，基本上就是初中，技校。

原来单位说是下岗挂编，还算厂里员工，给上养老保险三年，三年以后看发展。具体情况再根据市政府的文件走。我们厂对于让谁下岗不让谁下岗没再做具体规定。因为工人们全都下，这和年龄、性别、受教育程度已经全都没关系了。年龄大的就办内退，剩下的就全签这个合同了。车间全停产了，只剩下几个干部看厂护院，值班。

因为只是通知回厂签有关下岗归编上养老保险的合同，而且那时工人们就已经都回家了，所以肯定没开过大会，只告诉不签合同就不给上养老保险，其他一些下岗工人可享受什么权利也不是很清楚。

我是97年6月下岗的。是轧钢一厂第一批。全厂此批下的人并不多。具体多少我不太清楚。我们车队这次讲的是“轮岗”。就是几个人先歇，几个人后歇，轮流工作。但我当时就感觉企业支持不住了。我对它已经没有信心了。我觉得年轻人应该自己找出路。我们组和我这次一块儿下来的，一般都是办停薪留职到期的，而像我这样的，就是厂里保留名字，上不上养老保险随自己。所以就是以在外面自己跑、事业已经有了小起步的和年轻的为主。上岁数的基本没有。基本都是男性，受教育程度也差不多都是中技吧。

下岗前修理厂厂长曾经找我谈过，动员我签合同。我当时说，轮岗谁也别轮了，到我这儿我替你们轮。让签合同，我就签，很痛快的，签了合同就算正式离岗挂编了。总的来说，对这件事还是比较平静，因为已经预感到，而且感觉年轻人应该自己做点儿什么。

我想下岗就是因为厂里经济效益不好。和厂里宣布的一样，这个原因也是事实。

我们和厂里也曾经谈过。因为当时私人关系都很好，不存在什么上下不和。有时在外面也是在一块探讨。因为当时厂里经营状况不好，我们也有损失，所以我们也积极想办法。比如我们修理组当时就开始在外面揽活，自己养自己，不再要厂里的直接拨款。下岗后，也聊过。比如商量在一起能干点什么，做买卖？有什么厂里能帮助的，咱们可以共同着手，争取好转。但我开始想时，工人们已经都有回家的了。所以说从企业直接转换到商品市场而根本就是行不通的。因为咱们本身都是外行。是要付出，要闯一下，但有时不得已中途也就告终了。也和朋友们坐下来谈过（当时虽然很辛苦，但收入也还可以，所以也帮助开导过他们），对于厂里也没提过什么要求。关于自己对下岗再就业的一些想法和意见，最早在给别人包车时，接触了不少人，也曾经积极地跑过一段时间。找过原车间的老领导，征求意见。主要考虑的是服务行业，因为这是以后的发展趋势。比如说，二三十个住在这一片的，联合在一起，通过我们原单位的领导，通过再就业服务中心。因为我们原单位是钢厂，所以希望在和当地的工商、税务谈过后，能够帮助将小商贩占据的杂乱的市场规范化。例如大家通过集资，利用原厂的料焊接售货用的小亭子。然后大家如果要卖菜，可以买一辆车或者先租原来厂里的车，上些适时好卖的东西，这样最起码就可以自力更生。但要没有组织的话，一个是农民占道，一个是以前干的人会抢买卖。老实人根本赚不到钱，而其实他们的要求也并不高，一个月能挣五六百元钱，他们就认为可以。像现在卖馒头的那些不都这样吗？所以说，我也是曾经想过，也经朋友引见和市总工会的秘书长谈过这个问题。但人家说，必须要拿出可行性报告。我就觉得通过个人和人家谈不行。我就找到我的老领导商量。比如说咱们的保健站也可以在社区搞个社区服务所，到时像老人生病，比如说输液，就不必需要送大医院了。可是到最后跑的过程中，我觉得不行了。因为再就业毕竟是刚起步，要真正规范化还是很难的。咱们想的是挺好，但真正落到实际上还是需要很多钱的。刚开始，谁也不愿意，也掏不起这个钱。这其中跑了一个多月，到最后觉得还是不太成熟，因为具体到实施中，个人有个人的想法，所以执行起来还是困难重重的。

职工是不是因为下岗与厂方发生过纠纷，我不很清楚。但我确实听说过，一些上岁数的人有想不开的。

我爱人现在还在职，但我家亲戚中下岗的挺多的。比如：我的表姐夫、老婶、表姑、我本人。我姑父现在虽然还在上班，但已经半年没给钱了。下岗这种现象还是已经挺普遍的了。

下岗后我基本上就没有收入了。家庭收入主要就是靠我父母和我爱人了。其实我们家一直就是这样紧紧地过，而这两年一直在外面干也就没表现出来，但其实这两年我在外面开车出事，加上这次饭馆赔的钱，等于将我以前的积蓄都投到里面。我还了 3000 多元的账。再慢慢还吧。家里来说，衣服基本都不买了，吃也相当节省了，买菜我们都去批发市场买。

下岗后我还是经常回原厂，近半年主要是因为有孩子了，所以去得少了。但也有20多次吧。主要和以前单位的同事，现在还上班的聊聊天，说说话。

现在每个月能从原单位领334元的补贴，是直接到原单位领。养老保险单位管交3年。医疗费按道理说是给报，但实际上报不了。房子是企业的。

下岗后企业组织过再就业培训。主要有：电脑初步培训、养花、电焊、钳工等。我目前还没有去。主要原因就是这些培训是晚上6点半开课，而像我们家，我父亲现在还在单位，特别忙；我爱人单位比较远，他不会骑车，要坐车，晚上回来大概6∶40；我母亲要看小孩。所以我每天晚上要做饭，这些培训都是免费的。

下岗后没过几天就开始找工作了。但找了几个都觉得不行。我就自己干了。在自己干之前，拒绝过3次别人介绍过的工作。这些都是当司机的，有的是三四百元一个月，但付出和得到的确实不成正比，都是朋友介绍的；最长就是这次已经十个月没有任何工作了，最短的一次有半年。

第一份工作是自己买了一辆车，跑车。当时还是跟朋友一起干，也赚了点钱。但是从修车啊，各方面花费也很大。最后找到一份包车的工作。干了四个多月后来不干了，原因就是彼此都不太适合。白天要工作，晚上要娱乐，有时要到凌晨三四点钟。从我个人来说，确实受不了，而且那时是一个月给2000元钱，什么都不管，也觉得挺划不来的。后来不干了把车卖了，赔了一笔钱。后来又买了车，包了一次车。这次因为给的钱少，一个月只给1700块钱，而三峰车比较费油，油钱根本合不上。所以我就换了个大发。按人家说可以签5年合同，自己心气也挺高，因为觉得从此就有个稳定的工作。而人家又是个律师，感觉能给律师开车也挺自豪的。但开了两个月后，发现这是个假律师。虽然他车钱照付，但他骗老百姓，打官司也打不赢。后来一查，他根本就没注册，就是个骗子。所以我觉得跟他干不行。这样两个月后不干了，把车卖了，又赔了八千。我和我爱人商量说咱们真的干不了。咱们不是那种人。这些工作都是朋友介绍的，赔钱后朋友说补贴点钱给我，但大家都是邻居挺好的，人家也是如此。所以我也不能要。第一份工作干了4个月，可以说是没白天、没黑夜、没有休息的日子。给律师干，时间倒是挺稳定，上午9点，下午14∶30，因为他是骗子，不愿让人家知道他家的住址，所以也不用接送。他那的工作环境倒挺好的，也愿意给钱，也不少给，因为对他来说，骗两次就够给车钱了。车也不费油，要干其实不吃亏，但后来觉得确实是不行，而且又想到再就业这方面，因为当时跟他出去也确实接触了不少人。比如说司法局的，这就使我联想了很多。这是98年，后来就是那份个体经营的工作。这其实是一个朋友先干的。他打的是再就业的旗号，我也就随着干，干了一年，最后拆除房屋时也是无偿的（具体情况前面已经介绍过）。

要找几次，隔多长时间才能找到一个比较合适的工作。我觉得这实在很难说。像我来说，从开始包伙干到现在大约一年半，我也歇了差不多一年，因为我们干这个本身有假期，学生们放假我们就也歇了。放假前的4月份，我就开始照顾我爱人。因此，我觉得实在不太好讲。找工作中最大的困难就是年轻和关系网。比如，我有朋友在开发区人事局，这还算有些关系的，他帮我通过再就业的渠道介绍人，都会被顶下来。现在只要有大型的招聘，如北方人才，北方技术招司机，我就立即去。像王顶堤就已经是经常去了，但填完表格就完了。因为我住的地点远，而工作一般都在南开区，所以虽然自己说能吃苦，但人家还是会考虑到迟到问题。还有就是因为年轻，他总觉得不稳定，不会干长。不像三四十岁的人已经认了。年轻的不一定认头。工资肯定不高。找工作方式不确定，就要靠碰。有的人在职业介绍所登记后即音信全无；而也有人很快就找到了。这儿干两个月不行，再去别处干两个月。但我又不想处处打游击。干了这些日子，平心而论，我还是想找一份比较稳定的工作。像最近我就有增添个大客车驾驶证的想法。这样以后应聘时，选择面就相对更广一些。

城市工的优点还是技术工人方面。比如现在要在乡镇企业找工作，人家只看你有没有技术。像管工、电焊这种专业就比较好找工作。而我现在这还是有些高不成、低不就。这主要还是考虑收入考虑的比较多。城市雇用农民工一般都是工资比较低，农民工进城对城市工人肯定有影响。比如说，他们现在进城卖菜、卖馒头、卖早点。但如果整体进行规范化，让他们都回农村，城市下岗工人就可以有一大部分在这儿干了。

原单位没有介绍过工作。

单位的原培训没有参加。对于其他培训只是有参加的想法，但还未付诸实际。

现在还没有工作。

现在肯定没有回单位的可能。即使有机会回去，也要考虑收入、工作是否合适。因为这次不可能再和以前一样。思想要有转变。比如说现在实行6天12小时工作制，一个月给800元钱左右。体力活我就不会干。还是要考虑到自己的兴趣。如果要是回单位开车的话，我就会考虑。如果没机会回头，现在虽还是一直在找工作，但还是想自己做。当然就不会像以前了。如果做就要从小处做起，一步一步走。

从下岗自己也考虑的很多。平时也别扭过。失败时，心情不好时，因为不挣钱，就会对别人说话多想，但同时也觉得对自己有不少帮助。接触了不少社会，学到了不少东西，思想上也成熟了。对于我们这个岁数的人来说，下岗终究还是没有多大影响。因为毕竟还年轻，自己定好位后，慢慢再做，我想还是行的。现在对找工作最大的体会就是很渺茫，很难。因为下岗的人确实太多了。

现在要找个好工作，对于我们这样的人，要是没有很过硬的人介绍是很难的。除此以外，学历还是很重要。因为找工作，最低学历就要高中。其他一些对于我们来说就差了一些了。一般说开车就问是否结婚了，没结婚的就愿意用，结完婚的就不愿用了。

业余时间主要就是看看股票，看孩子，做饭，买菜，不经常锻炼身体，健康上也没进行投资。

朋友1：男性，27岁，大专，在开发区人事局职业介绍所工作，月收入2000元左右以前同学。

朋友2：男性，36岁，初中，原来条件不好，现通过亲属找到一份司机的工作，月收入1000元左右。以前同学。

朋友3：男性，初中，30岁，现在染化五厂，工人，月收入1000元左右。

我如果有经济困难，不用求他们，他们就会主动帮忙。关于情感方面也会和他们说一些。我们几乎天天通电话，经济上如果暂时需要用钱干点什么就会说说。个人家庭生活方面没有。开发区的那个朋友介绍过多份司机工作。但由于我家住得太远，所以未成。

染化厂的朋友前段时间介绍过说他们厂要招临时工，但也没介绍成。

其他很多朋友也同时都在帮我找着工作。

十 B2340（访谈员：肖向华）

访谈开始时间：1999 年 10 月 23 日 9 点 20 分

访谈结束时间：10 点 30 分

访谈地点：和平区柳州路益寿里 7 栋 605 室

1. 基本情况

父母均已去世，兄弟姐妹 6 人，老大退休，初中文化，月退休金 300 多元；老二落户农村，无工作，小学毕业，收入不固定；老三于金荣自己；老四高中毕业，民警，收入不知道；老五待业，初中毕业，无收入；老六在外打工。

78 年结婚，丈夫兄弟姐妹共五人。老大在外地，已病故；老二退休，退休金不稳定，时发时不发，自学大学毕业；老三在外卖报纸为生，她的厂已经倒闭，每份报纸赚 5 分钱，每天卖 200—300 份；老四就是于的丈夫，也已经下岗，每月没有固定的收入，以前每月还有 150 元，以后就没保证了，文化水平中专毕业；老五妹妹在外埠当干部，自学大专毕业，月收入 500 元左右。

于金荣 61 年上小学，68 年上初中，上了两年后就工作。

夫妻俩与女儿一起住，住房属公产房，面积 25 点几平方米，无独立的卫生设备，最近无购买商品房的计划。

家里无额外收入，主要开支是房钱、水钱、煤气钱、取暖费、食品费，没什么储蓄。

最担心的是没有养老保障，没有为未来的风险做过准备，也未买保险。

2. 下岗前个人职业变动史

70 年参加工作，在正式就业前未待过业，从就业至下岗未换过工作单位，但换过工作岗位一次，由车间保全工（维修人员）换成服务员（后勤人员），换的时间是 96 年，工作了两年就下岗了，这次更换是由企业安排的，更换后收入下降了，社会地位和工作条件没什么变化，于认为在企业内，一个人获得提升最重要的条件是和领导搞好关系。

在下岗前的企业时，未参加过培训，也未获得过技术或专业职称，也未获得过奖励或荣誉称号。

3. 下岗前的工作及工作单位的情况

下岗前所在企业的经营情况还可以，原因不详（说应该去问决策人），下岗前，除正式工作外，无第二职业，下岗前企业雇用了农民工，但开始雇用的时间不知，她的车间雇用了100多农民工，他们都是男性，年龄在20岁左右，他们干操作工，他们在福利待遇，收入水平等方面与城市工人没什么不同，农民工们在劳动技能、劳动态度、工作效率上与城市职工相比基本一样。

于所在企业不同类型劳动者之间的关系不错，没什么冲突，对于企业是否发生过职工与厂方的纠纷不清楚。

4. 下岗情况

企业在98年开始有人下岗，于是第一批下岗，她所在的单位有100多人下岗，下岗的人男女都有，女性45岁以上，男性55岁以上都下岗，他们的教育水平与于差不多，于所在的车间有十几人下岗，男女均有，也是按上面的年龄标准，她认为这种标准和条件不合理，因为在那个岁数下来的人必须得找工作，单位给的补贴根本不够维持生活，厂方在决定谁下岗时严格遵守了年龄这个标准，企业的下岗方案通过了职工代表大会，征求过职工的意见，方式是个别征求意见，于所在的班组谁下、下岗几人均是按年龄调整。

于不知道下岗工人应享有哪些权利，她是98年下岗，这是第一批下岗，全厂共下岗100多人，于所在车间下岗10多人，他们的性别男女均有，男性55岁以上，女性45岁以上，教育水平初中，下岗前厂方没人找她谈过话，大会宣布后由领导通知个人，当时的反应是哭。

下岗的原因是厂方认为在年龄标准以上的人干活效率差，而于本人认为自己还能干。

当于知道自己下岗后，没有找厂方谈过话，因为她认为政策已经定下来了，找也没有用，临走的时候与厂方订了一个合同，厂方保证她们五年以后有保障金，但不知道五年后有没有效，她不清楚厂方与其他下岗职工是否发生过纠纷。

丈夫1995年下岗，96年全厂倒闭，丈夫本在厂里干活，后来出了工伤，康复后转到了保卫科，后来厂里因效益不好而裁员，首先裁的就是保卫科。

于金荣的一个兄弟原在糖果厂，也下了岗。

于下岗后的工资下降了300—400元，现在生活的来源就是于的固定补贴300多元，再加上在外摆咸菜摊赚的钱，但赚的钱不固定，丈夫已没有收入，主要是少买衣服，光吃饭。

下岗后与原企业有联系，最近半年没有去过企业，现在每月能领取300多元下岗补贴，一直按时从银行领取，企业还为职工纳养老保险，医疗费从上班时就已经不能报了，已经好几年不报医疗费了，未得到住所的产权。

下岗后企业未组织她进行再就业培训。

5. 再就业情况

于金荣一下岗就开始找工作，由于年龄已大，还没有找到工作，但是家里入不敷出，只能出来摆摊，在找工作时遇到的最大困难就是年龄太大，和农民工相比，农民工都很年轻，自己几乎没什么优势，农民工能接受的工作，自己不能接受，也是因为自己年龄太大，她认为农民工进城将城市的工作岗位都占住了，使下岗工人再就业十分困难。

下岗后原企业未给自己介绍过工作，自己也未参加过什么培训，现在的工作就是摆咸菜摊，由于在职业介绍所找不到工作，只得出来摆摊，如果有单位能接受，她有可能出去工作。

现在每月家庭总收入约有600—700元钱，有孩子在上高自考，支出主要是吃的方面，孩子的考试费和水、电、煤气、电话费。

6. 态度和取向

于认为自己不可能回原企业工作，现在的打算就是在外谋生维持生活，过一天算一天。

下岗对自己打击很大，尤其是直接影响生活，而且是两人同时下岗，经历下岗和找工作，于最大的体会就是找工作难，再就业难。

根据她的经验，她认为现在要有一份好工作，最重要是要年轻，有关系，有门路，学历，文化倒在其次。

于下岗后没有打算在家做主妇，主要是经济条件不允许，她自己认为当自己身体条件不允许，百病缠身不能出去时才不再工作。

业余时间主要是做家务、做饭。每天出去卖咸菜就算是锻炼身体了，在健康上没做过什么投资。

三个要好朋友的情况：

朋友A与于岁数差不多，女性，初中文化，现在第一石油化工厂当老师，与于是同学，现在其职业地位和社会地位较高。同事B年龄、教育水平与于差不多，也是下岗，下岗后炒股票赚了钱。同事C 48岁左右，也是下岗，下岗后就没再工作，因为她老公有工作。

遇到经济困难不会找她们帮忙，当有情感问题时会找她们诉诉苦，下岗后未找她们帮过忙。

十一　B2221（访谈员：肖向华）

访谈开始时间：1999年10月10日下午6点30分

访谈结束时间：下午7点40分

访谈地址：卫津南路消防研究所1123门303号

1. 基本情况

母亲已去世，父亲退休，退休金每月200元左右，均未受正式教育，弟弟在农村务农，收入不知，妹妹在家。

75年结婚，丈夫母亲均已过世。

丈夫兄弟姐妹10个，能维持基本生活，但有的也已下岗，独生子读中专，已经上了三年，还有一年。

58年上小学，小学6年；64年上初中，初中三年，初中文化程度，与丈夫、独生子同住，住房来自丈夫单位，已经购买，面积30多平方米的楼房，无独立的卫生设备，最近无购买商品房的计划。

家庭的主要收入来源是丈夫的工资和自己在帽子王干临时工的收入，无额外收入，主要开支是食品、日用品和医药费，储蓄的主要目的是为独生子成家作准备。

最担心孩子的工作、家庭问题，还有孩子的身体，没有为未来风险作过保险，也未给家人或子女买保险。

2. 下岗前个人职业变动史

81年参加工作，在正式就业之前待业好几年，原因是生完孩子后在家带孩子，从就业至下岗前未换过工作单位，在下岗前的企业也未换过工作岗位，她认为在本企业内，一个人要获得提升要看与领导的关系。在原企业内，未参加过培训，也未自费参加过培训，未获得过技术或专业职称，未获得过任何奖励荣誉称号。

3. 下岗前的工作及工作单位的情况

下岗前所在企业经营情况不太好，此情况从92年开始，对自己的影响就是工资降低，能按时发工资，没有奖金，这种情况从92年开始，她认为导致企业经营情况不好的主要原因是领导能力不行。

在下岗前，没有干第二职业以补贴家用，以前的企业没有雇用农民工，在原企业中，不同类型劳动者（在职、下岗、失业、无农民工）关系还可以，没有什么冲突。

原企业也没有厂方与职工的纠纷。

4. 下岗情况

原企业从94年开始有下岗，本人是第一批下岗，原厂将房租出去了，本人所有组的职工都下岗了，大概十五六人，都是女工，年龄在30—40岁，教育程度大多是初中。

下岗的主要原因是厂方将厂房租出去了，职工下岗，她认为这是不合理的，自己在厂里干了很多年，厂里强令下岗是不合理的，下岗的实际情况是厂方将大厂房租出去，给职工一个小厂房，小厂房只剩十几个人，后又将此小厂房承包给一个个体户，职工们白白给这个个体户干了一个月，但一分钱没有拿到，后来个体户也走了，职工们就算正式“下岗”。

企业下岗方案没有通过职工代表大会，也没有征求职工意见，她不知道下岗工人应享有哪些权利，也不认为她们实际上享有这些权利。

94年下岗，这是企业第一批正式下岗，早在大厂房租出后，就有一部分人因钱少自愿不干，就只剩下了20多个人，这也就是后来的第一批下岗工人，此次下岗一共20来人，她们都是女性，年龄三四十岁，大多初中文化程度。

下岗前厂方无人找她谈过话，事先也不知道自己会下岗，领导开会通过全组人都下岗，当时的反应是生气，有意见，但也没有办法。

她所知道的下岗原因是车间效益不好，企业要卖厂房，所以职工下岗厂方并未正式宣布下岗的原因，她所知道的原因是工人大伙儿议论纷纷知道的，领导并未宣布。

下岗后，找过厂方企业的领导主要是厂长，但是没有人管，她也不知道其他下岗职工是否与厂方发生过纠纷。

丈夫现在在职，丈夫的一个弟弟、一个妹妹也下岗。

下岗前工资低，下岗后干临时工赚钱，那时家庭的生活来源主要是丈夫的工资，多赚多花，少赚少花，主要是衣服少买点儿，吃得次点儿。

下岗后与原企业无联系，最近半年没有去过原企业，原企业已倒闭。

现在每个月能从企业领取322元的下岗补贴，一直按时领取，有专门的管领取的中心，从那里领，企业不再为她交纳养老保险，对于医疗费，是将每年花完了3500元之后剩下的再报70%。

下岗后企业未组织参加再就业培训。

5. 再就业情况

下岗后，直接去帽子王找到了工作，因为她以前就是做帽子的，有这一特长，就来到了帽子王，从下岗一直干到现在，当时帽子王刚好建厂，需要职工，而且帽子王与原厂有联系，于是没有什么困难就进了帽子王。

现在的企业帽子王多数是农民工，农民工与城市工相比，农民工比较能干，比较能吃苦，没有什么挑剔，而城市职工多数是下岗职工，事多，爱提要求，要什么福利，而农民工没什么要求，什么都干，比较好管理，农民工能做的工作，她也能接受，她认为，农民工对城市工就业有影响，农民工抢了城市职工的饭碗。

下岗后原企业未给她介绍过工作，下岗后也没有参加过别的培训。

她现在在帽子王工作，工作条件还可以，每天8小时，劳动强度很多，上厕所的时间都没有，小组计件工资，平均每月500元钱，没什么福利，就目前来说，对此工作算满意，而且年龄大了，不打算更换工作了。

她所在小组有两三个厂下岗工人，七八个下岗工人，她认为在目前的企业，她和其他职工都受到了同等对待。

目前生活状况一般，每月总收入1300元左右，主要的日常生活由丈夫打理。

6. 态度和取向

绝不可能回到原企业，今后可能继续在帽子王干下去，实在不顺心才会考虑换工作。

下岗的最大影响是下岗前企业给上养老保险，现在由自己自费买养老保险，经历过下岗和找工作，最大体会就是现在的工作很累，工作很赶。

她认为现在她很难找到好工作，而作为一般年轻人，找好工作最重要的是文化水平。

下岗后她没有想过在家做主妇，主要是因为家里收入不够开支，必须出去赚钱，她打算50岁左右退休，不再工作。

她业余时间做饭、洗衣、收拾屋子，没什么娱乐，不经常锻炼身体，也没有在健康上做投资。

她只有一个最要好的朋友，44岁，女，初中文化，现在在家，与她关系很好，遇到经济困难时不会找这个朋友，有情感问题时会找她倾诉，主要是通过打电话方式，下岗后也没有请她帮忙。

十二　B2202（访谈员：杨青）

访谈开始时间：1999年10月4日10点10分

访谈结束时间：11点20分

访谈地点：被访者家中

1. 基本情况

（1）受访者：女。中专毕业。家庭由父母和一个姐姐组成。姐姐在滨江商厦羽西专柜。月收入1700—1800元。母亲原搪瓷厂医务室护士。医校毕业。退休前收入60元/月。父亲原汽配公司干部。退休前104元/月。

（2）1996年结婚，儿子一岁。丈夫家有一老母和七个兄弟，生活也很困难。

（3）1980—1986年念小学，1986—1989年念初中，1989—1992年念中专。之后又自费在业余时间上了医校。

（4）受访者与父母同住。住房由其父亲单位分的房。是有独立卫生设备的楼房。使用面积45平方米。无购买商品房能力。

（5）家庭收入主要是父母工资及本人打工收入，无其他来源。主要开支是孩子的生活费和全家人的食品，储蓄的目的是养老和给孩子上学。

（6）被访者最担心的是生活没有保障。对未来的风险给孩子买了少儿保险储蓄保险。无股票等投资。

2. 下岗前个人职业变动史

(1) 1993 年参加工作。没有待业，从就业到下岗没换过工作。厂是大集体，规模 1000 多人。

(2) 她一直在一个岗位——织布工。

(3) 在工厂没参加过培训，但自费 2000 多元上了业余医士中专。有文凭。但从未从事过医护方面的工作。

(4) 未获得任何职称和证书。

(5) 也未获得任何奖励和荣誉称号。

3. 下岗前的工作及工作单位的情况

(1) 厂子情况不很好，97 年开始对职工不发奖金，有拖欠工资和降低待遇的事情。她认为企业经营不好是领导的原因但具体情况也不清楚。

(2) 下岗前没有找过第二职业或兼职。

(3) 单位有农民工，从一到单位就有。且比例不小，多为年轻女工，也有男工。也是织布因为计件所以比被访者得的多。她所在班组没有。

(4) 她认为农民工劳动技能与城市职工相差无几。态度就是为了挣钱。劳动效率较高。

(5) 因为计件所以职工与农民工没有纠纷。

(6) 职工与厂方的纠纷并不多。

4. 下岗情况

(1) 97 年开始有下岗。被访者是正式的第一批下岗。班组里有下岗，男女都有，多为 30—40 岁。教育水平不影响。

(2) 没有具体的下岗条件。当时上不了班的就是你下岗，因此不合理。厂方有很多与领导搞不好关系导致下岗的事。这是很正常的。

(3) 通过职工代表大会，但只不过是形式。从没征求过职工的意见。

(4) 不知道下岗工人有什么待遇权利。当然也没享受到。

(5) 这次是第一批下岗。有一两百人。他所在的班组有十几人，多为 30—40 岁的工人。

(6) 下岗前没有人和他谈过话。事先不知道要下岗。当时是他们这些人召集到一起宣布了一个条文。说大家已经下岗了。当时我非常失望伤心。接受不了。打电话到家，问父亲怎么办。父亲让自己进行选择。

(7) 下岗是因为生小孩。他觉得不公平。站不住脚。

(8) 他从未找厂方谈过什么话。没提出任何要求。

(9) 不清楚有没有下岗职工与厂方的纠纷。

(10) 丈夫下岗在1998年。亲戚中无下岗。

(11) 这时的收入很不稳定，生活来源就是靠打工收入。削减了吃饭和穿衣的消费。

(12) 这半年去厂里5—6次。分别为：养老保险的事，生孩子的医疗费报销，交养老保险。

(13) 每个月厂里不给钱，企业只为个人缴纳一小部分养老金。医疗费从未报过。只有一次做阑尾手术的钱。这次生小孩的钱还没给报。房子是被访者父亲分的，无产权。

(14) 下岗后未参加再就业的培训，因为没人组织。

5. 再就业情况

(1) 很快就找，找了很多份才找到第一份在超市的工作。从未拒绝过别人介绍的工作，从怀孩子到生完孩子出院是最长的没工作时间。

(2) 1998年10月—1999年8月在超市上班。后被解雇。离开后又找了一份工作——南华鞋业有限公司。岗纬路十月影院那边。收入不稳定，计件，工作时间不定。有时从7：00—23：00。有上岗前的培训。一直干到现在。

(3) 被访者认为一般要找很久，以为对他来讲操作工较好。最大的难度是年龄。通过劳务市场比较有效。

(4) 正式工不如农民工有优势，农民工能接受的工作她都能接受。农民工进城当然对下岗工人再就业有非常大的影响。

(5) 原单位未介绍过工作给被访者。

(6) 原单位未组织过培训。她接受工作的条件就是考虑收入一个因素。

(7) 被访者现在已有工作。在被超市辞掉的第二个月在红桥区的人才市场上找到的，当时填了表。几个月才有消息决定她去上班。接受这份工作是因为收入要靠它，没有别的选择。工作性质是制鞋工人。强度很大，收入还可以，第一个月500元；第二个月400元；第三个月700元；这个月800元。对这份工作还比较满意。有更换工作的打算，因为想继续找更好的工作。

（8）现在单位因为太累有自动离岗的，有农民工。90个车间人员中有30个城市职工其余都是农民工，职工一茬一茬地换。

（9）现在家庭总收入1400元，主要为孩子交600元保险。其余见问卷。

6. 态度和取向

（1）不知道能不能回去。如果能还要看给它的待遇，今后打算自己打工挣钱。

（2）下岗对他最大的影响是生活不稳定，没有生活来源。经历下岗后最大的体会是太艰难了。下岗给他们一个很大的打击，但从不绝望。

（3）要找一份好的工作最重要的是年轻。

（4）没打算做家庭主妇，孩子成年了她就打算不干了。

（5）从不锻炼因为太累了，也没有投资。

（6）一个是四远香超市的一个朋友，23岁未婚，中专毕业，现在四远香当领班。兼职在中保干保险。原来和她在一个班组。有感情问题会和她讲，朋友也为他介绍过工作，如金店的售货员。第二个是现在在鞋厂的小姑娘。18岁，技校毕业，不想在鞋厂干了。是现在同班组的同事。但遇到经济问题感情问题不会向她求助，因为她太小了。只有帮助她了。

最后想说的是希望政府为职工办点实事——农民工可不可以回去。社会保障好一点。希望这种访谈有效果。

十三　B2202（访谈员：杨青）

访谈开始时间：1999年10月5日10点整

访谈结束时间：11点10分

访谈地点：被访者家中

1. 基本情况

（1）我是电控厂的一名女工，今年42岁。身高一米七，体重60公斤。父母的收入都不高，有两个妹妹都下岗了，一个弟弟在职。

（2）丈夫下岗10年了，一直没有固定工作。儿子正在上高三。家中还有一个叔叔，被汽车撞成重伤，现瘫痪在床。肇事者已逃走。

（3）我初中文化水平。1965—1971年小学，1972—1974年初中。

（4）现住房是以前单位分的，15.6 平方米，三家共用一个卫生间，一个厨房。因为经济困难根本无力购买商品房。

（5）家中就靠我以前单位发放的 137 元生活补贴和我现在工作一月 150 元的收入生活。父母一面要补贴我们 2000—3000 元的生活费用。家庭的主要开支就是食品和供孩子上学。储蓄就是为了孩子。

（6）我最担心的就是没了收入。因此为孩子上了人寿保险。

2. 下岗前的个人职业变动史

（1）我 1975 年参加工作，由国家分配未待业。在缝纫机厂工作 20 年，后因该厂不景气由朋友介绍到电控厂工作两年后下岗。

（2）在电控厂一直是生产工人，因年龄大，又没有技术一直未得提升。

（3）在厂中参加过培训，是领导安排的在岗培训，费用由国家承担。没有自费参加过培训。

（4）在厂中没有获得过技术和专业职称。

（5）未获得过荣誉称号。

3. 下岗前的工作及工作单位的情况

（1）我下岗前企业经营情况一般，能按时发工资和奖金。

（2）在岗期间没有找过第二职业。

（3）我们厂雇用了农民工，但我们班组没有。所以我也不太了解这方面的情况。

（4）我没见到企业内发生过纠纷。

4. 下岗情况

（1）我所在的企业 97 年开始有下岗情况。我是第一批。我所在的班组下岗也不少，男女都有，多为年龄大的和文化不高的。

（2）我对厂方的具体下岗规定不清楚。我认为厂方不合理，像我们这样不够年龄的白干了这么多年。

（3）下岗方案没有通过职大讨论，也未征求我意见。

（4）我对下岗后有哪些权利不了解。

（5）我 97 年 5 月下岗，是第一批吧，一共下岗多少人我不清楚。

（6）没谈过话，是个别通知的。当时很伤心，难过。不知该怎么办，没着没落的。

（7）年龄大，技术不行。我也没办法无力为自己说些什么。

（8）当我知道下岗后没找厂方谈过话。

（9）好像有，但具体不清楚。

（10）我丈夫10年前下的岗，我两个妹妹也下岗了。

（11）下岗后月收入下降了250元，且不稳定。生活就靠这点儿钱加上父母的补贴，各方面都紧张。

（12）下岗后去过几次，交养老金保险。

（13）一个月从单位领140元补贴，已领了29个月。单位不提供医疗保险，自费交养老金。房子是单位分的，无产权。

（14）没培训过，因为单位没有组织过。

5. 再就业情况

（1）下岗后立即开始找工作，用了两个月。

（2）我只找了这一份工作且一直干到现在。

（3）不知道要几次，最大的困难是年龄大。亲戚介绍比较好吧。

（4）与农民工相比下岗职工无优势。农民工都很年轻，对城市工人有影响。

（5）原单位没有为我介绍过工作。

（6）也没有参加过培训，因为费用太高。

（7）我现在在大悲院素食上班。是朋友介绍的。这个工作的条件还可以。但强度大，没点儿，收入不稳定。因为没钱才接受这个工作的。

（8）现在的单位有人下岗，我们班组也有。我和别的职工一样的待遇。

（9）生活很艰难，家中有病人，孩子要上高中。生活费太少了。

6. 态度和取向

（1）我不知道能不能回去，如果有机会我决定回去。因为生活稳定。如不回去给人打工，努力工作。

（2）经济上收入太少又不稳定，我最大的体会是生活很艰难。但从不对生活失去信心。

（3）现在的好工作条件是年轻有文化。

（4）我没考虑过做家庭主妇，因为经济问题。如果有条件也不想去干。只要身体允许能干就一直干下去。

(5) 除了工作就休息，没时间锻炼身体。

(6) 第一个特别要好的朋友，是我原来单位的。30 岁，女的，初中文化，是我的同事，和我一个班组的。社会地位和我一样吧。我没求助过她。

第二个朋友和我年龄差不多，也是女的，初中文化，现在和我在一起上 班。生活也困难。我们谁也帮不了谁。我不会向她求助的，就算是好朋友吧。

就这两个朋友，第三个想不出来了。

希望访谈能有一定作用。政府多为下岗职工着想，也谢谢你们和南开大学给我这个机会能说说心里话。

十四　B2078（访谈员：顾振家）

访谈开始时间：1999 年 10 月 9 日 10 点整

访谈结束时间：11 点 15 分

访谈地点：被访者家中

我出生于 1970 年，今年 29 岁，身高 1.7 米，体重 51 公斤，初中文化水平。我父母都是工人。我父亲是初中水平，我母亲是初小水平，现在两人都已退休，每月共有 800 多元的退休金。我是他们唯一的子女。

我是 1993 年结婚，妻子和我一般大，也是初中水平。她的父母都是初中文化。现在我们有一个儿子，生于 1994 年，正在上幼儿园。

我们三口人和我父母住在棉纺四厂二宿舍楼。这是我父母的房产，有 40 多平方米的居住面积，有独立的卫生设施。因为有了自己的房子，所以还未有购买商品房的计划。

在我们家，每个月有一千七八百的收入，但这仅够维持家里基本生活的需要。所以家里的主要支出还是基本日常生活必需品，也没有多少储蓄。

现在我最担心的是没有工作，但是像我们这样的阶层普遍的想法就是走一步看一步，也未对将来有长远打算。因此没有对将来可能出现的风险做准备。在其他的方面，因为资金和精力的问题，也未进行其他的投资活动，也未替子女和父母买保险。我认为保险根本就起不到作用。

我是从 1989 年 7 月开始工作。在初中毕业以后在家里待业过，有一年多的时间。因为当时我还不想出去找工作。而我从一开始就一直在棉纺四厂工作，工作的岗位和职位也没有变，直到下岗。

在入厂工作以前我参加厂里的培训，主要是机器操作的培训。这些都是工作前必须进行的，也没有支付培训费。其他的培训我都没有参加。培训结束以后，获得了厂里颁发的技工的证书。但具体的时间我记不住了。我认为这种证书根本就没有多大的用处，一方面，是因为这是厂里颁发的，在外面根本得不到社会的承认；另一方面，这毕竟只是上岗工作的一种程序和形式。

在厂里待的几年中也获得过如厂级优秀团员和车间生产积极分子等荣誉称号。但具体获奖的时间都已经记不清楚了。

我们厂的经营状况是从近几年开始不佳的。但是这不是厂领导的责任，因为当时整个中国都是这样。我认为主要原因还是经营机制的问题。当然，厂里的经济效果不佳对我也有影响。奖金低了，但工资还是照常发，只不过有时国家涨工资，企业落实不了。而其他的福利待遇一直都没有变化。

在棉纺四厂工作的同时，我没有干过第二职业。至于民工，从我进厂的时候就已经有了。我所在的车间也有，有男的也有女的，一共有几十个人。他们主要干挡车工的活。他们在福利待遇和收入水平上和我们差不多。他们在工作的时候任劳任怨，劳动的态度也比较好，便于厂里的管理，劳动技能和城市职工差不多。

在我们厂很少发生劳动者之间的纠纷。但有过职工与厂方的纠纷，这只是极个别的情况，原因主要是基本的福利待遇如医疗费报销等问题。

在下岗问题上，我们厂从 98 年底就已经有了，都是陆续的。去年，党的十五大召开会议决定从纺织系统寻找突破口，压锭。这样一来，我所在的分厂就关了，职工全部下岗，大约有千把人。下岗的标准一个是岁数，女的是 45 岁，男的是 50 岁。其他的还有平时的工作表现和劳动态度等。像我们厂下岗是很公平的，像我们的车间主任都下岗。而我们也就没有意见了。像我这样的，比较年轻而且工作表现又不错的工人，厂里也通知我回去工作。但我觉得厂里的工作又脏又累，也就没去。

厂里的下岗方案是经过职工代表大会通过的，征求过职工的意见。我是去年的9月份下的岗，当时我已经做好了充分的思想准备，所以当我知道我下岗的时候，我的心情很平静。但毕竟在厂干了10多年，是个老工人，说下就下，也有点不平衡。但是我并没有找厂方的领导谈话。当然也出现过职工与厂方的纠纷，原因不过就是为什么他不下岗，我偏要下岗。至于最后的解决方法我就不太清楚了。

我妻子是98年下的岗，在亲戚家中也有两三个下岗的，如我二哥家。下岗后的收入是比以前下降的，但还不太明显，家庭的生活来源主要靠父母的退休金，因此，开支方面没有减少。下岗后，厂里曾经和我联系，要我回去工作，但我衡量一下，还是没去。下岗以后，我每个月能领到190元的生活补贴，一般是去厂里领。但只发了一年就不发了，养老保险也不交了，医疗费也不给报销了。

厂里也组织再就业培训，但都是一些基本的生产技术。因为当时我已经有了工作，而且也没有时间和精力，所以就没去参加。下岗后，我在家里待了一个月就找到了工作，一直工作到现在。以我的经验来说，找工作关键在于机会，很难说找多长时间。而最大的困难就是文凭和技术水平。其他的都不是问题。而作为下岗工人，在找工作的时候根本毫无优势可言，基本都是处于被动局面。而找工作也没有什么最佳方式，现在的社会都是公平竞争，只要有能力，在劳务市场就能找到工作。同时，农民工的出现又增加了竞争。他们能吃苦，干的又都是重体力劳动，而这些工作城市职工是做不来的。所以，有的企业只招农民工。

我现在的工作是在一家合资企业当工人，和厂家签了一年的合同，是在劳务市场上找到的。当时，我觉得这份工作虽然工资不高，但是劳动强度比较小，所以我选择了它。但它的福利待遇少。总的来说，我对这份工作还比较满意，没有更换工作的打算。

在我现在的单位也有不少的下岗工人，我们这些下岗工人和其他人在工资水平和福利待遇上都没有差别。因此我现在不打算回去，我正在办离职挂薪。而农民工，这个单位倒没有。

总的来说，下岗对我的最大的影响就是生活和工作有了压力。体会就是，老百姓要想生存就必须掌握生产技能。要找一份好的工作必须有文凭和技术职称。

当初我下岗，也曾想让妻子做个专职的主妇，但是我没有足够的能力去养活这一个家。所以让她去工作也是别无选择。至于工作到什么时候，就要看以后的发展。只要家庭生活有足够的保障，我就不会再工作了。

以前在厂里工作的时候经常参加体育锻炼，但自下岗以后就很少了。

我的几个要好的朋友都和我差不多。一个是和我在同一个车间，25岁，现在在帮人装修，初中文化；另一个在一家合资企业，技校毕业，最后一个是在一家外资企业当电工，月薪1000多。当然，他们都是男的。我一般很少向他们求助，大家见面的机会也比较少。上次搬家的时候请他们帮过忙。就是在我下岗没工作的时候我也没向他们求助过。

现在我们家五口人，四个人有收入，孩子在上幼儿园。生活虽然不富裕，但还算可以吧。

十五　B2099（访谈员：王向贤）

访谈时间：99.9.23 10： 00—11： 10

我有一姐一妹两弟。姐姐上中专（护校），现任保健科科长。妹妹财贸中专毕业后，开始在中行天津分行；现任金店总经理（行里开办）。两弟都下过乡，大弟回城后分配至一家工厂，前几年下岗，厂里每月给200元，现在一单位做门卫，每月400元。另一弟弟下乡后没有回城，现在银行做出纳兼运钞员。

我28岁结婚，爱人大专毕业，现做教员。有两哥、一姐、一妹。大哥原在水利部工作，现已退休。二哥现在自己干，搞装潢、开饭店，雇的人有200多。姐姐退休，原是教员，现在外面补差（在私立学校教书）。妹妹任材料供应科科长。我们有两个女儿，大女儿72年生，现做教员，每月500多，已结婚生子。二女儿77年生，中专毕业，现在银行办公室，每月700多。

本人初中毕业后，考上技校，上了两年（技校三年才毕业，所以没拿文凭）后，62年当兵。头三年每月津贴6块，以后每一年涨6块。在那儿饥一顿，饱一顿，得了胃口病，复员时给100多元的医疗费。当兵的原因：（1）那时当兵光荣；（2）62年蒋介石反攻大陆，闹得挺凶，自己想当兵保卫国家。在长春当炮兵，68年复员至分配到厂里做工人，做了31年。

现与老伴、小女儿一起住，房子是单位分配的，现在想贷款买房，但前几天一问，爱人退休只贷7000多，我谎称自己50岁（实际55岁），未退休，才贷给3万多，如果说自己55，内退，可能一分钱都不给贷。现每月房钱50多，46平方米；楼房。能贷款的话，可接受1700元/平方米，如不能贷款，连1200元/平方米也不能接受。

现在一建筑队作管理、技术维修，每月1000元，每天都去，一天8小时。爱人做教师很忙，早自习、晚自习，每天工作得12小时。现在家里的主要开支，除伙食、衣服外，添点家用电器，每月医疗费花不了多少。现在存款就是为将来防病、养老，每月给外孙上保险，上初中以后返还，自己上了意外保险，100元/年，爱人上“99红红”、二女儿也上保险了。父母现已80多岁，大爷也都90岁了，将来他们的养老送终要花不少钱。没进行过其他投资。

68年回来后，先在机修车间干了13年，后调至保全车间干了一年，然后厂里给我另安排了一份活：安装减速机，干了半年。84年调至设备处。机修车间环境差，粉尘、噪声大，工作时间长，有时两天两夜连轴转，也不睡觉。现在有了尘肺职业病。在机修车间时起初每月40.37元，10来年后才涨了点，47元多。那时年轻，想学技术，不怕脏，不怕累。保全车间环境也不好。得了职业病，按规定要脱离粉尘岗位，厂里给调至设备处，算是半脱离。退休（内退）后每月有80元的菜金补贴，现在每月都领。每个职工应享受的每天半斤牛奶，季度营养品，现在都不发了。在我们企业里，工龄、贡献大小都与提升没关系，就看与领导的关系。

内退前，参加过培训，比如，在武汉工业大学培训过一个月，学费、住宿费厂里掏，大约百十来块，工资照发，每天补助2元或4元。别的小的培训很多，一两天到一两个礼拜的，有的在厂里，有的在外地，累计起来有一两年，没有自费参加过培训。

我在厂里也算技术骨干，可厂里不组织评级什么的，所以我没有任何职称。如果评了，我最少也是技师。在车间时，我所在班被评过局级先进集体。我获过“学大庆先进分子”。

刚来时，厂里产品是抢手货，从90年代初，打建三分厂时，厂里经营状况就不太好了。厂里盖游艺楼等挥霍了好多，再加上外行领导内行等原因，厂里效益下滑，工资很少拖欠，但奖金、各种福利都少了，从100

元多降到二三十元，季度奖、年终奖、季度营养补助都没了。

从84年、85年起开始有民工，干些零活，可能有两三百人。现在在技术工指点下，农民工也干技术活。如果有技术，农民工赚得也不少。正式工干半天聊半天，农民工一天也不闲着，到点就干活，正式工说两句，骂两句，农民工都不言语。

今年8月，厂里第一批内退，男55岁、女45岁，共有几十人内退。我在的设备处有3人内退，2女1男。内退只看年龄，够年龄就退。事先根本没有征求过我们的意见，干得好好的，一点预兆没有，然后下个文，就得内退，心里很难受，感觉像被厂里抛弃了。其实内退的人中大部分厂里都返聘了，是因为技术好，工作需要，还是领导看着顺眼，就不知道了，反正厂里没有向我提过。

厂里现在下岗的还没有，但有待岗、转岗的，其中有的人就在外边干自己的活，厂里每月还给发点。

弟弟、弟妹、哥哥都下岗了。弟弟在厂里烧锅炉，厂里让下岗，弟弟就想办内退或退休，但厂里不让，冬天还得回厂烧锅炉。弟妹厂里不行，下岗了，开始在一家私营厂干活，但工作时间长、累，钱不多，现在不干了。

按规定，我该8月份内退，但4月份就有人找我，让我给干技术、管理，所以5月我就提前办了手续。岗位工资给40%，其余不变，各种奖金福利也都没了，每月不到600元，每月到处里领。医疗保险听说是给报90%。养老保险不知给没给上，但住房公积金给上。

和农民工比，内退人员有技术、有经验，但年龄、体力上差点。如果一开始，现在的建筑队让我干农民工的活，我肯定不干，但现在人家对我各方面都挺好，挺照顾，我就得干这些活，好对得起人家，对得起这份工资。农民工进城，可能在一定程度上抢了城市工的饭碗，但农民工为什么能站住脚呢？他们能吃苦，能揽上工程，反正原因很复杂。

现在所在的建筑队，除老板外，都是农民工。

现在厂里要用我，我也不回去。当初说不要了就不要了，现在再让我回去，我不回。内退对我最大的影响就是一种情感上的打击、伤害。要找好工作，自己得有特长，对方也得需要。如果不在这个建筑队干了，我要先在家休息一段时间，这么多年没歇过。至于是否再工作，休息完了再说。

原先在厂里时，业余时间收拾屋子、修理家里的机械、工具，做做饭。现在每天上班，就是做做晚饭。每天跑来跑去，用不着再锻炼了。

三个好朋友中，有两个30多岁了，1个40多岁，都是男的，其中两个中专，一个高中。一个在厂里自动化车间，一个搞房地产，经常见面，一来二去，就熟了，共同语言较多。另一个在其他单位搞销售，因工作上总有联系而熟悉。要是缺钱，会问他们借。心里不痛快，也和他们说。平时打电话，也常见面。他们三个人彼此不认识。

现在国家没什么准政策，想怎么改就怎么改。工人没有参与制定政策的权利，只有执行的份儿。厂里职代会也只是走走过场。

附录2　天津市下岗职工的贫困现状和脱贫举措分析

张文宏

随着我国的经济体制从计划经济体制向社会主义市场经济体制的转变和经济增长方式从粗放型向集约型转变，所有制结构、产业结构、就业结构和社会保障制度等发生了较大的变化。所有制结构与产业结构的调整，使一些经营效益低下的国有大中型企业和集体企业破产，许多企业从业者不得不离开原来的企业而被迫加入失业者队伍；就业结构和劳动就业制度的变化导致了劳动者就业保障程度的降低和失业可能性的增大；同时，社会福利制度的转轨变型使对无收入者和低收入劳动者的保护程度有所降低，从而增大了城市居民陷入贫困的可能性。城市企业下岗职工是我国经济体制转型时期出现的一个特殊群体，该群体中的大多数人由于失业的周期较长和收入水平的不稳定，已经成为目前我国城市居民中的一个新的贫困阶层。本文将根据天津市劳动局、天津市总工会、天津市妇女联合会和天津市统计局等单位所做的相关调查，对天津市下岗职工的现状、特征、出路及天津市各级政府和有关部门实施的解决下岗职工生活困难的政策或措施进行初步的分析。

一　下岗职工的基本状况

据天津市总工会 1995 年 6 月至 10 月对天津市冶金、化工、机械、电子仪表、纺织、一轻、二轻、医药、交通和汽车（集团）公司等 10 个工业局或局级总公司的不完全统计，下岗待业职工达 183025 人，占在职职工总数的 20.06% 。亏损企业下岗待岗的问题更为突出。据对市经委、交委、商委、农委所属 23 个局（公司）和 16 个区县的不完全统计，截至到 1995 年 8 月，共有亏损企业 703 家（其中国有企业 365 家，集体企业 338 家）。这些企业共有在职职工 389603 人，其中下岗待岗或放长假的职工为 100797 人，占在职职工总数的 25.9%。据统计，上述亏损企业下岗待岗或放长假的职工中自谋出路找到新职业的有 32565 人，占下岗待岗或放长假职工总数的 32.3%，未能找到工作而在家待岗的达 68232 人，占 67.7%。据天津市统计局 1995 年统计，全市有 10671 家工业企业，职工有 173.58 万人。①如果按市总工会的上述调查数据推算，天津市工业企业中至少有 34.82 万名下岗或待岗职工。天津市下岗或待岗职工的分布具有如下特点：

（1）在所有制类型和企业规模上，主要集中于国有大中型企业和集体企业。“九五”期间我国经济体制改革的重点是实现两个根本性的转变，而国有大中型企业的改革又是重中之重。改组、联合、兼并、股份合作、租赁、承包经营和出售等多种形式的改革，使国有大中型企业和集体企业的冗员问题愈来愈突出。

（2）在经营效益方面，主要集中于亏损企业。1995 年在天津市 10671 家工业企业中，亏损企业有 3133 家，占全市工业企业总数的 29.36%（参见表 1 和表 2）。

（3）在行业上，主要集中于机械、纺织、冶金、化工、机电、电子仪表、一轻、二轻、交通等传统的劳动密集型和计划经济型企业。

二　下岗职工的个人特征

据天津社会科学院信息中心舆情与市场调研部于 1996 年 3—4 月对天津市内 6 区 12 个居民委员会 500 名下岗职工的问卷调查，下岗职工具有如下几个特点：②

（1）与社会上的待业青年相比，下岗职工的年龄偏大，平均年龄

① 天津市总工会：《当前我市国有企业劳动关系状况的调查》，1995 年度全国工会理论政策研究优秀论文评选入选论文。

② 万新平、王来华：《天津市区待业人员情况调查》，《天津日报》，1996 年 5 月 15 日。

34.1 岁。其中 25 岁以下的占 15.6%，26—35 岁的占 38%，36—45 岁的占 42.8%，46 岁以上的占 3.4%。年龄最大的 54 岁。另外，下岗女性的年龄大于下岗男性。在当前的劳动就业竞争中，下岗人员失去了年龄上的优势。

（2）普通职工居多且技能偏低。70% 左右的被调查者在下岗之前在工业、运输业、商业、饮食业和服务业工作。按照工种划分，前 3 位依次为"熟练工人"（59.4%）、"技术工人"（17.8%）、"一般职员与干部"（15.2%）。下岗人员普遍偏低的技术素质，难以适应市场经济条件下岗位竞争对劳动者技术素质的要求。

表 1　　天津市大中型工业企业亏损情况：1994—1995 年

指 标	单 位	1994 年	1995 年
企业单位数	个	11280	10671
其中：大中型企业	个	620	702
职工人数	万人	177.93	173.58
其中：大中型企业	万人	89.83	92.97
亏损企业个数	个	2579	3133
其中：大中型企业	个	210	264
亏损企业占全市的比例	%	22.86	29.36
其中：大中型企业	%	8.14	8.43
亏损企业亏损额	亿元	17.94	34.51
其中：大中型企业	亿元	9.13	22.36
大中型企业亏损额占全市的比例	%	50.89	64.79

资料来源：天津市统计局编：《天津统计年鉴：1996 年》，中国统计出版社，1996 年 7 月第一版，第 241 页。

表 2　　1995 年天津市工业系统部分企业亏损情况

	企业个数	亏损企业个数	比例/%
冶金工业总公司	212	89	41.98
化学工业总公司	294	89	30.27
机电工业总公司	525	236	44.95

续表

	企业个数	亏损企业个数	比例/%
电子仪表工业总公司※	428	169	39.48
纺织工业总公司	391	86	21.99
一轻工业总公司	436	152	34.86
二轻局	571	317	55.52
医药局	104	23	22.12
建材集团	106	52	49.06
服装联合总公司	61	24	39.34

资料来源：天津市统计局编：《天津统计年鉴：1996年》，中国统计出版社，1996年7月第一版，第244—256页。

注：* 电子仪表工业总公司的统计数据是1994年的数字。

（3）文化程度偏低。初中、高中（含中专）文化程度的下岗职工合计占90%以上，而大专和大学以上文化程度的人员仅占4.7%。下岗职工较低的文化程度，与招聘单位较高的学历要求形成强烈的反差。

（4）女性占大多数。女性下岗者占67%以上，是男性的两倍多。

三　下岗待岗人员的择业观念

择业观念又称职业价值观、职业期望或职业理想，指社会劳动者或潜在的社会劳动者希望从事某项职业的愿望。职业价值观在很大程度上决定着下岗职工再就业的选择方向，影响着下岗职工与用人单位能否完善地结合。

择业观念是影响下岗人员能否尽快找到新的职业的一个重要的社会心理因素。据天津社会科学院信息中心调查，下岗人员在再就业时考虑最多的因素依次为：（1）“职业稳定、有劳保”（占45%）；（2）“收入高”（占29.7%）；（3）“有利于自己学习和发挥才干”（占7.5%）；（4）“虽然收入不高，但不脏不累”（占7.3%）；（5）“职业的声望高”（占1.4%）；（6）“有利于扩大自己的社会交往”（占1.3%）；其他占1.8%。其中男性下岗者中把“收入高”作为其再就业选择的首要因素，占被调查者的44.8%。女性下岗职工的首选因素则是“职业稳定、有劳保”，占54.7%。

在单位的所有制类型的选择上，被调查者的选择从高到低的顺序是：(1)“国有、集体企业”（占41.4%）；(2)“合资企业”（占19.9%）；(3)“个体或私营企业”（占19%）；(4)“外商独资企业”（占9.1%）；(5)“乡镇集体企业”（占0.5%）；(6)其他占6.8%，不置可否的占3.2%。其中女性下岗者优先选择“国有、集体企业”的占47.8%，比男性下岗者高出15.2个百分点。[①]另外表示留恋原单位的被调查者占46.5%，表示不留恋原单位的占53.5%。

上述统计结果表明，尽管改革开放已经开始改变人们的职业价值观，但是，重职业稳定而轻职业流动、重国有集体企业而轻其他单位的再就业观念，依然比较严重地存在于我市下岗人员当中，特别是大多数下岗女性当中。

一些下岗职工依然持有在一个单位终身就业的陈旧观念，而对于与市场经济相适应的职业流动趋势和劳动契约关系不太习惯，往往表现为当招聘单位与其签订短期劳动合同时则自动退缩、抱残守缺。天津城市居民的职业流动意识较弱，1995年城镇职工的流动率仅为2.2%[②]。另据零点市场调查公司1996年调查，广州的成年市民在过去的5年中平均更换了1.15个工作，其中有过2个以上工作的市民占11.6%，有过3个以上工作的人占2%，最多的换过8个工作单位。北京人平均换了1.10个工作单位而位居第二，其中有过2个以上工作单位的占8.5%。位居第三的上海人人均换过1.07个工作单位，其中有过2个以上工作的占6.6%。重庆人则为人均1.06个工作，有过2个以上工作的占5%。沈阳人人均只有1.03个工作，其中有过2个以上工作的占2.9%。[③]由此可见，天津城镇居民的职业流动率均低于上述5个城市；在职业的社会声望方面，存在着重视社会地位较高的行业或工种而藐视社会地位较低的行业或工种的倾向。部分下岗职工对于社会声望较低的清洁工、建筑工、纺织工、中小商

---

① 万新平、王来华：《天津市区待业人员情况调查》，《天津日报》，1996年5月15日。

② 天津市统计局编：《天津统计年鉴：1996》，中国统计出版社，1996年7月第一版，第37页。

③ 《新闻汇报》，1996年11月4日。

店售货员、钳工、制衣工等工种十分挑剔，坐失了许多重新上岗的良机。有资料表明，上海160万外地打工者一年赚走64亿元，而35万下岗职工中却有许多人抱怨没有工作可做。在天津的外地人一年赢利20亿元，而同时许多下岗人员却说找不到工作；在重新择业的单位所有制类型的选择上，存在着重视国有和集体而轻视私营个体和乡镇企业的倾向。大部分下岗职工来自经济效益不佳、破产或濒临破产的国有和集体大中型企业，他们在原单位过惯了养尊处优、懒散自由的工作方式，宁可选择保险系数较高的国有和集体企业，而对私营、个体和乡镇企业甚至自谋职业则不屑一顾。与此相一致，在再就业的区域选择上，则存在着优先挑选离家较近的市中心区的企业，而将位于郊区、县城甚至农村的企业排除在他们的重新选择范围之外。

在市场经济的发育和成熟过程中，多种经济成分和所有制类型的企业的迅速发展，将使人们的职业选择呈现多元化的趋向。然而，在择业价值观方面陷入误区的下岗职工，不仅不能适应急剧变迁的劳动力市场的需求，而且势必坐失许多重新上岗的良机。

四　下岗职工的择业途径

就整个社会来说，对下岗人员的再就业服务应主要包括两个方面。一是提供数量更多和质量更高的劳动力市场、人才市场和职业介绍所等再就业的服务渠道和途径。二是发展那些有助于下岗人员提高其自身素质的培训和教育服务机构。

目前下岗人员在再就业过程中已经开始得到各级政府及社会所提供的一些再就业服务。那些曾经有过临时性工作的下岗人员已经开始利用劳动力市场、人才市场和职业介绍所等再就业服务渠道。调查资料显示，在重新择业中曾经依靠亲友帮忙的高达91.1%，依靠街道和居委会的占63.1%，依靠劳动力人才市场的占40.1%，依靠原单位的占28%，依靠职业介绍所的占27.7%，依靠招聘广告的占25.5%。[①]从上述统计结果中

---

① 万新平、王来华：《天津市区待业人员情况调查》，《天津日报》，1996年5月15日。因为择业渠道可以复选，所以各分项的累加百分比超过100%。

可以发现，虽然有一定比例的下岗人员注意利用人才劳动力市场和职业介绍所作为其搜集再就业信息的渠道，但是，大多数人仍然把依靠亲朋好友作为主要的力量以解决自己的重新上岗问题，家庭之外的社会服务资源利用得还很不充分。许多下岗人员的依赖意识相当严重，认为自己的下岗待岗是政府和原单位造成的，并不认为也与自身的文化技术素质偏低内在相关。因此，在再就业的途径方面，部分下岗人员不是想方设法自谋出路，而是紧紧抓住政府和原单位的“手”不放，“等、靠、要”的意识强烈。多数下岗人员主要依靠亲友的社会网获取就业信息的现象表明，不走出就业选择的家庭和亲友社会网的圈子，就不可能尽快地摆脱长期失业待岗的被动处境。

另外，被调查者自费参加各类专业培训的仅占19.45%，曾参加过原单位组织或社会劳动部门举办的再就业培训的占10.2%。这进一步说明目前多数下岗职工并没有通过各种专业培训或再教育等手段来进一步提高自身的文化技术素质，从而扩大自己的再就业机会。

毋庸置疑，私营和个体职业介绍所和信息公司在下岗待岗人员再就业的过程中发挥了拾遗补缺的作用。但是，不可否认，目前社会上某些私营和个体机构开办的职业介绍所和信息咨询公司存在着不讲职业道德、提供虚假信息、管理不规范、乱收费、欺骗求职者、侵害其他单位和个人合法权益等行为，其中某些社会培训机构为下岗人员所开办的一些培训班也大多以营利为主要的目的。职业介绍所、咨询服务机构不仅数量不足，而且存在着各种各样的问题，这严重地制约着下岗待岗人员充分地利用社会性的职业介绍和信息机构享受到他们非常需要的中介服务。

五 下岗职工生活陷入贫困的原因分析

通过对天津市机械、纺织等10个局和59个国有和集体企业4255名职工的问卷调查，[①] 下岗职工生活陷入贫困的原因主要有以下几点：

---

① 该调查由天津市总工会于1995年6月至10月进行，涉及工业系统的机械、纺织、电子仪表、一轻、二轻、冶金、医药、交通、化工、汽车总公司等10个局或局级总公司。该调查采取问卷调查、座谈会、个别访谈等形式进行。本次调查共发放问卷5000份，回收有效问卷4255份。

(1) 部分亏损微利企业拖欠职工工资、下岗职工生活补助费和失业救济金。目前相当一部分企业的产品没有市场，生产不景气，经营效益低下，甚至严重亏损，造成一部分在职职工收入低下，下岗职工的生活补助费和失业救济金不能按时支付。据天津市总工会统计，截至到 1995 年 8 月份，经委、交委、建委、商委、农委所属 23 个局（总公司）和 16 个区县的 703 个亏损企业中，有 305 个企业累计欠发在岗职工工资 6246.29 万元，涉及职工 68203 人，人均欠发额达 915 元，有的企业拖欠时间长达半年以上，拖欠的下岗职工生活费更为严重。尽管天津市实施了企业职工最低月工资、下岗待岗人员最低月生活费补贴、职工定期生活困难补助标准等保障在职和下岗职工最低生活的制度或规定，并对一些长期亏损且职工月平均工资 210 元以下的困难企业，采取了借贷帮困资金等项措施，但由于亏损企业入不敷出，因此仍不能落实上述各项最低保障标准。另据天津市总工会对 703 家国有、集体亏损企业 100797 名下岗或放长假职工的初步统计，在下岗期间，月生活费收入 152 元①的有 10575 人，占 10.49%；111—151 元的有 8558 人，占 8.5%；71—110 元的有 20435 人，占 20.3%；1—70 元的有 21010 人，占 20.8%；一分钱不发的有 32219 人，占 32%。从以上调查数据可以发现，低于 152 元最低生活费标准的有 82222 人，占下岗职工总数的 81.57%。这样的生活费收入既无赡养老人、子女的可能，也难维持本人的生活费支出。特别是在物价上涨幅度较大、夫妇双方都下岗待岗或失业的情况下，一部分失业人员和下岗待岗人员的最低生活也难以保障。

(2) 部分企业拖欠职工的医疗费。近年来医疗费上涨势头有增无减，企业不堪负担庞大的职工医疗费支出，特别是困难企业拖欠职工医疗费日趋严重，拖欠金额日积月累越来越多。据天津市总工会对部分企业的典型调查，企业普遍反映，医药费拖欠问题无法统计也不敢统计，唯恐触动职工这根最敏感的神经。“小病不敢治，大病治不起”是大部分国有、集体企业职工的普遍心态。据对 10 个局不完全统计，患尿毒症需要做换肾手术的职工达 120 余人，患癌症等绝症的职工达数千人。据对某公交公司的典型调查，仅癌症患者就有 26 人，如果报销这部分人的医药费，企业每

---

① 1996 年下半年天津市政府将下岗待岗人员的最低生活费标准调整为 170 元。

年将支付50余万元。在职职工的医疗费尚且不能及时报销，解决下岗人员的医药费问题更是难上加难。贫病交加的部分下岗职工自己垫付的巨额医药费不能及时报销，使这部分人的生活日益艰难。

（3）休长病假职工的工资待遇等社会保障水平低。目前，企业职工休长病假的待遇仍然沿用50年代国家的有关政策。本企业工龄不满1年的，工资打4折；工龄超过1年不满3年的，工资打5折；工龄超过3年的工资打6折；休长病假职工工资低于本厂职工平均工资40%的，按40%计发，但休长病假职工的工资不得超过本人的短期病假工资标准。大多数休长病假的职工标准工资很低，因此，在旧政策的限制下，休长病假的职工月收入一般不足200元，而且不能保证及时发放，使这部分特殊的下岗待岗人员的生活非常困难。

（4）多数下岗人员对自身素质的估计偏高，择业观念陈旧，不能适应招聘单位的需要，客观上延长了他们的失业周期，而没有相对稳定的工作更加剧了这部分人的生活困难。如前所述，下岗职工的特点可以用"年龄偏大，文化水平偏低，技术素质偏差，女性偏多"来概括。但是，许多下岗职工认识不到自身的劣势，在再就业的选择上挑肥拣瘦，把"收入低的，脏、累、险的，地位低的，离家远的"工作单位或岗位排除在他们的择业视野之外，总是希望自己的新工作单位"收入高一点，劳动强度小一点，社会声望高一点，离家近一点"。多数下岗人员陷入了再就业观念的误区，是许多人下岗待岗或失业周期延长，不能尽快摆脱生活贫困的另一个内在原因。

六　天津市解决下岗职工生活困难的举措

"九五"时期我国面临的劳动就业形势十分严峻。如果不采取有效措施，到2000年，预计城镇失业人口将达到1600万，失业率将上升到7.4%。[①]为此，国务院决定从1994年开始在全国30个城市进行"再就业工程"的试点，以加大就业力度，重点解决城镇下岗职工的就业问题。再就业工程就是充分发挥政府、企业、劳动者和社会各方面的积极性，综

① 《今晚报》，1996年11月30日。

合运用政策扶持和就业服务手段，实行企业安置、个人自谋职业和社会帮助安置相结合，重点帮助下岗6个月以上的职工和生活困难的企业富余职工尽快实现再就业。1995年，再就业工程在全国范围内全面展开，实现了140万下岗职工的再就业。1996年，全国基本上完成了150万下岗职工和100万特困职工的再就业任务。

天津市政府1995年和1996年均把“增加居民收入，关心困难职工”列在改善城市人民生活十件实事的首位。1996年，天津市通过实施再就业工程，已经使35万名下岗职工重新找到了工作。本节将对天津市近两年来在再就业工程和解决困难职工生活贫困问题的措施或经验作一初步的分析。

为促进企业深化改革，保障下岗职工的最低生活，维护社会稳定，天津市委、市政府及其所属劳动局、民政局等职能部门和总工会、妇女联合会等群众团体连续颁布了一系列文件或法规。如《关于做好我市再就业工程工作的意见》（1995）、《天津市职工待业保险暂行办法》（1993）、《天津市职工失业保险条例》（1994）、《天津市关于实施最低工资标准的规定》（1994）、《天津市关于实施最低生活费标准的规定》（1994）、《关于进一步做好我市实施再就业工程工作的意见》（1996）、《天津市城镇企业职工养老保险条例》及《天津市城镇企业职工养老保险条例实施细则》（1996）、《天津市外来人员就业证制度》（1995）、《天津市农村劳动力进城务工就业证制度》（1996）等。天津市解决下岗职工出路的措施及其成效如下。

1. 健全机构、加强领导、落实责任

天津市实施再就业工程工作统一归口天津市解困领导小组领导，各区、县人民政府，各委、局（局级总公司）也相应地建立或调整了实施再就业工程领导小组机构。各区、县解困领导小组办公室设在区、县劳动局，由劳动局局长任办公室主任。各委、局（局级总公司）解困领导小组办公室设在其劳动人事部门。各街、镇解困领导小组负责组织辖区内居委会和单位的实施再就业工程工作。

2. 建立健全了下岗职工解困资金筹集和发放制度

天津市委、市政府对困难企业职工的生活问题始终十分重视，为了保证解困工作的顺利实施，建立健全了解困资金筹集和发放制度。按照市政府确定的解决困难职工生活问题以企业为主、行业帮助、政府支持的原则，天津市已经建立了市和区、县、总公司两级解困基金，1996 年共筹措解困资金 7600 余万元，其中市级解困基金达 4900 余万元，职工互助救济基金达 27 余万元，安置和帮助了 35 万人就业和再就业，向 3.5 万名下岗职工发放失业救济金 3000 万元。①与此同时，对全市 6900 多户国有、集体企业进行了全面摸底调查，从中确认了困难企业，并按照不同类型的困难情况，分别采取了解困办法和措施，制定了相应的政策，特别是对不具备再就业能力的困难职工，作为帮助解困的重点。按照各类困难职工的补助标准，利用解困基金向这些困难职工发放生活补助费和定向补贴。此外，还采取措施保证向孤老户等生活困难的离退休人员足额发放退休金，并给予定向补贴，从而使一部分下岗待岗的困难职工和离退休人员的最低生活有了基本的保障。

3. 贯彻实施《劳动法》，加强对企业用工和劳动者就业、失业状况的动态管理，建立了月报制度

各企业主管部门、各区县人民政府及其所属部门按市政府及劳动局的统一要求将所属企业和辖区内空缺岗位、社会失业人员及下岗职工情况按月报送市劳动局，市劳动局会同区县劳动局和企业主管部门定期对统计资料进行研究分析，从而及时掌握企业用工需求和劳动者就业、失业情况，为有针对性地做好下岗职工的再就业工作奠定了信息基础。

严格执行《劳动法》及劳动合同制度，防止安排职工下岗的随意性。企业因生产、经营性原因安排职工下岗，属劳动合同到期的，可按照原来签署的劳动合同解除劳动关系；属劳动合同期内安排下岗职工的，应经企业职代会审查同意并报上级主管部门备案。凡因生产、经营性原因安排职工下岗的岗位，不得招用本企业以外的人员。企业对下岗职工根据本企业实际情况制订培训和分流安置计划，由其上级主管部门负责监督计划的落实情况。

4. 加强了企业单位招用外来劳动力的管理

自 1996 年 1 月 1 日起，对外地进津务工人员实施了《天津市外来人员就业证》制度。自 1996 年 4 月 1 日起，对天津市农村劳动力和外省城

---

① 《今晚报》，1997 年 1 月 17 日，第一版。

乡劳动力核发《天津市农村劳动力进城务工就业证》，从而使所有进入本市就业的外来劳动力纳入市劳动局的统一管理范畴。同时，天津市劳动局定期向社会公布禁止和限制企业招用外来劳动力的行业和工种。对适合城镇劳动力的岗位，严格限制使用外来劳动力，并对违反有关规定已经使用的严格予以清退。属于限制使用外来劳动力的行业、工种，确需招用外来劳动力的，对招用单位在原征收管理费的基础上按每人每月 40 元标准增收调节费，用于建立我市的再就业工程基金。

5. 对新办企业招收人员进行合理的调控，扩大吸纳下岗人员的比例，实行录用就业难点人员补助费制度

天津市《关于进一步做好我市实施再就业工程工作的意见》规定，所有新办企业，应吸收一定比例的下岗职工，其中属于信息服务、商业、旅游、餐饮娱乐业的，招收下岗职工的数量应占全部职工的半数以上，同时要有一定比例的女职工。对招收下岗职工数量达到规定比例的，经市劳动等有关部门核准，可以享受有关劳动服务企业优惠政策。

对企业招用男 45 岁以上，女 40 岁以下的失业职工和下岗职工，并建立两年以上劳动关系的由劳动部门根据情况给予企业一定的补助。

对困难企业的困难职工实行了“离岗挂编”的方法予以分流，待达到退休年龄时，企业再办理退休手续。

对无正当理由连续两次拒绝企业安置或连续两次拒绝参加企业组织的转岗、转业培训的下岗职工，企业可以与其解除劳动关系。对因企业搬迁而无正当理由不随迁上班的可按自动离职处理，从而最大限度地保证了政府和企业安置下岗待岗职工的效力。

6. 大力开展社区服务活动，因地制宜地安置下岗职工

各区县、街镇通过组织劳动服务队、兴办各类商贸市场、餐饮连锁店、家政服务公司、家庭“小食堂”“小饭桌”、托幼卫生等多种形式的社区服务活动，广泛吸纳下岗待岗职工和失业人员。鼓励企业开发副业，分流和吸纳下岗人员，把再就业工程和解困工作紧密结合起来。对于开展社区服务活动的企业和下岗职工的初期启动经费确有困难的，经市劳动部门核准从就业经费中给予一定的资助和扶持。

天津市社会各界的积极参与和支持，也拓宽了下岗职工的分流安置渠道。全市许多区、县、行业和部门，利用各自的优势和条件，因地制宜安

置下岗人员。例如，红桥、河西、津南、汉沽等区和市妇联通过开办7个商贸市场，安置了2000余名下岗职工从事经营活动。和平、河东、南开等区组建了20多个街道服务队，从事社区服务工作；总工会办起了职工消费合作社，让下岗职工开办微利经营连锁店；还有不少企业积极筹措资金，支持下岗职工自谋职业。

7. 加强职业介绍和就业指导，规范劳动力市场和人才市场

1994年，以天津市劳动力市场为中心的各级各类职业介绍机构发展到52家[①]，形成了以市、区县劳动力市场及其职业介绍机构为主体，行业和民间职业介绍机构为补充的全市性劳动力市场服务网络。同时建立了资源共享的信息库、人才库，实行了“一条龙”服务。天津市劳动力市场的主要职能是：收集、发布劳动力供求信息，开展政策信息咨询；为企事业单位、机关、团体招工提供服务，为下岗和待岗人员求职进行登记和职业介绍；组织劳务协作业务，如技术工人交流，异地工人对调，从外省市引进技术人才，进行企业富余职工的调剂，组织境外劳务交流；对社会劳动力就业前培训和在职工人的转业训练进行介绍；规范劳动合同文本，合同确认，劳动仲裁；破产企业登记，失业救济金的发放等。1994年进入劳动力市场求职者近70万人次，接待用人单位1万多家，有21万多求职者通过市场实现了就业和再就业。同时，全市劳动服务企业发展到2778家，从业人员达10.9万人，其中当年新就业人员11821人，安排富余人员4518人[②]。1995年，进入人才市场和劳动力市场招工的单位1.77万户，160.14万人次进入市场择业，37.91万人通过市场初步达成了就业意向，进场择业人次数和初步具有意向分别比1994年增长78.6%和40.9%[③]。1996年，天津市各级各类人才市场和职业介绍机构共接待求职人员230万人次，进场招聘单位近3万家[④]。

另外，天津市市、区劳动部门、工会、妇联和行业所属的职业介绍机构积极开展下岗职工招聘洽谈活动，为下岗职工提供免费登记求职和职业介绍服务，举办了“家政服务招聘专场”、“下岗女工招聘专场”、“纺织

① 王辉、万新平主编：《环渤海经济圈》，社会科学文献出版社1996年版，第205页。

② 同上。

③ 天津市统计局编：《天津统计年鉴》（1996），中国统计出版社1996年版，第7页。

④ 《今晚报》，1996年11月30日。

行业招聘专场"、"商嫂招聘专场"、"少数民族招聘专场"等免费专项服务活动。特别是对下岗6个月以上、失业12个月以上的人员，劳动部门配合企业和街镇逐人开展就业指导和服务，引导他们参加职业培训和各种求职活动，促进了他们尽快就业。天津市劳动局、市经委、市总工会、市妇联和《今晚报》社等单位于1996年下半年发起了"96推动再就业系列活动"，各自发挥自己的优势，为下岗职工排忧解难。市、区劳动力市场举办了多次下岗职工专场招聘活动。对下岗职工免收进场费，对进场招聘下岗职工的企业免收台位费和微机查询信息费，并免费在《天津劳动力市场报》上为接收下岗职工的企业刊登招聘广告。

鼓励和支持行业建立"再就业服务中心"，承担组织内部下岗职工进行教育培训、职业介绍、生产自救、劳务交流等工作，帮助下岗职工实现再就业。

8. 积极建立与完善与市场经济相适应的劳动保障制度，主要包括待业（失业）保险制度

在待业（失业）保险方面，1993年1月1日起实行了《天津市职工待业保险暂行办法》和《天津市外商投资企业中方职工待业保险暂行办法》。在此基础上，1994年又颁布了《天津市职工失业保险条例》。在加快失业保险立法的同时，加快了对全市企、事业单位工资总额的核实和基金征缴工作，并积极发挥失业保险基金的保障作用。1994年，经过两次调整，使失业保险的救济标准达到了每月142元；1995年和1996年又分别提高到152元和170元。利用保险基金支付职工再就业训练和作为利息、贴息贷款支付亏损企业的改造和调整，从而使相当一部分待业、下岗待岗职工重新得到了安置。到1995年底，全市已经有77%的职工(222.92万人）参加了失业保险。①

9. 广泛开展了"一个党支部联系和帮扶一个困难户"和重大节日的"送温暖"活动

天津市总工会、区县局工会机关从1993年坚持开展"一个党支部联系和帮扶一个困难户"的活动。天津市委、市政府总结了总工会及其所属基层工会实施这项活动三年来的实践经验，从1996年9月开始在全市市

① 王辉、万新平主编：《环渤海经济圈》，社会科学文献出版社1996年版，第119页。

级、区、县、局（总公司）等有关单位推广这项活动。天津市市级和区、县、局（总公司）等有关单位有上万个党支部，一个党支部联系和帮扶一户困难家庭，解决了万余名困难职工及其家庭的基本生活问题。该项活动密切了党和职工群众的血肉联系，提高了党和政府的威望；有利于上级机关直接了解民情，促进了党组织的自身建设；确实帮助了困难职工及其家庭解决了生活和就业中的实际问题，深得困难职工及其家庭和普通群众的民心。此外，每逢重大的节日，如春节、元旦、“五一”节、中秋节和国庆节，市区党政机关领导同志经常深入生活困难的职工特别是下岗待岗困难职工的家庭中走访问需，帮助他们解决生活和工作中的实际困难。

总之，天津市在解决下岗待岗和失业职工的就业出路方面取得了一定的成效。但还存在着不少问题和困难，主要表现在分流安置的压力依然很大、再就业工程的发展不平衡、择业观用人观的偏差、下岗待岗人员的素质偏低等方面。妥善地解决下岗待岗职工的就业出路问题，需要政府、企业、社会和下岗待岗职工本人等各方的协同努力。

参考文献

北京市第五次人口普查办公室、北京市统计局编:《北京市2000年人口普查资料》,中国统计出版社2000年版。

北京市统计局编:《北京统计年鉴》(2001):中国统计出版社2001年版。

边燕杰:《城市居民社会资本的来源及作用:网络观点与调查发现》。香港科技大学社会科学部工作论文,2003。

边燕杰:《城市居民社会资本的来源及作用:网络观点与调查发现》。《中国社会科学》2004年第3期。

边燕杰:《社会网络与求职过程》,载林益民、涂肇庆主编,《改革开放与中国社会:西方社会学文献述评》。香港,牛津大学出版社1999年版。

边燕杰、李煜:《中国城市家庭的社会网络资本》。《清华社会学评论》2000年特辑第2期。

边燕杰、丘海雄:《企业的社会资本及其功效》。《中国社会科学》,2000年第2期。

边燕杰、张文宏:《经济体制、社会网络与职业流动》。《中国社会科学》,2001年第2期。

布劳:《社会生活中的交换与权力》,华夏出版社1988年版。

布劳:《不平等与异质性》。中国社会科学出版社1991年版。

蔡禾、叶保强、邝子文等:《城市居民和郊区农民寻求社会支援的社会关系意向比较》。《社会学研究》1997年第6期。

蔡国萱、李杨:《广州市企业下岗问题及其治理对策》,载汝信、陆学艺、单天伦主编《1999年中国社会形势分析与预测》,第284—293页,社会科学文献出版社 1999 年版。

陈阿江：《农村劳动力外出就业与形成中的农村劳动力市场》，《社会学研究》1997 年第 1 期。

陈东升、陈端容：《台湾跨社会群体结构性社会资本的比较分析》，载刘兆佳、尹宝珊、李明坤、黄绍伦编《社会转型与文化变貌：华人社会的比较》，香港中文大学香港亚太研究所。

陈膺强、李沛良：《个人社会网络在晚年生活中的重要性》。《香港社会学学报》第 3 期，香港中文大学出版社 2002 年版。

段柄仁、张明义主编：《北京年鉴》(2001)，北京年鉴出版社 2001 年版。

费孝通：《乡土中国》，生活·读书·新知三联书店，1947/1985 年版。

费孝通：《生育制度》，天津人民出版社 1981 年版。

费正清：《美国与中国》。商务印书馆 1987 年版。

国家统计局人口和社会科技统计司编：《中国人口统计年鉴》(2001)，中国统计出版社 2001 年版。

江树革、刘崇顺、黄玉捷等：《下岗与再就业问题及其出路》，载汝信、陆学艺、单天伦主编：《1999 年中国社会形势分析与预测》，社会科学文献出版社 1999 年版。

黄毅志：《社会阶层、社会网络与主观意识：台湾地区不公平的社会阶层体系之延续》，巨流图书公司 1999 年版。

霍夫曼：《劳动力市场经济学》，崔伟、张志强译，上海三联书店，1989 /1986 年版。

李沛良：《社会研究的统计应用》，社会科学文献出版社 2001 年版。

李培林：《流动民工的社会网络和社会地位》，《社会学研究》1996 年第 4 期。

李培林、王春光：《新社会结构的生长点——乡镇企业社会交换论》，山东人民出版社 1993 年版。

李强：《中国大陆城市农民工的职业流动》，《社会学研究》1999 年第 3 期。

李强、胡俊生、洪大用：《失业下岗问题对比研究》，清华大学出版社 2001 年版。

林南：《社会资本：争鸣的范式和实证的检验》，《香港社会学学报》第 2 期，2001。

林耀华：《金翼：中国家族制的社会学研究》，生活·读书·新知三联书店，1944/1989 年版。

陆学艺主编：《当代中国社会阶层研究报告》，社会科学文献出版社 2002 年版。

彭玉生：《定序或定类依变项回归分析》，载李沛良《社会研究的统计应用》，社会科学文献出版社 2001 年版。

彭庆恩：《关系资本和地位获得》。《社会学研究》1996 年第 4 期。

彭玉生：《定序或定类依变项回归分析》，载李沛良《社会研究的统计应用》。社会科学文献出版社 2001 年版。

丘海雄、陈健民、任焰：《社会支持结构的改变：从一元到多元》。《社会学研究》1998 年第 4 期。

阮丹青、周路、布劳等：《天津城市居民社会网初析》。《中国社会科学》1990 年第 2 期。

时宪民：《深圳市场化过程中失业下岗问题的调查研究》，载汝信、陆学艺、单天伦主编：《1999 年中国社会形势分析与预测》，社会科学文献出版社 1999 年版。

宋宝安、王玉山：《长春市下岗职工状况的问卷调查》，载汝信、陆学艺、单天伦主编：《1999 年中国社会形势分析与预测》，社会科学文献出版社 1999 年版。

孙清山、黄毅志：《台湾阶级结构：流动表与网络表的分析》，载《九零年代的台湾社会：社会变迁基本调查研究系列二》，台北“中央研究院”社会学研究所 1997 年版。

孙青山、熊瑞梅：《社会资源与社会流动》，（台湾）《“国科会”专题计划》（1988）。

天津市统计局编：《天津统计年鉴》（1996），中国统计出版社 1996 年版。

《天津统计年鉴》，中国统计出版社 1999 年版。

王汉生、刘世定、孙立平、项飙：《“浙江村”：中国农民进入城市的一种独特形式》,《社会学研究》1997 年第 1 期。

王汉生、陈智霞:《再就业政策与下岗职工再就业行为》。《社会学研究》,1998 年第 4 期。

肖鸿:《试析当代社会网研究的若干进展》。《社会学研究》,1999 年第 3 期。

熊瑞梅、黄毅志:《社会资源与小资本阶级》。《中国社会学刊》,1992 年第 16 期。

许欣欣、李培林:《1998—1999 年:中国就业、收入和信息产业的分析与预测》,载汝信、陆学艺、单天伦主编:《1999 年:中国社会形式分析与预测》。社会科学文献出版社 1999 年版。

阎耀军、汪洁、杨维、李继明:《天津市下岗职工状况的问卷调查》,载汝信、陆学艺、单天伦主编:《1999 年中国社会形势分析与预测》,第 255—270 页。社会科学文献出版社 1999 年版。

杨宜勇:《失业冲击波——中国就业发展报告》。今日中国出版社 1997 年版。

袁志刚、方颖:《中国就业制度的变迁》。山西经济出版社 1998 年版。

杨宜勇、辛小柏:《下岗职工基本生活保障和再就业的调查》,载汝信、陆学艺、单天伦主编:《1999 年中国社会形势分析与预测》,第 243—254 页。社会科学文献出版社 1999 年版。

张厚义:《私营企业主是中国社会阶层结构的重要组成部分》,陆学艺主编:《当代中国社会阶层研究报告》。社会科学文献出版社 2002 年版。

张宛丽:《中国中间阶层研究报告》,载陆学艺主编:《当代中国社会阶层研究报告》。社会科学文献出版社 2002 年版。

张文红:《中国城市的阶级结构与社会网络》。香港中文大学研究院社会学部哲学博士论文,2003。

张文宏:《从农村微观社会网的变化看宏观社会结构的变迁》。《天津社会科学》,1999 年第 3 期。

张文宏:《社会资本:理论争辩与经验研究》。《社会学研究》,2003 年第 4 期。

《从农村微观社会网的变化看宏观社会结构的变迁》。《天津社会科学》，1999 年第 3 期。

张文宏、李沛良、阮丹青：《城市居民社会网络的阶层构成》。《社会学研究》，2004 年第 6 期。

张文宏、阮丹青、潘允康：《天津农村居民的社会网》。《社会学研究》，1999a 年第 1 期。

《中国农村的微观社会网与宏观社会结构》。《浙江学刊》，1999b 年第 5 期。

张文宏、阮丹青：《城乡居民的社会支持网》。《社会学研究》，1999 年第 3 期。

赵延东：《再就业中的社会资本：效用与局限》。《社会学研究》，2002 年第 4 期。

《中国大百科全书：社会学卷》，大百科全书出版社 1991 年版。

Angelusz, Robert and Robert Tardos. 1991. "The Strength and Weakness of 'Weak Ties.'" pp. 7 – 23 in Values, Networks and Cultural Reproduction in Hungary, edited by P. Somlai. Budapest: Coordinating Council of Programs.

Berkowitz, S. D. "Toward a Formal Structural Sociology." pp. 477 – 497 in Social Structures. edited by Wellman, B and S. D. Berkowitz. Cambridge: Cambridge University Press.

Bian, Yanjie. 1994a. Work and Inequality in Urban China. Albany, New York: State University of New York Press.

1994b. " Guanxi and the Allocation of Jobs in Urban China." The China Quarterly 140: 971 – 999.

1997. "Bring Strong Ties Back In: Indirect Connection, Bridges, and Job Searches in China." American Sociological Review 62 (June): 266 – 285.

1999. "Getting a Job Through a Web of Guanxi in China" pp. 255 – 278 in Network in the Global Village, edited by Barry Wellman, Boulder, Co.: Westview.

2001. "Guanxi Capital and Social Eating in Chinese Cities: Theoretical Models and Empirical Analyses." pp. 275 – 296 in Social Capital: Theory and Research, edited by Nan Lin, Karen Cook and Ronald S. Burt. Aldine De

Gruyter: New York.

Bian, Yanjie, and Soon Ang. 1997. "Guanxi Networks and Job Mobility in China and Singapore." Social Forces 75: 981 -1006.

Bian, Yanjie and John Logan. 1996. " Market Transition and the Persistence of Power: The Changing Stratfication System in Urban China." American Sociological Review 61: 739 -758.

Bian, Yanjie, Ronald Breiger, Deborah Davis, and Joseph Galaskiewicz. 2003. "Network Patterns and Class Closure in Urban China." Paper was presented at the Sunbelt International Conference on Social Network Analysis, Cancun, Mexico, February 12 -16, 2003, and the annual meetings of the American Sociological Association, Atlanta, August 15 -19, 2003.

Blau, Peter, M. 1956. " Social Mobility and Interpersonal Relation." American Sociological Review 21.

1977. Inequality and Heterogeneity. New York: The Free Press.

1982. "Structure Sociology and Network Analysis: An Overview." in Marsden, Peter and Nan Lin (eds.) Social Structure and Network Analysis. Beverly Hills/London/New Delhi: Sage Publications.

Blau, P. M., and Joseph E. Schwartz. 1984. Crosscutting Social Circle. New York: Academic Press.

Blau, Peter M., and Danching Ruan. 1990. "Inequality of Opportunity in Urban China and America." pp. 3 -32 in Research in Stratification and Mobility, Vol 9, edited by A. L. Kalleberg. Greenwich: JAI Press.

Blau, Peter M., D. Ruan and M. Ardelt. 1991. "Interpersonal Choice and Networks in China." Social Forces 69 (4): 1037 -1062.

Boissevain, J. F. 1974. Friends of Friends. Oxford: Blackwell.

Bott, Elizabeth. 1971. Family and Social Networks (2nd ed.). London: Tavistock.

Bourdieu, Pierre. 1984. Distinction. Cambridge: Harvard University Press.

1986. "The Forms of Social Capital." pp. 241 -258 in Handbook of Theory and Research for the Sociology of Education, edited by John G. Richardson.

Westport, CT. : Greenwood Press.

1987. "What Makes a Social Class? On the Theoretical and Practical Existence of Groups." Berkeley Journal of Sociology 32.

1990. The Logic of Practice. Cambridge: Polity Press; Stanford: Stanford University Press.

Breaugh, James A. 1981. "Relationships between recruiting Sources and Employee Performances, Absenteeism, and Work Attituds." Academy of Management Journal 24: 142 – 147.

Breaugh, James A. and Rebecca B. Mann. 1984. "Recruiting Source Effects: A Test of Two Alternative Explanations." Journal of Occupational Psychology 57: 261 – 267.

Brown, Tomas Ford. 1999. "Theoretical Summary of Social Capital." Working paper. University of Wisconsin.

Boxman, E. A. W., P. M. De Graaf, and Herk D. Flap. 1991. "The Impact of Social Capital and Human Capital on the income Attainment of Dutch Managers." Social Networks 13: 51 – 73.

Burt, Ronald S. 1983. "Studying Status/ Role – Sets Using Mass Survey." In Burt and Minor (eds.) Applied Network Analysis. Beverly Hills, CA: Sage Publications.

1984. "Networks Items and the General Social Survey." Social Networks 6: 293 – 339.

1986. "A Note on Sociometric Order in the General Social Survey Network Data." Social Networks 8: 149 – 174.

1990. "kinds of Relations in American Discussion Networks." pp. 411 – 451 in Structure of Power and Constraints. Edited by C. J. Calhoun, M. W. Mayer and W. R. Scott. New York: Cambrige University Press.

1992. Structural Holes: The Social Structure of Competition. Cambridge, MA: Harvard University Press.

1993. "The Social Structure of Competition." pp. 65 – 103 in Explorations in Economic Sociology, edited by Richard Swedberg. New York: Russell Sage Foundatio.

1998a. “The Gender of Social Capital.” Rationality and Society 10 (1): 5 -46.

1998b. “The Network Structure of Social Capital.” Paper presented at the conference on social networks and social capital. Duke University, October 31 - November 2.

2001. “Structural Holes versus Network Closure as Social Capital.” pp. 31 -56 in Social Capital: Theory and Research, edited by Nan Lin, Karen Cook, and Ronald S. Burt. New York: Aldine De Gruyter.

Caldwell, David and W. Austin Spivey. 1983. “The Relationship between Recruiting Source and Employee Success: An Analysis by Race.” Personnel Psychology 36: 67 -72.

Coleman, James. S. 1988. “Social Capital in the Creation of Human Capital.” American Journal of Sociology 94 (Supplement): 95 - 120.

1990. The Foundations of Social Theory. Cambridge, MA: Belknap Press of Harvard University Press.

Coleman, J. S., Katz, E. and Menzel, H. 1966. Medical Innovation: A Diffusion Study. Indianapolis: Bobbs - Merrill.

Corcoran, Mary, Linda Datcher and Greg J. Duncan. 1980. “Most Workers Find Jobs Though Word of Mouth.” Monthly Labor Review 103: 33 -35.

Coser, Rose. 1991. In Defense of Modernity: Role Complexity and Individual Autonomy. Stanford, CA: Stanford University Press.

Datcher, Linda. 1983. “The Impact of Informal Networks on Quit Behavior.” Review of Economics and Statistics 65: 491 -495.

De Graaf, Nan Dirk, and Hendrik Derk Flap. 1988. “‘With a Little Help from My Friends’: Social Resources as an Explanation of Occupational Status and Income in West Germany, The Netherlands, and the United States.” Social Forces 67 (2): 452 -735.

Decker, Phillip J. and Edwin T. Cornelius III. 1979. “A Note on Recruiting Sources and Job Survival Rates.” Journal of Applied Psychology 55: 226 - 228.

Devine, Theresa J., and Nocholas M. Kiefer. 1991, Empirical labor Economics: The Search Approach. New York: Oxford University Press.

Ensel, Walter M. 1979. "Sex, Social Ties, and Status Attainment." Albany: State University of New York at Albany.

Erickson, Bonnie H. 1996. "Culture, Class and Connections." American Journal of Sociology 102 (2): 217 - 251.

Fernandez, Roberto M., and Nancy Weinberg. 1997, "Sifting and Sorting: Personal Contacts and Hiring in a Retail bank", American Sociological Review, 62, pp. 883 - 902.

Finch, Janet. 1989. "Kinship and Friendship." pp. 87 - 104 in British Social Attitudes: Special International Report, edited by Roger Jowell, Sharon Witherspoon, and Lindsay Brook. Aldershot/Broookfield: Gower Publishing Company.

Fischer, Claude S. 1982. To Dwell Among Friends: Personal Networks in Town and City. Chicago: University of Chicago Press.

Flap, Hendrik D. 1991. "Social Capital in the Production of Inequality." Comparative Sociology of Family, Health and Education 20: 6179 - 6202.

Freeman, L. C. 1979. "Centrality in Social Networks." Social Networks 1: 215 - 239.

1980. "The Gatekeeper, Pair Dependency and Structural Centrality." Quality and Quantity 14: 585 - 592.

Freeman, L. C., and Danching Ruan. 1997. "An International Comparative Study of Interpersonal Behavior and Role Relationships." L' Annee Sociologique 47: 89 - 115.

Giddens. Anthony. 1973. The Class Structure of the Advanced Societies. London: Hutchinson.

Goldthorpe, John H. (in collaboration with Catriona Llewellyn and Clive Payne). 1987/1980. Social Mobility and Class Structure in Modern Britain. 2nd ed. Oxford: Clarendon Press.

Granovetter, Mark. 1973. "The Strength of Weak Ties." American Journal of Sociology 78: 1360 - 1380.

1974, Getting a Job: A Study of Contacts and Careers. Cambridge, MA:

Harvard University Press.

1982. "The Strength of Weak Ties: A Network Theory Revisited." pp. 105 –130 in P. V. Marsden and Nan Lin (eds.), Social Structure and Network Analysis. Beverly Hills, CA: Sage.

1985. "Economic action and Social Structure: The Problem of Embeddedness." American Journal of Sociology 91: 481 –510.

(1974) 1995. Getting A Job: A Study of Contacts and Careers, 2nd edition. Chicago: University of Chicago Press.

1995. " Afterword", In Getting A Job. 2ed edition. Chicago: University of Chicago Press.

Grieeco, Margaret. 1987. Keeping It in the Family: Social Networks and Employment Chance. London: Tavistock.

Hagan, J., Merkens H. & Boenhke K. 1995, "Delinquency and Disdain: Social Capital and the Control of Right—wing Extremism among East and West Berlin Youth." American Journal of Sociology 100.

Hagan, J., Macmillan R. & Whearon B. 1996, " New Kid in Town: Social capital and the Life Course Effects of Family Migration in Children." American Sociological Review 61.

Hao, L. 1994, Kin Support, Welfare, and Out of Wedlock Mothers. New York: Carland.

Hsung, Ray – may. 1994. "The Factors Affecting Emotional or Financial Support Ties." Paper presented at the 14th International Sunbelt Social Network Conference, New Orleans, USA.

Hwang, Kwang – kuo. 1987. "Face and Favor: The Chinese Power Game." American Journal of Sociology 92 (4): 944 –974.

Jordana, Janict 1999, "Collective Action Theory and the Analysis of Social Capital." pp. 45 –72 in Social Capital and European Democracy, edited by Jan W. van Deth, Marco Maraffi, Ken Newton, and Paul F. Whiteley. London and New York: Routledge.

Knoke, David 1999. "Organizational Networks and Corporate Social Capital." in Corporate Social capital and Liability, edited by Roger Th. A. J.

Leenders and Shaul M. Gabbay. Boston /Dordrecht/ London: Kluwer Academic Publishers.

Lang, Olga. 1946. Chinese Family and Society. New Haven: Yale University Press.

Laumann, Edward O. 1966. Prestige and Association in an Urban Community. Indianapolis: Bobbs – Merrill.

1973. Bonds of Pluralism: The Form and Substance of Urban Social Networks. New York: John Wiley and Sons.

Lee, Rance P. L., Danching Ruan, Gina Lai, Yingkeung Chan and Yusheng Peng. 2001. "Composition of Support Networks in Hong Kong and Beijing." Presented at the International Sunbelt Social Network Conference, 25 – 28 April 2001, Budapest, Hungary.

Lee, R. M. 1987. "Looking for Work." pp. 109 – 129 in Chris C. Harris, P. Brown, R. Fevre, G. G. Leaver, R. M Lee, and L. D. Morris (eds.), Redundancy and Recession in South Wales. Oxford: Basil Blackwell.

Leinhardt, Samuel (ed.) . 1977 . Social Networks. New York, Academic Press.

Light, I, and Bonacich E. 1988. Immigrant Enterpreneurs: Koreas in Los Angeles 1965 – 1982. Berkeley: University of California Press.

Lin, Nan. 1982. "Social Resources and Instrumental Action." pp. 131 – 145 in Peter V. Marsden and Nan Lin (eds.), Social Structure and Network Analysis. Beverly Hills, CA: Sage.

1986. "Conceptualizing Social Support." pp. 17 – 30 in Social Support, Life Events, and Depression, edited by Nan Lin, A. Dean, and W. Ensel. Orlando, FL: Academic Press.

1990. "Social Resources and Social Mobility: A Structural Theory of status Attainment." in Social Mobility and Social Structure, edited by R. L. Breiger. New York: Cambridge University Press.

1992. "Social Resources Theory." in Encyclopedia of Sociology, Volume 4, edited by E. F. Borgatta and M. L. Borgatta. New York: Macmillan.

1999a. " Building a Network Theory of Social Capital." Connections 22

(1).

1999b. "Social Networks and Status Attainment." Annual Review of Sociology.

2001. Social Capital: A Theory of Social Structure and Action. Cambridge University Press.

Lin, Nan, Alfred Dean & Walter M. Ensel (eds) 1986, Social Support, Life Events and Depression. Orlando, Fl: Academic Press.

Lin, Nan, Yang - chih Fu & Ray - May Hsung. 2001, "The Position Generator: Measurement Techniques for Investigations of Social Capital." in Social Capital: Theory and Research. edited by Lin, Nan, Karen Cook, and Ronald S. Burt. New York: Aldine De Gruyter.

Lin, Nan, Karen Cook & Ronald S. Burt (eds) 2001, Social Capital: Theory and Research. New York: Aldine De Gruyter.

Lin, Nan & Mary Dumin 1986, "Access to Occupations through Social Ties." Social Networks 8.

Lin, Nan & W. M. Ensel 1989, "Life Stress and Health: Stressors and Resources." American Sociological Review 54.

Lin, Nan & Gina Lai 1995, "Urban Stress in China." Social Science and Medicine 41.

Lin, Nan & M. K. Peak 1999, "Social Networks and Mental Health." Pp. 241 - 258 in A Handbook for the Study of Mental Health: Social Contexts, Theories and Systems, edited by A. V. Horwitz and T. L. Scheid. New York: Cambridge University Press.

Lin, Nan, R. S. Simeone, W. M. Ensel & W. Kuo 1979, "Social Support, Stressful Life Events and Illness: A Model and an Empirical Test." Journal of Health and Social Behavior 20.

Lin, Nan, Walter M. Ensel, and John C. Vaughn. 1981. "Social Resources and Strength of Ties: Structural Factors in Occupational Status Attainment." American Sociological Review 46 (4): 393 - 405.

Lin, Nan, and W. M. Ensel. 1989. "Life Stress and Health: Stressors and Resources." American Sociological Review 54: 382 - 399.

McConnell, Campbell and Stanley Brue. 1992. Contemporary Labor Economics. New York: McGraw - Hill, Inc.

McLanahan S. & G. Sandefur. 1994. Growing Up with a Single Parent: What Hurts, What Helps. Cambridge, MA: Harvard University Press.

Marsden, Peter V. 1987. "Core Discussion Networks of Americans." American Sociological Review 52: 122 - 131.

1990. "Network Diversity, Substructures and Opportunities for Contact." pp. 397 - 410. in Structures of Power and Constraint: Paper in Honor of Peter M. Blau, edited by Carig Calhoun, Marshall W. Meyer and W. Richard Scott. Cambridge: Cambridge University Press.

Marsden, Peter V., and Jeanne S. Hurlbert. 1988. "Social Resources and Mobility Outcomes: A Replication and Extension." Social Forces 66: 1038 - 1059.

Mitchell, J. Clyde. 1969. "The Concept and Use of Social Networks." in J. Clyde Mitchell (ed.), Social Networks in Urban Situations: Analyses of Personal Relations in Central African Towns. Manchester: Manchester University Press for Institute of Social Research, University of Zambia.

1973. "Networks, Norms and Institutions." in Jeremy Boissevain and J. Clyde Mitchell (eds.), Network Analysis Studies in Human Interaction. Mouton/The Hague/Paris: Mouton & Co.

Moore, G. 1990. "Structural Determinants of Men's and Women's Personal Networks." American Sociological Review 55.

Montgomery, James D. 1991. "Social Networks and Labor—Market Outcomes: Toward an Economic Analysis." American Economic Review 81: 1408 - 1418.

Nee, Victor. 1989, "A Theory of Market Transition: From Redistribution to Markets in State Socialism", American Sociological Review, 54, pp. 663 - 681.

Parish, William L., and Ethan Michelson. 1996, "Politics and Markets: Dual", American Journal of Sociology, 101, pp. 1042 - 1059.

Parkin, Frank. 1974. The Social Analysis of Class Structure. London: Tavistock.

Podolny, Joel M. & Fabrizio Castelluci 1999, "Choosing Ties from the inside of a Prism: Egocentric Uncertainty and Status in Venture Capital Market." Pp. 431 – 445 in Corporate Social Capital and Liability, edited by Roger Th. A. J. Leenders & Shaul M. Gabbay. Boston/London/Dordrecht: Kluwer Academic Publishers.

Portes, Alejandro. 1998. " Social Capital: Its Origins and Applications in Modern Sociology." pp. 1 – 24 in Annual Review of Sociology 24, edited by John Hagan and Karen S. Cook. Palo Alto, CA: Annual Review Inc.

1995. The Economic Sociology of Immigration. New York: Russell Sage Foundation.

Portes, Alejandro & Julia Sensenbrenner 1998, "Embeddedness and Immigration: Notes on the Social Determinants of Economic Action." in The New Institutionalism in Sociology, edited by Mary C. Brinton and Victor Nee. New York : Russell Sage Foundation.

Powers, Daniel and Yu Xie. 1999. Statistic Method for Categorical Data Analysis. Academic Press Inc.

Putnam, D. Robert. 1993. "The Prosperous Community: Social Capital and Public Life." American Prospect 13 (Spring): 35 – 42.

1995a. "Turning In, Turning Out: The Strange Disappearance of Social Capital in America." Political Science and Politics (December): 664 – 683.

1995b. "Bowling Alone: America's Declining Social Capital." Journal of Democracy 6: 65 – 78.

Requena, Felix. 1991. "Social Resources and Occupation Status Attainment in Spain." International Journal of Comparative Sociology XXXII (3 – 4) 233 – 242.

Rogers, Everett, and Lawrence Kincaid. 1981. Communication Networks: Toward a New Paradigm for Research. New York : Free Press.

Ruan, Danching, 1993a. Social Network in Urban China. Doctorate dissertation, Columbia University.

1993b. "Interpersonal Networks and Workplace Controls in Urban China."

Australian Journal of Chinese Affairs 29: 89 – 105.

1998. "The Content of GSS Discussion Networks: An Exploration of GSS Discussion Name Generator in a Chinese Context." Social Networks 20: 247 – 264.

1999. "A Comparative Study of Networks in Two Chinese Societies." (forthcoming) in A. So, N. Lin, & D. Poston (eds.) The Chinese Triangle of Mainland – Taiwan – Hong Kong: Comparative Institutional Analysis. Connecticut: Greenwood Press.

Ruan, Danching, Linton C. Freeman. Xinyuan Dai, Yuankang Pan, and Wenhong Zhang. 1997. "On the Changing Structure of Social Networks in Urban China." Social Networks 19: 75 – 89.

Ruan, Danching, Xinyuan Dai, Linton C. Freeman, Yunkang Pan, and Wenhong Zhang. 1998. "Personal Support Networks in China and the Netherlands." (unpublished paper)

Ruan, Danching, and Wenhong Zhang. 2000. "What is Universal About Friendship Ties." Presented at the International Social Network Conference, April 2000, Vancounver, Canada, and at the annual meeting of the American Sociological Association, August 2000, Washington D. C., U. S. A.

2001. "The Subjective Meaning of Friendship—The Case of China." Paper submitted to the Annual Meeting of the American Sociological Association, August 2001, Anaheim, California, U. S. A.

Sanders, Jimy & Victor Nee 1996, "Immigrant Self—employment: The Family as Social Capital and The Value of Human Capital." American Sociological Review61 (2).

Sassen, S. 1995. "Immigration and Local Labor Markets." Pp. 87 – 127 in The Economic Sociology of Immigration, edited by A. Portes. New York: Russell Sage.

Schudson, M. 1996. American Prospect 25: 17 – 20.

Scott, John 2000, Social Network Analysis: A handbook (2ed Edition). London and Newbury Park: Sage Publication.

Skocpol, T. 1996. "Unraveling from above." American Prospect

25: 21 -25.

Straits, Bruce. . C. 2000. "The Ego's Important Discussants or Significant People. " Social Networks 22: 123 - 140.

Swaroff, Phillp, Lizabeth Barclay, and Alan Bass. 1985. " Recruiting Sources: Another Look. " Journal of Applied Psychology 70: 720 - 728.

Tao, Zhigang, and Tian Zhu. 2000. " Agency and Self—Enforcing Contacts", Journal of Comparative Economics , 28, pp. 80 - 94.

Taylor, M. Susan and Ronald W. Schmidt. 1983. " A Process Oriented Investigation of Recruitment Source Effectiveness. " Personnel Psychology 36: 343 - 354.

Turner, Jonathan H. 1999, " The Formation of Social Capital. " pp. 94 - 146 in Social Capital: A Multifaceted Perspective, edited by Partha Dagupta and Ismail Serageldin. Washington, DC: The World Bank.

Uzzi, Brian & James J. Gillespie 1999, "Corporate Social Capital and the Cost of Financial Capital. " pp. 446 - 459 in Corporate Social Capital and Liability, edited by Roger Th. A. J. Leenders and Shaul M. Gabbay. Boston/London/Dordrecht: Kluwer Academic Publishers.

Van der Poel, Mark G. M. 1993. Personal Networks: A Ration—Choice Explanation of Their Size and Composition. Swets & Zeitlinger B. V. , Amsterdam/Lisse.

Volker, Beate and Henk Flap. 1999. "Getting Ahead in the GDR: Social Capital and Status Attainment Under Communism. " Acta Sociologica 41: 71 - 34.

Walder, Andrew G. 1986. Communist Neo—Traditionalism: Work and Authority in Chinese Industry. Berkeley: University of California Press.

Walder, Andrew G. 1995, " Career Mobility and the Communist Political Order", American Sociological Review, 60, pp. 309 - 328.

Wanous, John P. 1980. Organization Entry: Recruitment, Selection, and Socialization of Newcomers. Reading, M. A: Addison - Wesley.

Watanabe, Shin. 1987. Job - Searching: A Comparative Study of Male Employment Relations in the United States and Japan. Doctoral dissertation. University of California at Los Angeles.

Wegener, Bern. 1991. "Job Mobility and Social ties: Social Resources, Prior Job, and Status Attainment." American Sociological Review 56: 60 – 71.

Wellman, Barry. 1979. "The Community Question: The Intimate Networks of East Yorkers." American Journal of Sociology 84: 1021 – 1031.

1982. "Studying Personal Communities." pp. 61 – 80 in Peter V. Marsden and Nan Lin (eds.) Social Structure and Network Analysis. Beverly Hills, CA: Sage.

1988. "Structural Analysis: from Method and Metaphor to Theory and Substance." pp. 19 – 61 in Social Structures: A Network Approach, edited by Barry Wellman and S. D. Berkowitz. Cambridge: Cambridge University Press.

1992. "Men in Networks: Private Communities, Domestic Friendships." pp. 74 – 114 in Men's Friendships, edited by Peter Nardi, Newbury Park, CA: Sage Publication.

Wellman, Barry, Peter J. Carrington, and Alan Hall. 1988. "Networks as Personal Communities pp. 130 – 186 in Social Structures: A Network Approach, edited by Barry Wellman and S. D. Berkowitz. Cambridge: Cambridge University Press.

Wellman, Barry and Barry Leighton. 1979. "Networks, Neighborhoods and Communities: Approaches to the Study of the Community Question." Urban Affairs Quarterly 15: 363 – 390.

Wellman, Barry & Stephanie Potter 1999. "The Elements of Personal Communities." pp. 49 – 82 in Networks in the global Village: Life in Contemporary Communities, edited by Barry Wellman. Boulder: CO, Westview Press.

Wellman, Barry and Scot Wortley. 1990. "Different Strokes from Different Folks: Community Ties and Social Support." American Sociological Review 96: 558 – 588.

Woolcoke, Michael. 1998. " Social Capital and Development: Towards a Theoretical Synthesis and Policy Framework." Theory and Society 27 (2): 151 – 208.

World Bank 1993, The East Asian Miracle: Economic Growth and Public

Policy, A World Bank Policy Research Report. New York: Oxford University Press.

Wright, Erik Olin. 1978. Class, Crisis and the State. London: New Left.

1997. Class Counts: Comparative Studies in Class Analysis. New York: Cambridge University Press.

Donmoon Cho. 1992. "The Relative Permeability of Class Boundaries to Cross - Class Friendships: A Comparative Study of the United States, Canada, Sweden, and Norway." American Sociological Review 57.

White, Harrison C. 1981. "Where Do Markets Come From?" American Journal of Sociology 87: 517 - 547.

Yang, Ch'ing - K'un. 1959. The Chinese Family in the Communist Revolution. Cambridge: Harvard University Press.

Yang, Mayfair Meihui. 1994. Gifts, Favors, and Banquets: The Art of Social Relationships in China. Ithaca, NY: Cornell University Press.

Zelizer, Viviana 1988. "Beyond the Politics of the Market: Establishing a Theoretical and Empirical Agenda." Sociological Forum 3.

Zhou, Min. 1992. New York's Chinatown: The Socioeconomic Potential of an Urban Enclave. Philadelphia: Temple University Press.

Zhou, Min & C. L. Bankston 1996. "Social Capital and the Adaptation of the Second Generation: the Case of Vietnamese Youth in New Orleans." pp. 197 - 220 in The New Second Generation. Edited by A. Portes. New York: Russell Sage Foundation.

Zhou, Xueguang. 2000. " Economic Transformation and Income Inequality in Urban China: Evidence from Panel Date" , American Journal of Sociology, 105, pp. 1135 - 1174.

Zukin, Sharon & Pual DiMaggio 1990. The Structures of Capital: The Social Organization of The Economy. New York: Cambridge University Press.